Thomas Casagrande

Schatten

Unsere Väter in der Waffen-SS

Thomas Casagrande

Schatten

Unsere Väter in der Waffen-SS

Mit einem Vorwort von Jochen Böhler und einem Nachwort von Ofra Bloch

RÆTIA

Gedruckt mit Unterstützung der Südtiroler Landesregierung, Abteilung Deutsche Kultur

Autonome Provinz Bozen
Provincia autonoma di Bolzano
Provinzia autonoma de Bulsan
SÜDTIROL · ALTO ADIGE

Zweite Auflage, 2026

Projektleitung: Thomas Kager
Korrektur: Helene Dorner, Katharina Preindl
Übersetzung des Epilogs von Ofra Bloch: Claudia Amor
Umschlaggestaltung: Philipp Putzer, www.farbfabrik.it
Umschlagfoto: Peter Sieder mit Sohn Martin; Archiv Martin Sieder
Druckvorstufe: Typoplus, Frangart
Printed in Europe

ISBN 978-88-7283-923-2
ISBN E-Book 978-88-7283-954-6

Unseren Gesamtkatalog finden Sie unter www.raetia.com.
Bei Fragen und Anregungen wenden Sie sich bitte an info@raetia.com.

Inhalt

Prolog

Liebe Leserinnen und Leser,

dies ist ein mutiges Buch. Es brauchte Mut, es zu verfassen, es brauchte Mut, dazu beizutragen – und es braucht Mut, es in die Hand zu nehmen, sich auf seinen Inhalt einzulassen und sich mit ihm vertraut zu machen.

Ich möchte Sie daher schon gleich zu Beginn dazu einladen, sich nicht Bange machen zu lassen und weiterzulesen. Wie es Thomas Casagrande in seiner Einführung und Ofra Bloch in ihrem Epilog auf den Punkt bringen: Grundsätzlich muss am Anfang die Frage stehen, ob es legitim ist und was für einen Wert es hat, sich mit den Erinnerungen der nachfolgenden Generationen an die Biografien von SS-Männern zu beschäftigen. Die SS wurde in den Nürnberger Prozessen zu Recht zur verbrecherischen Organisation erklärt, weil sie für die furchtbarsten Verbrechen der deutschen Besatzung in ganz Europa und den Holocaust verantwortlich war. Und die Waffen-SS, deren Mitglieder in diesem Buch indirekt zu Wort kommen, hat ganz maßgeblich mitgemordet. Jeder, der in der Waffen-SS gedient hat, ob aus Enthusiasmus, Pflichtgefühl, Mitläufertum, freiwillig oder unfreiwillig, war Teil einer mörderischen Institution, die Millionen von unschuldigen Menschen umgebracht hat, und das muss auch, wie Thomas schreibt, jedem Waffen-SS-Mann damals zumindest im Ansatz bewusst gewesen sein – nicht erst im Nachhinein, wie viele später behaupteten.

Wir sind es gewohnt, die Geschichten der Eltern und Großeltern, die unter deutscher Besatzung und im Holocaust verfolgt und ermordet wurden, durch ihre Kinder und Enkelkinder zu hören. Die Geschichten der Täter interessieren die Opfer und ihre Kinder und Enkelkinder dabei in der Regel nicht, und das ist völlig verständlich. Warum ist es dennoch wichtig, der zweiten und dritten Generation der Täter zuzuhören?

Die Antwort fällt nicht leicht. Ihr erster Teil ist ein Disclaimer, er lautet: Ich möchte sicher nicht jeder Stimme zuhören, die sich mit den Taten der Väter in der Waffen-SS auseinandersetzt. Ofra Bloch zeigt sich völlig zu Recht fassungslos darüber, dass noch in den späten 1990er-Jahren Kameradschaftstreffen der Waffen-SS in Deutschland, Österreich und anderswo in Europa stattgefunden haben. Und es ist noch erschreckender, dass die Zelebrierung der Waffen-SS auf europäischer Ebene offenbar nicht einmal abbricht, wenn die letzten Veteranen nicht mehr da sind. Es gibt aktuell viele Orte in Europa, wo die Waffen-SS und ihre Taten jährlich öffentlich und ohne staatliche Intervention gefeiert werden. Das sind Stimmen, gegen die es mutig aufzustehen gilt.

Die Grundvoraussetzung für eine Auseinandersetzung mit Vätern und Großvätern in der Waffen-SS ist daher für mich, dass wir uns von Relativierungen freimachen: Die Waffen-SS, deren Mitglieder unter anderem die Wachmannschaften der Vernichtungslager des Holocaust stellten, hat Millionen unschuldiger Menschen – Männer, Frauen und Kinder – ermordet. Das ist ihr einziger Platz in der Geschichte, auch wenn Ewiggestrige – wie etwa prominente Mitglieder der Freiheitlichen Partei in Österreich – noch heute gerne anderes behaupten. Von diesem Punkt müssen wir ausgehen, wenn wir weiterlesen.

Doch das erklärt noch nicht, warum wir weiterlesen sollten. Und daher lautet der zweite Teil meiner Antwort: Weil es hier in erster Linie gar nicht um Männer in der Waffen-SS geht. Dieses Buch handelt vielmehr davon, was deren Zugehörigkeit zu einer verbrecherischen Organisation und Teilnahme an Holocaust und Vernichtungskrieg mit ihren Familien nach dem Krieg gemacht hat. Das nachzulesen, ist in weiten Teilen erschütternd, es ist nach wie vor ein gesellschaftliches Tabu und daher auch ein nahezu unerforschtes Feld, in das dieses Buch wie ein Scheinwerfer hineinleuchtet und von dem es kleine Parzellen durch das Prisma der Kinder- und Enkelkinder-Erinnerungen erhellt.

Wie wichtig dieses Thema ist, wird deutlich, wenn wir uns vor Augen führen, dass nicht nur knapp eine Million Männer in der Waffen-SS gedient haben, sondern auch 18 Millionen Männer in der Wehrmacht. Wie wir heute wissen, hat die Wehrmacht selber von Beginn des Zweiten Weltkrieges an vor allem in Ost- und Südosteuropa Massenmorde an der dortigen Zivilbevölkerung begangen und die Waffen-SS, Einsatzgruppen und Polizeibataillone beim Massenmord unterstützt. Gerade die in diesem Buch aufscheinenden Erinnerungen an Kriegsverbrechen, die unter dem Deckmantel der Partisanenbekämpfung begangen wurden, hätten so auch von Wehrmachtssoldaten erzählt werden können. Das heißt im Klartext: Die hier nachzulesenden Erfahrungen und inneren Zerrissenheiten der zweiten und dritten Generation auf der Täterseite müssten so oder ähnlich eigentlich in unzähligen deutschen und österreichischen Familiengeschichte nach 1945 wiederzufinden sein – und wenn wir die ausländischen Verbände der Waffen-SS und der Wehrmacht hinzuziehen, auch in vielen, vielen Familiengeschichten außerhalb Deutschlands und Österreichs.

Das Thema dieses Buches ist also ein europäisches. Und zwischen den Zeilen seiner düsteren, oftmals kaum zu ertragenden Passagen liegt damit auch eine Chance: Wenn wir das absolute Böse und seine zerstörerische Kraft erkennen und benennen, dann kann sich daraus ein Konsens entwickeln, der die nachfolgenden Generationen auf der Opferseite mit denen auf der Täterseite verbindet und unsere Zivilgesellschaften dazu befähigt, sich zu wappnen, resistent zu werden, den Anfängen zu wehren und zu verhindern, dass sich das größte Verbrechen in der Geschichte der Menschheit noch einmal wiederholt.

In seiner Erzählung „Die Sonnenblume“ schilderte der Holocaust-Überlebende Simon Wiesenthal, der sein ganzes Leben nach 1945 der Ermittlung von Naziverbrechern widmete, Folgendes: Ein junger SS-Mann, der im Lazarett in Lemberg 1942 im Sterben liegt, beichtet Wiesenthal seine Teilnahme an der Ermordung von Jüdinnen und Juden in Odessa – Männern, Frauen, alten Leuten und Kindern – und bittet ihn um Vergebung. Wiesenthal verschließt sich dieser Bitte.[1] Ein wichtiges Zitat von ihm aus der Nachkriegszeit lautet: „Wir, die Überlebenden, sind nicht nur den Toten verpflichtet, sondern auch den kommenden Generationen: Wir müssen unsere Erfahrungen an sie weitergeben, damit sie daraus lernen können. Information ist Abwehr.“[2]

Ich bin mir sicher: Den Kindern oder Enkelkindern des SS-Mannes in Lemberg, die dazu bereit gewesen wären, sich mit der Teilnahme ihres Vaters oder Großvaters an diesem Verbrechen auseinanderzusetzen, hätte der 2005 verstorbene Simon Wiesenthal aufmerksam und mit Empathie zugehört, um auf seine unverwechselbare lebhafte Art mit ihnen darüber zu diskutieren.

Die in diesem Buch geteilten, sehr privaten Erinnerungen der Nachkommen von Waffen-SS-Männern, denen für ihre Offenheit Respekt und Dank gebührt, geben uns die einmalige Chance, uns auf einen solchen Dialog einzulassen – und vielleicht auch unsere eigenen Familiengeschichten in ihrem Lichte neu zu lesen.

Jochen Böhler
Vienna Wiesenthal Institute for Holocaust Studies (VWI)

„The past is never dead. It isn't even past."

Seit dem Erscheinen meines Buches über die „Südtiroler in der Waffen-SS" bei Edition Raetia 2015 habe ich Vorträge zu diesem Thema in Bibliotheken, Universitäten und Schulen gehalten. Anfangs sprach ich im Allgemeinen zur Geschichte der Waffen-SS in Südtirol und erzählte von meinem Vater Otto Casagrande als Beispiel für eine Südtiroler SS-Biografie. Mit der Zeit veränderte sich der Fokus. Ich sprach nun hauptsächlich vor Maturaklassen, und bei der Vorbereitung eines Vortrags an der Wirtschaftsfachoberschule „Franz Kafka" in Meran schlug die Professorin Carmen Steiner vor, mich ganz auf die Biografie meines Vaters zu konzentrieren. Sie war der Meinung, dass sich ihre Schülerinnen und Schüler besonders für das Beispiel meines Vaters interessieren würden. Wie recht sie hatte!

Bald stand auch an den anderen Schulen die Geschichte meines Vaters im Mittelpunkt meiner Vorträge. Mit seiner Person konnte ich Südtiroler Geschichte greifbar machen und exemplarisch seine Entwicklung vom jugendlichen Aktivisten bis hin zum SS-Untersturmführer aufzeigen. Die Aufmerksamkeit war groß und ich kam mit den Maturaklassen in intensive Diskussionen, bei denen mir zunehmend eine weitere Veränderung bewusst wurde. Die Fragen und Anmerkungen zu Details der Geschichte, zum Zweiten Weltkrieg im Allgemeinen und zum Werdegang meines Vaters im Besonderen machten regelmäßig den kleineren Teil der spannenden Gespräche aus. Am meisten schien die Schülerinnen und Schüler mein Umgang mit dem Thema zu interessieren. Sie wollten wissen, wie das Zusammenleben mit meinem Vater war. Wie ich über ihn dachte, welche Gefühle seine Geschichte in mir auslöste, welche Konsequenzen und Schlüsse ich aus seiner Geschichte zog.

Als besonders intensiv habe ich die Gespräche vom März 2023 in Erinnerung. Sowohl die Schülerinnen und Schüler als auch ich gingen nach der pandemiebedingten langen Pause sehr motiviert in die Gespräche und mir wurde klar, wie wichtig die Gespräche auch für mich geworden waren. Je mehr ich darüber nachdachte, desto mehr wurde mir wieder bewusst, dass es die Geschichte meines Vaters, mein Verhältnis zu ihm – also unser beider Geschichte – war, die mich zu meinen SS-Forschungen, zu meiner wissenschaftlichen Arbeit gebracht hatten. Als ich im Rahmen einer SS-Historiker-Tagung in Dresden 2010 einen Vortrag über die Volksdeutschen in Jugoslawien und die 7. SS-Division „Prinz Eugen", mein Dissertationsthema, hielt, wurde mir zum ersten Mal bewusst, dass ich der einzige Vortragende war, der einen engen familiären Bezug zum Forschungsgegenstand hatte, und ich mich damit von den anderen Historikerinnen und Historikern unterschied. Endgültig deutlich machte dies Franziska Zaugg 2016 in ihrer Rezension zu meinem Buch „Südtiroler in der Waffen-SS". Sie bringt diesen Zusammenhang so klar auf den Punkt, dass sie hier zitiert werden soll:

> „Thomas Casagrandes neueste Publikation lässt Historiker zuerst einmal die Stirn runzeln. Es ist in der Gilde der Geschichtswissenschaftler nicht üblich, sich so offen und so nah an seinem Thema zu präsentieren. Denn die Recherchen, überhaupt seine Auseinandersetzung mit der Waffen-SS, verdankt Casagrande der Vergangenheit seines Vaters. Sein Bekenntnis, auch Persönliches und Familiengeschichtliches aufarbeiten zu wollen, provoziert ein doppelt kritisches Lesen. [...] Am Ende des Buches angekommen, ist der Leser positiv überrascht: Casagrande gelingt es in dieser mikrogeschichtlichen Studie nicht nur, die notwendige Distanz zu wahren, sondern wichtige Details herauszuarbeiten, die nicht nur für die Südtiroler Bevölkerung und die Aufarbeitung ihrer Vergangenheit von Belang sind. [...] Gleichzeitig ist es ein Aufruf, sich der Vergangenheit zu stellen und die Vielfalt von Handlungsoptionen, aber auch Handlungszwängen ehemaliger Soldaten der Waffen-SS wahrzunehmen."[1]

Franziska Zaugg führt mich mit diesen Worten auf den Kern meiner Auseinandersetzung zurück. Meine Arbeiten zur Geschichte der Volksdeutschen in der Waffen-SS folgen nicht wissenschaftlicher Neugierde oder gar dem Zufall eines frei gewählten wissenschaftlichen Themas. Sie entspringen meiner innersten Beschäftigung damit. Bemerkenswert ist in diesem Zusammenhang auch meine Begegnung mit Ofra Bloch, die für das vorliegende Buch den Epilog geschrieben hat. Ofra Bloch ist gebürtige Israelin und lebt in New York City. Sie interviewte mich für ihren Dokumentarfilm „Afterward".[2] Im Interview ging es um mich als Sohn eines SS-Untersturmführers und nicht um mich als Wissenschaftler, der zur Geschichte der Volksdeutschen in der Waffen-SS forscht. Dies führte anfangs zu einigen Missverständnissen, gar Ärgernissen meinerseits. Ich wollte über die Waffen-SS referieren, und sie interessierte sich für meine persönliche Geschichte. Auch als ich dann im November 2018 in New York City an der Filmpremiere und den anschließenden „Questions & Answers" teilnahm, war es meine Auseinandersetzung mit meinem Vater, die im Mittelpunkt stand, und nicht meine Expertise als Wissenschaftler. Unvergesslich bleibt mir die Rückmeldung von zwei jüdischen Ehepaaren, die mich auf dem Nachhauseweg ansprachen und sich bei mir für meine Offenheit und für meine Bereitschaft bedankten, mich der Geschichte zu stellen.

Mit dem vorliegenden Buch schließt sich nun der Kreis. Ich kehre an den Beginn meiner Auseinandersetzung zurück. Aber ich mache es nicht allein. Die in diesem Buch zu Wort kommenden Frauen und Männer haben gemeinsam, dass ihre Väter und Großväter bei der Waffen-SS waren. Als Erster ist mein Bruder Roland Casagrande zu nennen. Den meisten anderen Teilnehmern bin ich durch mein Buch zu den Südtirolern in der Waffen-SS begegnet. Manche habe ich noch während der damaligen Recherche kennengelernt, andere haben sich an mich gewandt, nachdem mein Buch erschienen war, weil sie schon seit Längerem auf der Suche nach Informationen zu ihren Vätern waren, gar schon selbst sehr intensiv recherchiert und so weit wie möglich Material gesammelt hatten: Siegfried Frizzi, Klaus Ladurner, Martin Sieder und Giulia Trojer. Über die Jahre ist zwischen uns ein Vertrauensverhältnis entstanden.

Mit Franz Steiner verbindet mich eine enge Freundschaft. Unsere Väter kannten sich seit der Jugend und stammten aus demselben Ort, Neumarkt in Südtirol. Auch die Väter der oben genannten Personen waren Südtiroler. Aber die dem Buch zugrunde liegende Auseinandersetzung mit Vätern, die in der Waffen-SS waren, und die damit verbundene Problematik der transgenerationalen Vermittlung, der Weitergabe von Traumata, von Vorurteilen und Verhaltensweisen, sind nicht alleine ein Südtiroler Thema. Gut neunhunderttausend Männer aus allen Ländern Europas dienten in der Waffen-SS am Ende des Krieges, von denen knapp die Hälfte aus dem Großdeutschen Reich stammte. Stellvertretend ist deswegen die Geschichte von Astrid Wohlgemuth ein wichtiger Bestandteil des Buches. Ich habe sie über einen gemeinsamen Freund kennengelernt, der sie auf meine Forschungen aufmerksam machte.

Auch Enkelkinder werden gehört. Franziska Ladurner nahm voller Spannung und Interesse an den Gesprächen zwischen mir und ihrem Vater Klaus über ihren Großvater Eduard Ladurner teil. Martin Robatscher ist der Neffe von Franz Steiner und forscht intensiv zur Geschichte seines Großvaters Hans Steiner, sodass mich auch mit ihm eine persönliche Beziehung verbindet. Die Brüder Arno, Michael und Peter Senoner sind die Enkel von Karl Nicolussi-Leck. Ich lernte sie erst während der Recherche zu diesem Buch kennen. Ihr Großvater war nicht nur ein Südtiroler NS-Aktivist und Ritterkreuzträger der Waffen-SS, sondern auch nach dem Krieg eine bekannte Person des öffentlichen Lebens und oft Gegenstand von kritischen Untersuchungen zum Werdegang von Nationalsozialisten und SS-Männern nach dem Krieg.

Dass die hier genannten Personen bereit waren, unter ihren Echtnamen über sich und die Geschichte ihrer Väter und Großväter nachzudenken und zu sprechen, ist nicht selbstverständlich. Die meisten Gespräche mit Kindern von NS- oder SS-Mitgliedern wurden anonymisiert veröffentlicht.[3] Darüber hinaus habe ich über die Jahre eine Reihe von Kindern von Mitgliedern der Waffen-SS und auch von Wehrmachtssoldaten kennengelernt. Die meisten wussten nichts über den Kriegseinsatz des Vaters. In der Regel bot ich an, während meiner regelmäßigen Archivbesuche nach ihren Vätern zu forschen. Meist bestand kein Interesse an einem kritischen Recherchieren und Nachfragen und mein Angebot wurde dankend abgelehnt. Auch die Geschwister der in diesem Buch zur Sprache kommenden Frauen und Männer hatten kein Interesse an einem Gespräch über ihre Väter.

Geschichtserzählung spiegelt hauptsächlich die der jeweiligen Zeit zugrunde liegenden Machtverhältnisse wider. Das gilt grundsätzlich, aber eben auch für den Nationalsozialismus im Allgemeinen und die Waffen-SS im Besonderen. Es sind die Entscheidungsträger, die meistens im Mittelpunkt der biografischen Aufarbeitung stehen. Der Blick auf die, die ihnen folgten, ist oft ein kollektiver, ein summarischer. Selten sind sie einzeln – mit ihren jeweiligen individuellen Gefühlen, Motivationen, Absichten – im Fokus.

Wie weit ging aber ihre Identifizierung mit den Zielen der „Bewegung“? Waren sie nur unschuldig Verführte oder lebten sie die gleichen Macht- und Größenfantasien wie ihre „Führer“, waren sie vom gleichen Hass durchdrungen, nur auf einer anderen Hierarchieebene? Berühmt wurden die Worte von Robert H. Jackson, US-Chefankläger im Nürnberger Prozess, gegen die Hauptkriegsverbrecher in seiner zweiten Anklagerede vom 28. Februar 1946:

> „Tausend kleine Führer diktierten, tausend Nachahmer Görings stolzierten umher, tausend Schirachs hetzten die Jugend auf, tausend Sauckels ließen Sklaven arbeiten, tausend Streichers und Rosenbergs schürten den Hass, tausend Kaltenbrunners und Franks folterten und töteten, tausend Schachts, Speers und Funks verwalteten, unterstützten und finanzierten die Bewegung."[4]

Das ist überzeugend ausgedrückt. Aber bis zu welchem Punkt gilt diese Analyse, wenn man auf die Masse der Menschen blickt? Die Waffen-SS wurde nach dem Krieg verboten und in Nürnberg zu einer verbrecherischen Organisation erklärt. Waffen-SS steht für den Holocaust, für die Wachmannschaften der KZs, für den bedingungslosen Kriegseinsatz für „Führer, Volk und Vaterland". „Du bist nichts, Dein Volk ist alles", stand in Dachau angeschrieben, und der Spruch „Meine Ehre heißt Treue" zierte das Koppelschloss der Waffen-SS.

Wie viel davon war nicht nur in den Köpfen, den Gefühlen und den Taten der höheren SS-Führer, sondern auch in den Männern aus den unteren Diensträngen der Waffen-SS? Wie weit reichte ihre Identifikation? Welche Spuren hinterließ die SS-Mitgliedschaft in ihren Mitgliedern? Wie gingen sie mit ihrer Geschichte um? Wie ein SS-Mann sinngemäß einmal sagte, streift man die SS-Uniform nicht so leicht ab.

Was bereits über die Geschichtserzählung gesagt wurde, gilt auch für die Auseinandersetzung von Kindern von Nazi-Tätern mit ihren Vätern. Das Interesse der Öffentlichkeit an diesbezüglichen Zeugnissen der Kinder von Entscheidungsträgern war groß. Besondere Aufmerksamkeit erregte 1987 Niklas Frank, geboren 1939, mit seiner Auseinandersetzung über seinen Vater Hans Frank, der Generalgouverneur von Polen war und in Nürnberg als Hauptkriegsverbrecher hingerichtet wurde. In den folgenden Jahren sind weitere Bücher von Kindern prominenter Nationalsozialisten über ihre Väter erschienen. Darunter auch die Auseinandersetzung von Kurt Meyer junior mit seinem Vater Kurt Meyer, genannt „Panzermeyer", Jahrgang 1910, Generalmajor der Waffen-SS.[5] Sein Vater wurde nach dem Krieg wegen Kriegsverbrechen zuerst zum Tode, dann zu einer lebenslangen Haftstrafe verurteilt. Nach acht Jahren wurde er begnadigt. Neben den autobiografischen Auseinandersetzungen der Kinder erschienen im gleichen Zeitraum Bücher wie u. a. von dem Psychologieprofessor Dan Bar-On „Die Last des Schweigens. Gespräche mit Kindern von NS-Tätern".[6] Dan Bar-On hatte neben seiner Auseinandersetzung mit den Kindern von NS-Tätern auch zur transgenerationalen Weitergabe von Traumata von Holocaustüberlebenden gearbeitet. Zur Beschäftigung mit den Kindern von NS-Tätern passt ein Hinweis der Psychoanalytikerin Anita Eckstaedt. Sie zitiert in Bezug auf das Schweigen der Tätergeneration Wolfang Koeppen mit den Worten: „Man musste für die Sünden der Eltern büßen."[7] Inzwischen häufen sich die Berichte über die Versuche von Enkelkindern, die Geschichte ihrer NS-Vorfahren aufzuarbeiten. „Der Spiegel" griff regelmäßig das Thema auf und titelte unter anderem: „Warum die Nazizeit tiefe Furchen in den Familien zieht", und in der „Zeit" vom 25. Juli 2024 schrieb Matthias Lohre unter der Überschrift „Deutsche Geister. War Opa doch ein Nazi?" über den Versuch der Deutschen, in den Archiven etwas über die NS-Zeit ihrer Eltern und Großeltern zu erfahren.[8]

Das Buch „Schatten – Unsere Väter in der Waffen-SS" stellt sich in diese Tradition. Anders aber als bei prominenten NS-Tätern fällt ein Urteil nicht leicht. Während etwa Niklas Frank nicht anders konnte, als sich damit zu konfrontieren, dass sein Vater als „Schlächter von Polen" ein Massenmörder war, sind es die Unsicherheit und Ambivalenz, die die Auseinandersetzungen in diesem Buch bestimmen.

„The past is never dead. It isn't even past." Die Vergangenheit ist nicht tot. Sie ist noch nicht einmal vergangen.[9]

So lautet eines von William Faulkners bekanntesten Zitaten. Für die in diesem Buch zu Wort kommenden Töchter und Söhne der Waffen-SS-Männer ist Faulkners Satz in ihren Fragen und Nachforschungen schon wahr geworden: Die Vergangenheit ist nicht vergangen. Sie haben sich auf Spurensuche begeben. Was bleibt in ihnen von der Auseinandersetzung, von der Verdrängung, der Leugnung oder auch dem Eingeständnis ihrer Väter, an der mörderischen Vergangenheit des Zweiten Weltkrieges und der Waffen-SS teilgehabt zu haben, die nach dem Krieg von ihren Vätern gelebt und von ihnen miterlebt wurden?

Die in diesem Buch besprochenen SS-Männer stammen alle aus den jüngeren Kriegsjahrgängen. Der älteste war Jahrgang 1917 und der jüngste Jahrgang 1926. Vier erreichten im Laufe des Krieges die SS-Führerränge, die anderen verblieben in den Unteroffiziers- und Mannschaftsdiensträngen. Die hier genannten Männer decken eine Vielfalt sich zum Teil überschneidender möglicher Biografien in der Waffen-SS ab. Da sind die „einfachen SS-Soldaten" Gottfried Frizzi und Hans Steiner. Wir haben Eduard Ladurner, der hauptsächlich, und Peter Sieder, der ausschließlich Partisanen und

Zivilisten bekämpfte. Es gibt die frühen NS-Aktivisten und SS-Offiziere Karl Nicolussi-Leck, Otto Casagrande, Werner Wohlgemuth und Martin Trojer. Letzterer stand im Zentrum der Ermordung der Juden in Polen und der Ukraine. In Anbetracht der Ergebnisse der Geschichtsforschung muss man davon ausgehen, dass bis zu einem gewissen Grad jeder einzelne SS-Mann zumindest Kenntnis von den Mordtaten hatte und dass Antisemitismus zentraler Bestandteil der SS-Ideologie war. Daher ist die Aussage berechtigt, dass jeder SS-Mann mit seiner SS-Mitgliedschaft, seinem Tun und Denken eine Mitverantwortung für den Holocaust trägt, selbst wenn er persönlich nicht direkt am massenhaften Morden mitwirkte. Aber wo verlief die Grenze zwischen den SS-Frontsoldaten, den „Soldaten wie andere auch",[10] und den SS-Mördern in den Vernichtungslagern oder in den Einsatzkommandos?

Diese Frage und die hier angedachte Unterscheidung ist für uns Kinder der Täter wichtig. Gleichzeitig ist sie für die Kinder der Opfer schmerzlich. Auch der zum Teil nüchterne Ton, mit dem wir in diesem Buch über die Waffen-SS sprechen, muss für die Opfer verletzend klingen. Ich bin mir dessen bewusst und will mich vorab für daraus resultierende Kränkungen entschuldigen. Doch nur so scheint mir ein Blick in den Alltag und die Normalität des Lebens der Waffen-SS-Väter nach dem Krieg und in den Alltag von uns Kindern möglich. Die Idee des Buches war, den Kindern von SS-Männern zuzuhören, die nicht bereits als Mörder identifiziert wurden, und den Schatten zu zeigen, der trotzdem auf die eine oder andere Weise auf ihr Leben geworfen wurde. War der Vater an Mordtaten der Waffen-SS beteiligt? Diente er in einem Konzentrations- oder gar Vernichtungslager? Oder war er, außer für seinen Fronteinsatz in der Waffen-SS, von weiteren Vorwürfen zu entlasten? Das wissen zu wollen, ohne sich der Antwort sicher zu sein, zeichnet die hier zu Wort kommenden Menschen aus.

Das Buch enthält neben Kurzbiografien der Väter die mit den Kindern und Enkelkindern geführten Gespräche. Die Kurzbiografien beruhen auf Dokumenten aus Archiven und aus Privatbesitz. Nicht immer war es möglich, detaillierte Informationen über die Handlungen der Väter während der Zeit des Nationalsozialismus zu finden. Die Kurzbiografien nähern sich den Vätern so weit an, wie es das Material zulässt. Manchmal ist ein Blick auf die Väter nur indirekt möglich, durch die Details, die über ihre Vorgesetzten und die Einheiten bekannt sind, in denen sie dienten. Dann wieder gibt es eine Fülle von Archivmaterial oder eine große Anzahl Feldpostbriefe, sodass ein präziserer Blick möglich ist. Nicht belegte persönliche Erinnerungen an die Zeit bei der Waffen-SS, von den Vätern erzählt und von den Kindern in der jeweiligen Familiengeschichte bewahrt, werden in den Kurzbiografien nicht berücksichtigt. Sie bekommen ihren Platz in den Interviews. Zur Vorbereitung der Interviews führte ich mit allen Beteiligten Vorgespräche. In einem zweiten Schritt erhielten alle noch vor den Interviews die von mir recherchierten Kurzbiografien, die für die jeweiligen Töchter, Söhne und Enkel durchaus einen unterschiedlichen Stellenwert hatten. Manchmal fassten die Kurzbiografien ausschließlich ihnen Bekanntes zusammen, manchmal enthielten sie interessante Neuigkeiten oder gar Überraschungen. Den Fragenkatalog,[11] auf dessen Grundlage die Interviews geführt wurden, verschickte ich ebenfalls im Vorfeld. Es war mir wichtig, Vertrauen zu schaffen und den Prozess transparent zu machen. Durch meine eigene Auseinandersetzung mit der Geschichte meines Vaters weiß ich, dass ein kritisches Hinterfragen ein lebenslanger Prozess ist, der nicht erzwungen werden kann. Es ging mir darum, den Nachkommen bei dem, was sie bereit waren über sich und ihre Väter und Großväter zu sagen, zuzuhören, ohne sie unter Druck zu setzen. Der Psychoanalytiker Tilmann Moser, ein Schüler von Alexander und Margarete Mitscherlich, verwies in seiner Kritik an deren Buch „Die Unfähigkeit zu trauern" darauf, dass jedem Psychoanalytiker bewusst sein sollte, dass Vorwürfe das Gegenüber zum Schweigen, bestenfalls zur Wahrheit verzerrenden Abwehr provozieren.[12] So sind in diesem Buch individuelle Porträts entstanden, bei denen der Blick der Nachkommen auf ihre Väter ganz unterschiedliche Emotionen, Einschätzungen und Positionen einbezieht.

Ich möchte am Ende dieser Einführung die Frage aufgreifen, warum dieses Buch zum jetzigen Zeitpunkt erscheint, fast achtzig Jahre nach dem Ende des Zweiten Weltkrieges, warum wir immer wieder eine Auseinandersetzung mit der Vergangenheit führen müssen. Das Zitat von William Faulkner enthält den Kern der Antwort in aller Kürze und Präzision. Ergänzend soll aber noch der schon genannte Psychologe Dan Bar-On zu Wort kommen:

> „Einige Leute fragen vielleicht, warum sich mit den ungelösten Angelegenheiten der Vergangenheit beschäftigen, wenn die Gegenwart uns so viele dringliche neue Fragen aufgibt? Wir müssen lernen, beides zu bewältigen […]. Denn wenn wir uns nur auf das eine ohne das andere konzentrieren, werden wir die Welt, in der wir leben, nicht verstehen können und nicht begreifen, woher wir kamen und wohin wir uns bewegen."[13]

Ein weiteres Zitat, das mir sofort gefiel und aus meiner Sicht gut zum Thema passt, findet sich in einem Buch über die Brüder Himmler von Tzvetan Todorov:

> „Wenn wir an ihrer Stelle gewesen wären, hätten wir wie sie werden können."[14]

So soll denn auch dieses Buch allen Mut machen, sich mit der eigenen Geschichte und der Geschichte der Eltern sowie deren Einbindung in den Nationalsozialismus und den Zweiten Weltkrieg zu befassen.

Was für die damalige Zeit gilt, ist grundsätzlich richtig: Nur der kritische Blick auf die Verwerfungen und Spuren der Geschichte in uns kann uns befreien und uns helfen, die Fehler der Vergangenheit nicht zu wiederholen.

Thomas Casagrande

P.S. Dieses Buch muss nicht zwingend chronologisch gelesen werden. Nach den einleitenden Kapiteln ist es den Leserinnen und Lesern überlassen, ob er/sie die Kurzbiografien mit den dazugehörenden Interviews alle und in der vorliegenden Reihenfolge liest, oder ob die abschließenden Gedanken „Schatten" (ab S. 231) und der Epilog (ab S. 237) vorgezogen werden.

Eine kurze geschichtliche Einführung

Volksdeutsche[15]

Nach der Niederlage im Ersten Weltkrieg 1918 kam es zur Zerschlagung der Kaiserreiche Deutschlands und Österreich-Ungarns und damit verbunden zu einer Reihe von Gebietsabtretungen und Staatsgründungen. Für nennenswerte Teile der deutschsprachigen Bevölkerung Europas änderte sich damit der nationale Status. Gehörten sie vorher sprachlich und kulturell zu den dominierenden Bevölkerungsteilen in den Kaiserreichen, wurden sie nun zu Minderheiten in den jeweiligen Nationalstaaten. Insbesondere nach der NS-Machtergreifung 1933 in Deutschland und der Gründung des Großdeutschen Reichs 1938 wurde für diese deutschsprachigen Minderheiten der Begriff „Volksdeutsche" gebräuchlich: nach Sprache und Kultur zum „deutschen Volkstum" gehörend, aber außerhalb des „Reichs" lebend. Von Beginn an war ihr Verhältnis zu den anderssprachigen Bevölkerungsgruppen von Spannungen geprägt. Während die Volksdeutschen bemüht waren, ihre sprachliche und kulturelle Eigenheit zu bewahren, versuchten die jeweiligen nationalen Mehrheiten diese zu beschneiden und manchmal bis hin zur Zwangsassimilierung zu unterdrücken. Mit dem Aufstieg der Nationalsozialisten im Deutschen Reich waren in allen deutschsprachigen Gebieten Europas Gruppierungen der sogenannten Erneuerer entstanden, die sich ausschließlich am Deutschen Reich orientierten, wobei die SS immer mehr deren Organisation übernahm. Die Erneuerer setzten ganz auf die vom Deutschen Reich ausgerufene „Heim ins Reich"-Politik. Die ersten Erfolge wie der Einmarsch ins entmilitarisierte Rheinland schürten Hoffnungen. Als im März 1938 mit Österreich, umbenannt in Ostmark, das Großdeutsche Reich begründet und dann im September desselben Jahres das Sudetenland annektiert wurde, waren nicht nur die „nationalsozialistischen" Organisationen, sondern auch die Volksdeutschen mehrheitlich von ihrem Sieg überzeugt. Entweder würde ihre jeweilige Heimat bald folgen und Großdeutschland angeschlossen oder sie würden aufgrund der Stärke des Großdeutschen Reichs einen privilegierten Status in den verschiedenen Nationalstaaten erhalten. Diejenigen Volksdeutschen, die in den Nationalstaaten verblieben, wurden auch weiterhin als dortige Staatsbürger geführt, während alle Volksdeutschen, die ins Reich umsiedelten, die reichsdeutsche Staatsbürgerschaft erhielten. Für diesen Prozess verantwortlich war der Reichsführer-SS Heinrich Himmler, der ab Oktober 1939 gleichzeitig zum Reichskommissar für die Festigung des deutschen Volkstums ernannt wurde. Damit wurden die Belange der Volksdeutschen endgültig mit dem Interesse der SS verwoben. Dies führte über die Jahre zu einem überproportionalen Einsatz der europäischen Volksdeutschen in der Waffen-SS und ihrem bedingungslosen Schulterschluss mit der nationalsozialistischen Kriegs- und Besatzungspolitik.

Nach der Niederlage im Zweiten Weltkrieg fand eine millionenfache Vertreibung der deutschsprachigen Bevölkerungsgruppen aus ihrer Heimat statt. Die wenigen Volksdeutschen, die als Minderheiten in den jeweiligen Nationalstaaten verblieben, wurden sprachlich und kulturell marginalisiert, mit einer Ausnahme.

Südtirol

Auch Südtirol gehörte zu den Gebieten, die Österreich 1919 abtreten musste. Mit dem Aufstieg Mussolinis und des Faschismus in den 1920er-Jahren begann eine massive Einwanderungspolitik und eine damit verbundene (Zwangs-)Italianisierung Südtirols bis hin zur Auflösung der deutschsprachigen Schulen und der Verwaltung. Der sich dagegen formierende Widerstand der deutschsprachigen Südtiroler reichte vom Aufbau illegaler deutscher Schulen, der sogenannten Katakombenschulen, bis hin zu geheimen politischen Vereinen wie der Südtiroler Heimatfront, später in Völkischer Kampfring Südtirols (VKS) umbenannt. Die Südtiroler unterschätzten die Bedeutung Mussolinis für die nationalsozialistische Politik. Ihre Hoffnung auf eine Angliederung an das Großdeutsche Reich wurde enttäuscht und sie wurden vor die Wahl gestellt, für Deutschland zu optieren oder italienische Staatsbürger zu bleiben, mit allen damit verbundenen Pflichten als Vollbürger gegenüber dem italienischen Staat. Im Zuge dieser sogenannten Option entschieden sich sechsundachtzig Prozent der zweihundertfünfzigtausend Südtiroler für Deutschland, von denen über siebzigtausend ihre Heimat tatsächlich verließen. Obwohl Südtiroler aller Schichten, Besitzverhältnisse und Altersgruppen für Deutschland optierten, lässt sich doch die Aussage treffen, dass sich anteilsmäßig mehr Besitzende und Wohlhabende für das „Dableiben" entschieden und umgekehrt mehr mittellose und ärmere Südtiroler Optanten waren. Auch für die Südtiroler im wehrpflichtigen Alter war die Option besonders attraktiv, stellte sie doch eine Möglichkeit dar, dem italienischen Militärdienst zu entgehen und stattdessen in der deutschen Wehrmacht oder in der Waffen-SS zu dienen. Darüber hinaus schien der endgültige Erfolg des Deutschen Reichs nach den Siegen über Polen 1939 und den Niederlagen Frankreichs und der britischen Streitkräfte 1940 nur eine Frage der Zeit, sodass manche jungen Männer förmlich auf ihren Kriegseinsatz drängten.

Anders als der Kriegsverlauf, der 1943 nach den Niederlagen an der Ostfront und in Afrika – aus deutscher Sicht – eine schlechte Entwicklung genommen hatte, brachte das Jahr 1943 – aus Südtiroler Sicht – eine durchaus positive Wendung. Mit dem italienisch-amerikanischen Waffenstillstand und der Absetzung Mussolinis begann die Besetzung Italiens und damit auch Südtirols durch die deutsche Wehrmacht. Für viele Südtiroler war dieser 8. September 1943 der langersehnte Tag der Befreiung. Für die Juden Italiens und Südtirols bedeutete die deutsche Besatzung den Beginn des Holocaust und die Deportation in die Vernichtungslager. Bis 1943 hatten die italienischen Faschisten die jüdischen Gemeinden massiv bedrängt, aber nicht ausgelöscht. Mit dem Einmarsch von Wehrmacht und Waffen-SS begann die Jagd auf die wenigen Juden Südtirols und auf die dorthin aus anderen Gebieten Europas geflüchteten Juden, an der sich auch der Südtiroler Ordnungsdienst (SOD) beteiligte.

Als sich 1945 die letzte Hoffnung überzeugter Nationalsozialisten kurzzeitig auf das Phantasma einer Verteidigungsstellung in den Alpen, der sogenannten Alpenfestung, konzentrierte, war wiederum Südtirol im Gespräch. Aber auch jenseits der nicht realisierten Endkampffantasien bekam Südtirol 1945 entscheidende Bedeutung für auf der Flucht befindliche Nationalsozialisten. Es gab in Südtirol nach wie vor eine loyale deutschsprachige Bevölkerung, und auch viele Südtiroler, die in der Waffen-SS gedient hatten oder beim VKS aktiv gewesen waren, blieben vorerst in ihrer Heimat und waren so Ansprechpartner und Helfer der gesuchten Nationalsozialisten. Mit den sich dann langsam etablierenden Fluchtwegen über Rom nach Lateinamerika wurde Südtirol zur entscheidenden Transitstrecke.

1948 gab es dann die Möglichkeit einer Rückoption, sodass die meisten Südtiroler, die für Deutschland optiert hatten, nun legal in ihrer Heimat bleiben bzw. dorthin zurückkehren konnten. Ausgenommen waren Offiziere der Waffen-SS, Führungskräfte des SOD sowie Mitglieder der Gestapo und des Sicherheitsdienstes (SD). Das Verhältnis der Südtiroler zum italienischen Staat blieb auch weiterhin angespannt. Es kam in den 1960er-Jahren zu Bombenanschlägen Südtiroler Separatisten verbunden mit harten Reaktionen der italienischen Staatsmacht. Gleichzeitig wurde Südtirol zu einem beliebten Reiseziel hauptsächlich von national gesinnten Deutschen und Österreichern, oft auch um den „deutschen Süd" des Deutschlands „von dem Belt bis an die Etsch" – so in der ersten Strophe des „Deutschlandliedes" von August Heinrich Hoffmann von Fallersleben – als einziges intaktes „volksdeutsches" Siedlungsgebiet zu unterstützen. Erst nach dem Autonomiestatut von 1972, bei dem der um Ausgleich bemühte langjährige Landeshauptmann Südtirols Silvius Magnago eine zentrale Rolle spielte, verbesserte sich die Situation der Südtiroler entscheidend. Heute hat Südtirol das höchste Bruttoinlandsprodukt pro Kopf in Italien.

Waffen-SS

Mitte der 1920er-Jahre hatte die „Schutzstaffel", wie die SS eigentlich hieß, als Leibwache Adolf Hitlers und Teil der Sturmabteilung (SA) angefangen. Als 1934 Adolf Hitler die SA-Spitze entmachten und liquidieren ließ, führte Einheiten der SS-Leibstandarte „Adolf Hitler" die Ermordungen durch. Unter dem Reichsführer-SS Heinrich Himmler wurden die paramilitärischen Einheiten der SS, ab 1939 unter dem Begriff „Waffen-SS" zusammengefasst, zu einer mächtigen Säule des NS-Staates. Neben der Waffen-SS existierte noch die Allgemeine-SS, die jedoch keine vergleichbare Bedeutung für den Krieg und den Holocaust hatte. Im Unterschied zur Waffen-SS waren deren Mitglieder bis auf die SS-Führer keine Berufssoldaten, sondern Zivilisten, die in ihrer Freizeit unentgeltlich Dienst taten. Insgesamt dienten mehr Mitglieder der Allgemeinen-SS in der Wehrmacht als in der Waffen-SS.

Kurz nach dem Überfall auf Polen, bei dem insbesondere die Einheiten der Waffen-SS zahlreiche Massaker an der polnischen und jüdischen Zivilbevölkerung verübten, wurden erste eigenständige Waffen-SS-Divisionen aufgestellt. Im weiteren Verlauf des Krieges kämpften die Waffen-SS-Divisionen auf allen europäischen Kriegsschauplätzen, wobei ihnen insgesamt mehr Massaker an der Zivilbevölkerung – darunter auch an Frauen und Kindern – sowie an Kriegsgefangenen als den Wehrmachtsdivisionen nachgewiesen wurden. Als Beispiele sollen hier die 1. SS-Division „Leibstandarte Adolf Hitler" in Italien 1943 und die 2. SS-Division „Das Reich" in Frankreich 1944 genannt werden. Darüber hinaus gehörten die Waffen-SS und die Konzentrations- und Vernichtungslager zusammen. Die 3. SS-Division „Totenkopf" wurde aus den Wachmannschaften des Konzentrationslagers Dachau gegründet. Ihr Divisionskommandant wurde der langjährige Inspekteur des Konzentrationslagersystems SS-Obergruppenführer Theodor Eicke. Aber auch zwischen den anderen SS-Divisionen und dem Lagersystem gab es einen regelmäßigen Austausch. Wachmannschaften und Offiziere der Vernichtungslager waren Waffen-SS-Mitglieder und hatten Waffen-SS-Dienstränge.

Da die Waffen-SS bei der Rekrutierung innerhalb des Deutschen Reichs der Wehrmacht den Vortritt lassen musste, richtete sich ihr Blick mit Beginn des Krieges zunehmend auf die Volksdeutschen. Dies führte dazu, dass bis Ende des Krieges ungefähr ein Drittel der Soldaten der Waffen-SS Volksdeutsche waren. An dieser Stelle soll darauf verwiesen werden, dass für die ins Reich eingebürgerten Volksdeutschen ebenso wie für Mitglieder der Waffen-SS, die aus dem „Altreich" stammten, die Möglichkeit bestand, sich zwischen dem Dienst in der Wehrmacht und dem Dienst in der Waffen-SS zu entscheiden. Im Verlauf des Krieges erodierte allerdings das Prinzip der Freiwilligkeit und es kam durchaus auch hier zu manchen Zwangsrekrutierungen für die Waffen-SS. Für andere Volksdeutsche, die nicht die deutsche Staatsangehörigkeit bekamen, bestand diese Wahlmöglichkeit grundsätzlich nicht. Sie konnten bestenfalls zwischen dem Dienst in der mit dem Deutschen Reich verbündeten jeweiligen nationalen Armee oder der Waffen-SS wählen oder wurden wie in Jugoslawien indirekt sogar für die Waffen-SS verpflichtet.

Nach der deutschen Niederlage 1945 wurden in ganz Europa die Soldaten der Waffen-SS als fanatische Kämpfer des NS-Regimes und Mittäter des Holocaust identifiziert und verfolgt. Die Angst der SS-Männer, durch die an der Innenseite des linken Oberarms eintätowierte Blutgruppe erkannt zu werden, führte zu einer Reihe von Selbstverstümmelungen, und wenn irgend möglich, versuchten sie aus dem Einflussbereich der sowjetischen Roten Armee zu entkommen oder sich erst gar nicht als Männer der Waffen-SS zu erkennen zu geben. Im Nürnberger Prozess gegen die Hauptkriegsverbrecher wurde die Waffen-SS zu einer verbrecherischen Organisation erklärt und verboten. Mitglieder der Waffen-SS wurden in besonders scharf bewachten Teilen der Kriegsgefangenlager interniert und überall in Europa wurden Todesurteile gegen Offiziere der Waffen-SS aus den Konzentrationslagern vollstreckt. Auch in der amerikanisch besetzten Zone wurden in den Nürnberger Folgeprozessen einige Befehlshaber der Waffen-SS zum Tode verurteilt.

Bereits 1946 wurde in den Westzonen das sogenannte Spruchkammerverfahren eröffnet, in dem deutsche Laiengerichte – unterhalb der Ebene der Strafprozesse, die von den Alliierten durchgeführt wurden – die politische Säuberung in den drei Westzonen verwalteten und Strafen und Berufsverbote gegen Verurteilte, darunter auch viele Mitglieder der Waffen-SS, verhängten. Mit der zunehmenden Spannung zwischen Ost und West und dem beginnenden Kalten Krieg trat die Verfolgung von NS- und SS-Tätern in den Hintergrund. Als im Januar 1951 der spätere Präsident der USA Dwight D. Eisenhower seine berühmte Ehrenerklärung für die deutschen Soldaten abgab, derzufolge sie genauso tapfer und ehrenhaft wie die alliierten Soldaten gekämpft hätten, wurden bald auch die Waffen-SS-Soldaten rehabilitiert. Nachdem auch Bundeskanzler Konrad Adenauer von der CDU und Oppositionsführer Kurt Schumacher von der SPD eine entsprechende Ehrenerklärung abgegeben hatten, blieb die Organisation zwar verboten, aber dem einzelnen Mitglied der Waffen-SS wurde es selbst überlassen, ob es sich schuldig fühlte oder nicht. Kurz darauf, Ende 1951, gründete sich die „Hilfsgemeinschaft auf Gegenseitigkeit der Angehörigen der ehemaligen Waffen-SS e. V." (HIAG) als Traditionsverband. Bald fanden öffentliche SS-Veteranentreffen statt, und den ehemaligen SS-Männern standen wieder Karrierewege bis in die Spitzen von Polizei, Militär, Verwaltung und Wirtschaft der Bundesrepublik offen. Allerdings finden bis in die Gegenwart in Deutschland noch einzelne Prozesse gegen Mitglieder der Waffen-SS statt, die in den Vernichtungslagern zur Wachmannschaft gehört hatten.

Invalide, zerschossen, interniert

SS-Untersturmführer Werner Wohlgemuth

Was mit einer gelungenen Schulkarriere und dem ersten motortechnischen Lehrgang in Friedenszeiten begann, setzte sich über die Kriegsjahre fort. Kein Studium, aber ein kriegstechnischer Lehrgang folgte auf den nächsten. Unterbrochen von Verwundungen an der Front folgte Schulung auf Schulung. Wozu? Um das moderne Kriegshandwerk der Panzertruppe zu lernen, SS-Panzerführer in der 9. SS-Division „Hohenstaufen" zu werden. Nach Einsätzen an der Ost- und Westfront beendete die letzte Verwundung alles. Invalide, zerschossen, interniert, die Heimat Danzig verloren.

Werner Wohlgemuth wurde am 27. November 1920 als erster Sohn von Alexander und Antoine Wohlgemuth in Zoppot bei Danzig geboren. Seine Eltern arbeiteten im Gastbetrieb. Sein Vater als Oberkellner, seine Mutter war Wirtschafterin. Kurz vor seiner Geburt war aus der Region um Danzig der sogenannte entmilitarisierte und unter Völkerbundmandat stehende Freistaat Danzig entstanden. Eine deutsche Insel in dem seit dem Versailler Vertrag vom Deutschen Reich an Polen abgetretenen Westpreußen. Die Stimmung in Danzig war antipolnisch und deutschnational. Nach dem Wahlsieg der NSDAP 1933 und der sogenannten Machtergreifung wurde Danzig zu einer nationalsozialistischen Bastion in Polen. Werner Wohlgemuth befand sich auf der Mittelschule in Zoppot, als er 1934 in die Hitlerjugend eintrat, dem Vorbild seines Vaters folgend, der bereits NSDAP-„Parteigenosse" war.[16] Werner Wohlgemuths Jugend war von schulischem Erfolg und strikter Einbindung in die nationalsozialistische Bewegung geprägt. 1936 wurde er Mitglied im Reichskolonialbund. Beim Deutschen Jungvolk, der der Hitlerjugend angehörenden Organisation der Zehn- bis Vierzehnjährigen, wurde Werner Wohlgemuth in der nationalsozialistischen Ausbildung der Kinder aktiv. 1937 beförderte man ihn zum Oberjungzugführer. Im Rahmen seiner Tätigkeit im Deutschen Jungvolk betreute er Jugendgruppen auf Landfahrten und nahm mit ihnen an verschiedenen motorsportlichen Veranstaltungen teil. Immer noch 1937 besuchte er einen motorsporttechnischen Lehrgang. Im selben Jahr wechselte er auf die Oberrealschule zu St. Petri und Pauli in Danzig, wo er 1939 sein Abitur machte. Zu diesem Zeitpunkt herrschte in Danzig bereits Vorkriegsstimmung. Paramilitärische deutsche Verbände wie die Einwohnerwehr „Danzig" waren bereits 1933 aufgestellt worden.[17] Die SS-Heimwehr „Danzig" wurde 1939 auf Befehl des Reichsführers-SS Heinrich Himmler vom damaligen Inspekteur der Konzentrationslager SS-Obergruppenführer Theodor Eicke als sogenannter deutscher Selbstschutz gegen Polen gegründet.[18] Eicke hatte zuvor das deutsche Konzentrationslagersystem organisiert und die SS-Totenkopfstandarten aus den Wachmannschaften gebildet. Neben der SS-Heimwehr „Danzig" wurde der SS-Sturmbann „Eimann" aus Danziger SS-Mitgliedern aufgestellt. In der Mehrheit bestand die SS-Heimwehr „Danzig", in die bald auch die Einwohnerwehr „Danzig" integriert wurde, aus Männern der SS-Totenkopfsturmbanne aus dem Deutschen Reich. Getarnt als Mitglieder einer Sportveranstaltung, waren sie im Sommer 1939 zu Hunderten illegal nach Danzig eingeschleust worden. Die Erstürmung der Danziger polnischen Post durch die Heimwehr am frühen Morgen des 1. September 1939 war eine der ersten Kriegshandlungen des Zweiten Weltkrieges. Werner Wohlgemuth wurde zum Staffelanwärter ernannt und wie alle Danziger Aktivisten mit der Ehrennadel der SS-Heimwehr „Danzig" für seinen Einsatz in den Kämpfen ausgezeichnet. Neben den SS-Totenkopfstandarten „Brandenburg", „Thüringen" und „Oberbayern" nahmen auch die Danziger SS-Totenkopf-Formationen am anschließenden Polenfeldzug teil. In Polen verübten die verschiedenen SS-Totenkopf-Formationen im Rücken der Deutschen Armee bei sogenannten Säuberungs- und Sicherungsmaßnahmen eine Reihe von Massenmorden an Tausenden polnischen und jüdischen Zivilisten. Auch den Danziger SS-Verbänden können bestimmte Verbrechen zugeordnet werden. So war die SS-Heimwehr „Danzig" für die Erschießung von dreiunddreißig polnischen Zivilisten am 8. September 1939 verantwortlich. Der SS-Sturmbann „Eimann" ermordete nach dem 13. September eine unbestimmte Zahl Juden im früheren polnischen Korridor.[19] Anfang Oktober wurden die genannten SS-Totenkopfverbände aus Polen abgezogen und nach Dachau verlegt, wo sie den Kern der neu zu bildenden 3. SS-Division „Totenkopf" stellten. Das Konzentrationslager Dachau wurde während der Aufstellung der Division geleert, die Häftlinge verteilte man auf andere Konzentrationslager. Nur etwa hundert Häftlinge blieben zurück, um notwendige Arbeiten

Werner Wohlgemuth im Lazarett in Reims, 1944

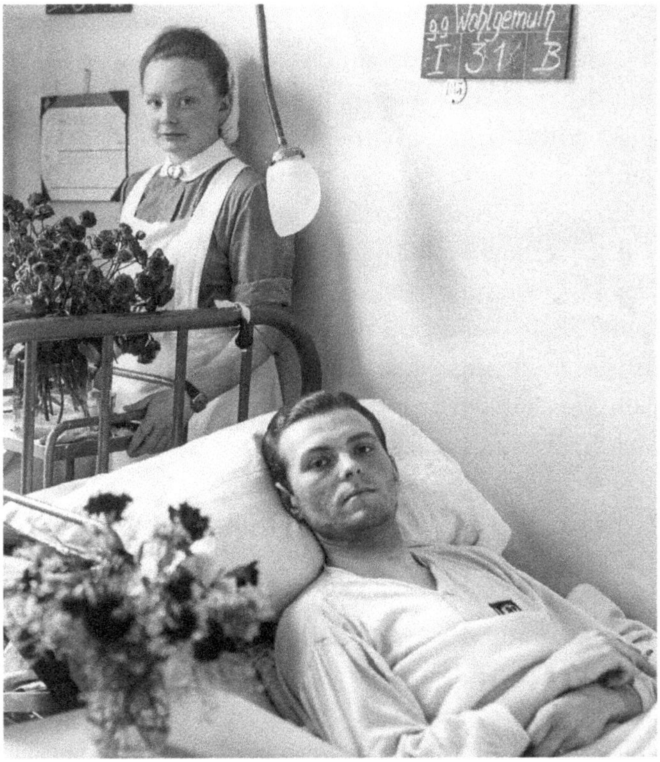

zu verrichten.[20] Im November 1939 nahm Werner Wohlgemuth an einem SS-Unterführerlehrgang in Dachau teil. Auch innerhalb der SS-Division „Totenkopf" blieb die SS-Heimwehr „Danzig" dicht zusammen. So war in Dachau der direkte Vorgesetzte von Werner Wohlgemuth der SS-Standartenführer Hans Friedemann Goetze, den er bereits aus seiner Zeit in Danzig kannte. Im Anschluss an die Ausbildungszeit in Dachau wurde die Division in den Raum Ludwigsburg/Heilbronn verlegt. In den folgenden Monaten wurde die Totenkopf-Division weiter ausgebildet und ausgerüstet, wobei Werner Wohlgemuth der 2. Kompanie des 3. Regiments der Division zugeteilt wurde. Regimentskommandeur war wiederum SS-Standartenführer Goetze. Nach der Invasion in den Niederlanden und Belgien fand der erste echte Kampfeinsatz der Division am 19. Mai 1940 statt. In den folgenden Tagen fiel die Totenkopf-Division sowohl durch die von ihrem Divisionskommandeur Eicke verlangte rücksichtslose, gar selbstmörderische Kampfweise als auch durch die Ermordung von französischen Zivilisten und britischen Kriegsgefangenen auf. Das erste belegte Massaker an französischen Zivilisten durch die SS-Division „Totenkopf" fand im Raum Arras zwischen dem 20. und 25. Mai statt. In den darauffolgenden Tagen gab es bei Le Paradis harte Gefechte mit der britischen Armee, bei der die SS-Division „Totenkopf" schwere Verluste erlitt. Am 27. Mai fiel der Kommandeur des 3. Regiments SS-Standartenführer Goetze, vormals Führer der SS-Heimwehr „Danzig", bei Le Paradis, und auch Werner Wohlgemuth wurde verwundet. Im Anschluss an das Gefecht ermordeten Angehörige des 2. Regiments „Totenkopf" unter Führung des SS-Obersturmführers Fritz Knöchlein neunundneunzig britische Gefangene. Niels Weise geht davon aus, dass der Tod Goetzes wahrscheinlich ein Auslöser für das Massaker war.[21] Der Zusammenhang zwischen Verlusten von „geschätzten Truppenführern" und „beliebten Kameraden" und anschließenden Ermordungen von Zivilisten und gefangenen gegnerischen Soldaten zieht sich wie ein roter Faden durch die Geschichte der Kriege.[22]

Nach seiner Verwundung kam Werner Wohlgemuth in verschiedene Lazarette im Rhein-Main-Gebiet. Am 1. Juni 1940 wurde er zum SS-Oberschützen ernannt und nach seiner Genesung am 12. Juli zum Infanterie-Ersatz-Bataillon 3 der Totenkopf-Division nach Breslau verlegt. Er erhielt das Verwundetenabzeichen in Schwarz und bald darauf, am 11. November 1940, wurde er zum SS-Unterscharführer befördert. Die Informationen über die folgenden zwölf Monate sind spärlich und bleiben vage. Folgt man den Dokumenten und eidesstattlichen Erklärungen, war Werner Wohlgemuth ein ganzes Jahr in Breslau bei den Totenkopf-Ersatzeinheiten und wurde in dieser Zeit nicht mehr zur kämpfenden Truppe der SS-Division „Totenkopf" versetzt. Sein langer Aufenthalt bei den Ersatzeinheiten deutet auf eine längere Frontuntauglichkeit hin oder eventuell auch darauf, dass er aufgrund seiner motortechnischen Kenntnisse in der Ausbildung der neuen Rekruten eingesetzt wurde. Ein Nachweis dafür lässt sich nicht finden. Seine Beförderung zum SS-Unterscharführer im November 1940 bedeutete einen Sprung aus den Mannschaftsdienstrángen zu den Unteroffizieren. Eine Beförderung zum SS-Unterscharführer in relativ kurzer Zeit und jenseits der Front – fünf Monate vor der Beförderung war er erst zum SS-Oberschützen, dem zweitniedrigsten Mannschaftsdienstgrad, ernannt worden – verlangt eine Begründung. Wie diese lautete bzw. in welchem Zusammenhang die Beförderung stand, konnte nicht geklärt werden. Werner Wohlgemuth gab nach dem Krieg an, während seiner Dienstzeit bei der Waffen-SS verschiedene drei- bis vierwöchige Dienstreisen in Frankreich, Russland, Lettland und dem Generalgouvernement, wie das besetzte Polen zur Zeit des Zweiten Weltkrieges von den

Deutschen Behörden genannt wurde, unternommen zu haben. Wann die Reisen im Einzelnen stattfanden, ist nur für die Reise nach Riga in Lettland für das Jahr 1943 geklärt. Ob und zu welchem Zweck ein Teil der Reisen während seiner Zeit in Breslau stattfand, ist nicht bekannt.

Am 21. August 1941 wurde Werner Wohlgemuth zur 6. SS-Division „Nord" versetzt. Der SS-Verband hatte im Juni 1941, noch in Brigadestärke als Kampfgruppe „Nord", zusammen mit finnischen Einheiten beim Überfall auf die Sowjetunion in Finnland gekämpft. Die Kampfgruppe „Nord", gebildet aus verschiedenen SS-Totenkopfstandarten und Stabseinheiten der Waffen-SS in Norwegen, hatte dabei so massive Verluste erlitten, dass ihr Fortbestand gefährdet war. Im August 1941 wurde sie deswegen umfassend mit Ersatzeinheiten der Waffen-SS aufgefüllt und ab September 1941 als 6. SS-Division geführt.[23] Werner Wohlgemuth nahm als SS-Zugtruppführer weiter im Rang eines SS-Unterscharführers im Spätsommer 1941 an den Kämpfen gegen die Rote Armee teil. Die harten Witterungsbedingungen von dreißig bis vierzig Minusgraden führten dazu, dass sich die Kampfhandlungen ab Dezember auf kleine Spähtrupp-Unternehmungen und damit zusammenhängende Scharmützel beschränkten. Als im April 1942 Tauwetter einsetzte und auch die Kampfhandlungen wieder aufgenommen wurden, nahm Werner Wohlgemuth nicht teil. Er befand sich zu diesem Zeitpunkt auf einem SS-Führerbewerberlehrgang in der Nähe von Kokosalmi in Finnland und war inzwischen, wie grundsätzlich für die SS-Führeranwärter gewünscht, aus der katholischen Kirche ausgetreten. Seine Ausbildung zum Offizier setzte er als SS-Standartenoberjunker vom 5. Juni bis zum 5. Dezember 1942 beim 8. Kriegsjunkerlehrgang auf der SS-Junkerschule Bad Tölz fort. Die endgültige Beförderung zum SS-Untersturmführer erfolgte nach einer dreimonatigen Abordnung zum SS-Panzer-Ausbildungs- und Ersatzregiment, wo er im Februar 1943 noch einmal speziell als SS-Zugführer für Panzer an den Standorten Weimar, Wünsdorf und Putlos fortgebildet worden war. Nach fast achtmonatiger Aus- und Fortbildung kam Werner Wohlgemuth dann im März 1943 als SS-Untersturmführer – und damit im Offiziersrang – als Zugführer zum SS-Panzer-Regiment 9, der späteren 9. SS-Panzer-Division „Hohenstaufen". Die 9. SS-Panzer-Division „Hohenstaufen" wurde im Frühjahr 1943 im Kern aus Ersatzeinheiten der 1. SS-Division „Leibstandarte" gegründet und über das Jahr hinweg mit weiteren SS-Rekruten aus dem Deutschen Reich aufgefüllt.[24] Dabei wurde die Division auch mit den neuen Panther- und Tigermodellen der deutschen Panzerproduktion bestückt. Besonders die Tigerpanzer galten als

Schmuckstück der deutschen Waffenschmieden. Auch hier wurde Werner Wohlgemuth noch einmal speziell auf einem Lehrgang für Panther- und Tigerpanzer geschult. Nach einem Gasschutzlehrgang in Bromberg hatte er „endlich“ im April 1943 als SS-Panzerzugführer alle notwendigen Kenntnisse für die Handhabung der kampfstarken, doch komplizierten und technisch anfälligen Panzer erworben. Es dauerte noch einige Monate, bis alle Einheiten fertig ausgebildet und zu einer funktionierenden Maschinerie zusammengefügt waren und die 9. SS-Panzer-Division „Hohenstaufen“ ihren ersten Kampfeinsatz hatte. Zwischenzeitlich kam sie kurzfristig von ihren Aufstellungsräumen in Belgien und Nordfrankreich nach Südfrankreich in den Raum Avignon-Nîmes, um kurz darauf an die Ostfront bei Kamenez-Podolski in der Westukraine verlegt zu werden. Inzwischen waren die russischen Verbände an der Ostfront ausschließlich in der Offensive und drohten immer wieder eingekesselte deutsche Verbände zu vernichten. Die 9. SS-Panzer-Division „Hohenstaufen“ wurde zusammen mit der 10. SS-Panzer-Division „Frundsberg“ und weiteren Verbänden zur Stabilisierung des dortigen Frontabschnitts benötigt, wo die I. Panzerarmee von einer Einkesselung bedroht war.

Im Januar 1944 reichte Werner Wohlgemuth ein Verlobungs- und Heiratsgesuch ein. Wie bei SS-Angehörigen üblich, wurden auch Werner Wohlgemuth und seine Frau akribisch „rassisch“ und „politisch“ überprüft. Seine zukünftige Braut Herta Diefenbach wurde von zwei mit ihr bekannten „Parteigenossen“, die als Bürgen fungierten, wie im Fragebogen vorgegeben als zuverlässig, kinderlieb, kameradschaftlich, sparsam, häuslich, wirtschaftlich und als zuverlässige Verteidigerin der nationalsozialistischen Weltanschauung und als Braut eines SS-Angehörigen geeignet beschrieben. Der weitere Kriegsverlauf zerschlug die Heiratspläne und Herta Diefenbach verschwand offensichtlich aus Werner Wohlgemuths Leben.

Nach mehrwöchigem Kampfeinsatz an der Ostfront – inzwischen waren alliierte Truppen am 6. Juni in der Normandie gelandet – wurde die 9. SS-Panzer-Division „Hohenstaufen“ zusammen mit anderen Verbänden an die Westfront geworfen. Bei den schweren Kämpfen um die nordfranzösische Stadt Caen gegen alliierte Verbände wurde Werner Wohlgemuth so schwer verwundet, dass er nicht mehr kriegstauglich war. Im Juli 1944 erhielt er das Eiserne Kreuz 2. Klasse. Die folgenden Monate ging es von Lazarett zu Lazarett: Bangois, Le Mans, Châteauroux und zum Schluss Seefeld in Tirol, wo er am 2. Mai 1945 in amerikanische Gefangenschaft kam. Er war im Krieg insgesamt fünf Mal verwundet worden und hatte dabei dreizehn Einschussverletzungen erlitten. Sein Gesundheitszustand wird 1945 von den US-Behörden so beschrieben: „Wund- und Operationsnarben auf dem Rücken und dem rechten Oberarm und beiden Beinen. Das rechte Bein verkürzt, Granatsplitter in der Lunge, Verwundungen an der Wirbelsäule und dem Kopf. Werner Wohlgemuth humpelte und war nur noch fähig, einer leichten Arbeit nachzugehen."

Am 5. März 1946 wurde das „Gesetz zur Befreiung von Nationalsozialismus und Militarismus" erlassen, das jeden Deutschen in der amerikanischen Zone zum Ausfüllen eines Meldebogens zwang. Da den US-Behörden zu diesem Zeitpunkt umfassende Personaldateien des Deutschen Reichs zur Verfügung standen, konnten die dort gemachten Angaben relativ unkompliziert gegengeprüft werden. Gleichzeitig wurde das so entstandene massenhafte Entnazifizierungsverfahren zu einem großen Teil in deutsche Hände und an das sogenannte Spruchkammerverfahren übergeben. Bis zur letzten Prüfung der Angaben blieben die bereits Gefangenen und Internierten in Gewahrsam. Für Werner Wohlgemuth bedeutete das, dass er nach seiner Entlassung aus der US-Kriegsgefangenschaft am 20. Dezember 1945 direkt in Internierungshaft genommen und bis zu seinem Verfahren im April 1947 im Internierungslager Darmstadt gefangen gehalten wurde. In Darmstadt befand sich 1946 das größte Internierungslager in der amerikanischen Zone in Deutschland. Die ca. 10.000 Internierten setzten sich aus den unterschiedlichsten Teilen des nationalsozialistischen Staates zusammen. Neben allen Parteiebenen der NSDAP, SA-Mitgliedern und Gauleitungsmitarbeitern waren ca. 25 Prozent der Internierten Mitglieder der Waffen-SS.[25] In der am 1. April 1947 ergangenen Klageschrift wird Werner Wohlgemuth vorgeworfen, neben der Mitgliedschaft in der Hitlerjugend und der Waffen-SS seine Mitgliedschaft in der Allgemeinen-SS verschwiegen zu haben. Es wurde ihm zur Last gelegt, sich aktiv für den Erhalt der nationalsozialistischen Gewaltherrschaft eingesetzt zu haben. Damit wurde er bis zur Widerlegung der Vorwürfe in die Kategorie 2 der Aktivisten eingestuft. Die öffentliche Sitzung fand am 16. Mai 1947 in Darmstadt statt. Für die Verhandlung legte Werner Wohlgemuth eine Reihe eidesstattlicher Erklärungen vor, die seinen Lebenslauf belegten. Einer Mitgliedschaft in der Allgemeinen-SS widersprach er und bat, auch unter dem Verweis auf sein jugendliches Alter bei Kriegsbeginn, um eine Einstufung in die Kategorie 3 als Minderbelasteter. Das Urteil erging am selben Tag. Offensichtlich hatte Werner Wohlgemuth vor dem Spruchkammergericht Eindruck gemacht. Das Gericht stufte ihn in die Kategorie 3 ein.

In der Begründung stand unter anderem:

„Die angestellten Ermittlungen und die Beweisaufnahme in der heutigen Verhandlung ergaben, außer der formalen, keinerlei Belastungen. Verstöße gegen die Menschlichkeit konnten dem Betroffenen nicht nachgewiesen werden. Sein vor der Kammer gezeigtes offenes Auftreten vermittelte den Eindruck, dass er nach seiner Persönlichkeit eine Bewährung erwarten lässt. Nicht zuletzt ist der Umstand zu berücksichtigen, dass der Betroffene als junger Mensch unter dem Einfluss seiner Erziehung viel leichter den Versprechungen der Nazi-Propaganda zugängig war als ein politisch geschulter reifer Mensch."

Obwohl dieses Urteil eine Erleichterung darstellte, waren die Konsequenzen, „Sühnemaßnahmen" genannt, für eine Bewährungsfrist von zwei Jahren spürbar. Es war ihm untersagt:

a) Inhaber, Gesellschafter oder Vorstandmitglied eines Unternehmens zu werden.
b) in nicht selbstständiger Stellung anders als in gewöhnlicher Arbeit beschäftigt zu sein.
c) als Lehrer, Prediger, Redakteur, Schriftsteller oder Rundfunkkommentator tätig zu sein.

Darüber hinaus wurden ihm 200 RM Sühnezahlung und die Zahlung der Prozesskosten von 2.000 RM auferlegt.

Zusammen mit dem Urteilsspruch erfolgte die Entlassung aus dem Internierungslager. Werner Wohlgemuths Gnadengesuch mit dem Argument, dass er Ostflüchtling und mittelos sei und die Sühnezahlung eine große Belastung für ihn bedeute, wurde kurze Zeit darauf abgelehnt. Seine erste Arbeitsstelle nach dem Internierungslager war bei den Veith-Gummiwerken im Odenwald, wo er bis Ende 1948 arbeitete. Im September 1948 heiratete Werner Wohlgemuth. Die Ehe hielt allerdings nur kurz. Nachdem im Juni 1949 die Bewährungsfrist abgelaufen war und damit die Restriktionen aufgehoben wurden, arbeitete Werner Wohlgemuth in verschiedenen Unternehmen als Angestellter, bis er 1957 eine Stelle als Tabellierer bei der Hessischen Zentrale für Datenverarbeitung (HZD) annahm. Einige Jahre vorher (1954) hatte er Dita Kersten geheiratet und war nach Frankfurt am Main gezogen. 1956 wurde ihre Tochter Astrid und dann 1958 ihr Sohn Ingo geboren. Bis zu seinem Renteneintritt im November 1980 blieb Werner Wohlgemuth bei der Hessischen Landesverwaltung. Er starb am 23. Dezember 1989 im Alter von neunundsechzig Jahren.

Mutter und Vater Wohlgemuth mit Tochter Astrid kurz nach der Geburt 1956

Werner Wohlgemuth mit Tochter Astrid und Sohn Ingo in den 1960er-Jahren bei einem Ausflug am Rhein

Werner Wohlgemuth mit Ehefrau, 1960er-Jahre

„Ich erinnere mich an das bedrückende Klima zu Hause."

Astrid Wohlgemuth, Tochter

Wie hast du erfahren, dass dein Vater bei der SS war?
In unserer Familie wurde viel fotografisch festgehalten, Taufen, Hochzeiten, Familienfeste eben, und da gab es auch ein schwarzes SS-Fotoalbum mit weißen SS-Runen darauf und das haben wir uns angeschaut. Da war der Vater halt als Soldat, als Offizier. Erst einmal hatte das für uns keine Bedeutung. Wir konnten das ja nicht einordnen. Dann natürlich mit dem Älterwerden wurde es konkreter. Mein Vater hat von seinen Kriegserlebnissen erzählt und dass er bei der SS war. Die SS-Leute hatten ja Tätowierungen mit der Blutgruppe unterm Arm, und als ich ihn gefragt habe, ob er sie mal zeigt, hat er den Arm gehoben und ich habe da die Blutgruppe 0 gesehen. Seine Orden habe ich aber nie gesehen. Ich weiß auch nicht, ob er sie überhaupt noch hatte. Das Fotoalbum ist dann später verschwunden. Mein Vater hat es vernichtet. Auch seine Ausgabe von „Mein Kampf" von Adolf Hitler war irgendwann aus unserem Bücherschrank verschwunden. Warum, weiß ich nicht, die waren irgendwann weg.

Ich kann mich auch nicht erinnern, dass wir in der Schule den Nationalsozialismus durchgenommen haben. Woran ich mich aber erinnern kann, das ist die 68er-Zeit. Die Zeit der außerparlamentarischen Opposition und der Demonstrationen in Frankfurt. Ich bin ja 1956 geboren. Ich war ja zu jung, um mitzudemonstrieren. Aber die Berichterstattung und die Diskussionen habe ich mitbekommen und da hat sich die Frage gestellt: Ja, was haben denn unsere Väter im Krieg gemacht? Als Kind hatte ich nur verstanden, dass der Vater Offizier war und dass das etwas Besonderes war. Dann wurde mir langsam klar, was das eigentlich für eine Zeit war und in welche Sachen er verwickelt war. Da kam auch Bestürzung und Angst auf. Die SS war ja auch das Bewachungspersonal in den Konzentrationslagern und da hatte ich sehr große Angst, dass er dabei gewesen sein könnte. So mit neunzehn Jahren habe ich angefangen, darüber zu lesen. Es gab eigentlich relativ wenig in unserer Zeit an greifbarer Literatur außerhalb der Historikerkreise. Von dtv gab es ein

Buch, da ging es um die SS und die Waffen-SS. Das habe ich gelesen und wollte halt auch diese Unterscheidung verstehen. Das war der erste Schritt. Insgesamt waren die Informationen besonders zu meinem Vater spärlich, und so war die Angst geblieben, dass er zum engeren Kreis der Mörder an den Juden hätte gehören können. Ich habe mich von der Hoffnung tragen lassen, dass es nicht so war. Ich weiß bis heute nicht, ob ich es ihm zugetraut hätte. Ich kann weder ja noch nein sagen. Ich wusste es einfach nicht. Heute ist ja seine Biografie weitgehend geklärt und ziemlich sicher, dass er da nicht direkt involviert war. Mir hat er einmal erzählt, dass er einen Freund im KZ besucht hat, der dort beim Wachpersonal war. Mein Vater hat nicht geleugnet, dass es das gab, aber gesagt, dass das nichts für ihn gewesen wäre. Dass er da nicht hinwollte.

Wie würdest du deinen Vater so als Menschen beschreiben?

Er war ein Mann, sag ich mal, seiner Generation. Er war einerseits ein autoritärer Mensch, andererseits großzügig. Er war lustig und konnte über sich selbst lachen. Er war uns Kindern als Vater zugewandt. Aber auch autoritär, wobei er uns nie geschlagen hat. Aber es war eine Erziehung mit Zuckerbrot und Peitsche. Er las gerne und diskutierte gerne über Politik und Geschichte. Wenn er sich aber über etwas ärgerte, wurde er sehr spöttisch und herabsetzend, hat uns verbal attackiert, was uns oft verletzt hat. Zum Beispiel hat er uns immer mal bei den Hausaufgaben geholfen, gerade in Mathe. Und ich kann mich an die Szene erinnern, da saßen mein Bruder und ich da und er wollte uns Nachhilfe geben. Und wir haben es nicht kapiert und dann hat sich die Situation immer mehr zugespitzt. Er wurde genervt, seine Lippen wurden immer schmaler. Irgendwann hat er mit der Faust auf den Tisch gehauen und hat gesagt, warum kapiert ihr das denn nicht? Andere Kinder kapieren das doch auch. Hinzu kommt, dass er Alkoholiker war, was unsere Zeit mit ihm geprägt hat. Er ist als junger Mann in den Krieg rein und kam als Alkoholiker wieder raus. Er ist ja viel verwundet worden und hat sehr viel Schmerzen gehabt, sein ganzes Leben lang, und hat deswegen viele Tabletten genommen. Die Kombination aus Schmerzmitteln und Alkohol war fatal. Er kam oft abends betrunken nach Hause. Kinder von Alkoholikern bekommen dieses Gespür, wenn der Schlüssel ins Schlüsselloch geht. Wir wussten sofort, wie viel er getrunken hatte. Wenn er betrunken war, war er eine schwierige Persönlichkeit und sehr aggressiv. Manchmal aber war er praktisch schon so sediert, dass er nach Hause kam und sich gleich ins Bett schlich. Unter der Woche war er jeden Abend betrunken. Am Wochenende, wenn er nüchtern war, war er lustig und leutselig. Er war eine sehr schwierige Persönlichkeit und hat so letzten Endes den Takt vorgegeben, wie die Stimmung zu Hause war. Meinen Bruder und mich hat er schon unterschiedlich erzogen. Das war nicht irgendwie liberal. Er hat auch andere Erwartungen an meinen Bruder gehabt und andere Anforderungen an ihn gestellt als an mich. Mein Bruder musste ein Mann werden, und was ist ein Mann? Vielleicht ist es auch das Soldatische! Mein Vater ist ja nicht denkbar ohne die Generation davor. Auch mein Opa war Soldat. Das waren soldatische Männer, das muss man sich halt vorstellen, und so ist es dann auch immer weitergegeben worden. Auf der anderen Seite kommt dazu, dass mein Vater schon auch reflektiert war in Bezug auf das, was er erlebt hat oder in wessen Dienst er sich gestellt hat. Als mein Bruder den Wehrdienst verweigerte, unterstützte ihn mein Vater und half ihm, seinen Widerspruch zu formulieren, und brachte dabei auch sein Schicksal ins Spiel, um seinem Sohn den Wehrdienst zu ersparen. Mein Vater wollte zuerst eine Tochter haben und erst dann einen Sohn und so kam es auch. Es waren dann auch mein Vater und ich, zwischen denen hauptsächlich die politischen Diskussionen stattfanden.

... auch über den Nationalsozialismus ...

Mein Vater hat nicht geleugnet, dass er bei der Waffen-SS war, und hat auch ein paar Kriegserlebnisse erzählt. Mir war dabei so, als wenn er gewusst hätte, dass er dafür bezahlen musste. Im Spruchkammerverfahren hat er seine Schuld angenommen. Ich kann aber nicht sagen, ob er wirklich davon überzeugt war oder sich nur taktisch verhielt. Ich glaube, dass er einige seiner Überzeugungen und Positionen nicht losgelassen hat. Wobei er sich nie antisemitisch geäußert oder als großer Krieger dargestellt hat. Er hat sich eher als Verführten gesehen und uns ermahnt, uns für Politik zu interessieren, kritisch zu bleiben und uns nicht von Parteien oder Ideologien vereinnahmen zu lassen. Aber Begriffe wie „Vaterland", „Verteidigung", „Patriotismus" waren bis zu seinem Tod für ihn von Bedeutung. Auf seinem Grabstein stand der Wahlspruch seiner Heimat Danzig „Nec temere nec timide" („Weder unbesonnen noch furchtsam").

Habt ihr darüber gestritten ...?

Wir haben gestritten, aber ich kann mich leider nicht mehr an die Inhalte erinnern. Eher an das Gefühl von Wut, das ich ihm gegenüber hatte. Ich erinnere mich an das bedrückende Klima zu Hause. Wie erleichtert wir waren, wenn er gut drauf war, und wie wir ihm aus dem Weg zu gehen versuchten, wenn er schlecht drauf war, wenn er getrunken hatte. Ich zog dann ja, als ich neunzehn war, von zu Hause aus und dann fanden nur noch selten Diskussionen zwischen uns statt. Aber ich erinnere mich an meine Kindheit, als er uns beim Essen ermahnte, unsere Teller leer zu essen, mit dem Hinweis auf die „Negerkinder" in Biafra, die hungern würden. Ich fand das damals schrecklich und habe mich später als Jugendliche darüber geärgert, dass er so was als Erziehungsmaßnahme eingesetzt hat. Aber politisch stand er der SPD nahe und war ein Bewunderer von Willy Brandt. Ich habe ihn dann mal gefragt, warum er sich denn nicht politisch engagiere. Und da hat er gesagt, dass er bei seiner Geschichte nicht an die Öffentlichkeit gehen könne.

Welche Geschichten deines Vaters vom Krieg sind dir besonders in Erinnerung geblieben?

Er war ja Panzerführer und hat uns gesagt, was für ein schrecklicher Tod es ist, wenn man in einem Panzer stirbt. Wenn man im Panzer sitzt und Panzerfäuste das Ding in Brand schießen oder wenn der Panzer eine Brücke runtergefallen ist. In den Dokumenten der Spruchkammerverfahren steht ja, dass er in einer nationalsozialistischen Familie aufgewachsen ist. Seine Erzählungen waren da schon anders. Mein Vater hat zum Beispiel erzählt, dass mein Großvater als Kellner in der Gewerkschaft war und für einen Freund ein verschnürtes Paket aufgehoben hatte, das, wie sich später herausstellte, Flugblätter enthielt. Mein Vater war zufällig auf Heimaturlaub, als die Gestapo plötzlich in die Wohnung kam und meinen Opa mitnehmen wollte. Offensichtlich konnte mein Vater als SS-Mann sie überzeugen, dass mein Großvater unschuldig war. Oder dass meine Großmutter in der Zeit, als jüdische Geschäfte boykottiert wurden, trotzdem dort eingekauft hat. Die haben in einem kleinen Ort, Zoppot, gelebt und meine Großmutter kannte die jungen Männer von der SA, die vor den Geschäften standen. Da soll sie gesagt haben: „Junger Mann, geh mal zur Seite, ich kauf hier schon mein Leben lang ein und das mache ich auch weiterhin." Ob das stimmt? Denkbar ist es, sie war eine resolute Frau. Mein Vater soll zu ihr dann gesagt haben: „Aber Mama, das kannst du doch nicht machen." Aber das waren die Erzählungen in der Familie. Oder 1942/43 wäre ihm und vielen anderen klar gewesen, dass der Zweite Weltkrieg verloren war. Aber da sind dann auch Sätze gewesen wie: „Wenn wir den Krieg gewinnen, fragt keiner mehr, wie wir ihn gewonnen haben." Oder: „Wir müssen die Frauen gewinnen, die Männer folgen uns von selbst." Aber von sich aus hat er wenig erzählt. Ich war es meistens, die ihn gefragt hat. Andererseits gab es immer wieder Momente, in denen seine SS-Vergangenheit für uns gegenwärtig wurde. Mein Vater hat bei der HZD, der Hessischen Zentrale für Datenverarbeitung, gearbeitet und dort waren auch einige ehemalige SS-Leute. Sie haben sich gegenseitig besucht und diese Männer, die kamen dann auch zu uns und dann haben sie unten im Keller gesessen und bei Marschmusik und Bier ihre alten Zeiten nochmal erlebt. Das ist mir erst später aufgegangen. Irgendwann kam er mal nach Hause und erzählte, er habe sich mit seinem Vorgesetzten bei der HZD gestritten und ihm gesagt, dass er ein Arschloch sei. Ich war da schon eine Jugendliche. Ich war besorgt und sagte meinem Vater, dass er das doch nicht machen könne, das sei doch sein Vorgesetzter. Mein Vater hat dann geantwortet, na und, aber der war im Krieg ein Rang unter mir. Und das ist mir erst später aufgegangen, dass diese alten Hierarchien noch immer galten.

Dein Vater war SS-Untersturmführer.

Ja, aber soviel ich mit Sicherheit weiß, ist er nie zu irgendwelchen SS-Treffen und auch nicht zu diesen Vertriebenenverbänden gegangen. Aber es hat einige SS-Leute gegeben, mit denen er Kontakt hatte. Ob er sie von früher kannte oder erst später getroffen hatte, kann ich nicht sagen.

Dein Vater ist viel verwundet worden. Würdest du sagen, dass er durch den Krieg traumatisiert wurde?

Ich kann es nicht mit Sicherheit sagen. Aber sein Alkoholismus und seine Tablettenabhängigkeit könnten Zeichen davon sein. Er war Alkoholiker, mit seiner ganzen Vergangenheit, mit seiner Launenhaftigkeit. Er hat eine ganz andere Persönlichkeit ausgepackt, wenn er betrunken war. Aber wie gesagt, es gab auch gute Momente. An diesen seltenen Tagen wirkten wir sicherlich wie eine ganz normale Familie der 1960er- und 1970er-Jahre mit gemeinsamen Gesellschaftsspielen und gemeinsamen Fernsehabenden.

Hatten die Gemütsschwankungen immer mit Alkohol zu tun?

Schon. Natürlich war er auch bestimmt. Er hat uns auch gemaßregelt, wenn er nüchtern war. Aber diese spezielle Fiesheit und Gemeinheit kam nur raus, wenn er betrunken war.

Dann hatte ich auch Angst vor ihm. Er hat uns zwar nicht geschlagen. Aber er hat seine Aggressionen rausgelassen und gedroht, uns zu schlagen, und dabei so mit der Hand ausgeholt.

Wenn du an deinen Vater und an dich denkst, gibt es heute generell Spuren deines Vaters in dir?

Mein Vater war schon klar oder auch ein bisschen hart in manchen Dingen und ich bin eher auch so ein strenger Typ. Aber ich weiß nicht, ob das durch ihn kommt oder es sich anderweitig bei mir herausgebildet hat. Aber wenn ich nachdenke, dann sehe ich schon den ideologischen Einfluss, den Einfluss der Erziehung. Ich habe immer auch Angst gehabt, dass irgendwas von der Erziehung, die er auch selbst genossen hat, irgendwie auch bei mir gelandet ist. Wobei ich kein Mensch bin, der eben andere ausgrenzt, der rassistische Gedanken hat. Er hat ja in zweiter Ehe unsere Mutter geheiratet und meine Mutter war groß und blond. Da denke ich, das ist ja auch das Beuteschema gewesen, mit den Schönheitsidealen und Merkmalen dieser Zeit.

Lösen die Worte „Pflicht, Gehorsam, Subordination" irgendwas in dir aus?

Pflicht ja. Einen gewissen Ehrgeiz bei der Arbeit, eine gewisse Arbeitshaltung. Gehorsam hat mein Vater von uns und unserer Mutter eingefordert. Subordination, also Unterordnung, nein.

Würdest du sagen, in dir sind beide, Mutter und Vater, gleichermaßen verankert, abgelagert?

Mein Vater hat mehr Spuren in mir hinterlassen, also durch das Leben, das wir aufgrund seiner Persönlichkeit, seiner Geschichte mit ihm führen mussten. Meine Mutter ist da eher in den Hintergrund getreten. Meine Mutter ist neun Jahre jünger als mein Vater gewesen. Sie war Jahrgang 1929 und ist in Berlin geboren und aufgewachsen. Meine Mutter hat wenig dazu gesagt und sich eigentlich zu der damaligen Zeit nicht geäußert. Sie hat auch nicht mit mir über meinen Vater gesprochen. Ihre eigene Familiengeschichte war ein bisschen anders als die meines Vaters – mein Großvater mütterlicherseits, da hieß es immer, der war Ludendorff-Anhänger. Er war kein Freund von Hitler und hat ihn immer mit dem Spottnamen „GröFaZ"[26] betitelt. Meine Mutter war auch nicht bei diesem Bund deutscher Mädchen, das wollte mein Opa nicht. Bis 1943 haben sie in Berlin gelebt und danach sind sie aufs Land geflüchtet. Heute kann ich sagen, dass Mutter für unsere Familie viel geleistet hat. Sie hat uns irgendwie durchgebracht. Mein Vater war ja auch Spieler und hat auch Geld verspielt. Da gab es einige problematische Situationen in der Familie, die meine Mutter bewältigt hat. Sie hätte ja ebenfalls anfangen können zu trinken. Sie hat viel gearbeitet. Sie war Lohnbuchhalterin. Aber eindeutig war er der Dominante. Obwohl ich auch einiges von meiner Mutter habe, wie zum Beispiel Kreativität und die Liebe zur Kunst.

Die Erziehungsideale deines Vaters in Bezug auf deinen Bruder hast du schon angedeutet, nämlich das Soldatische, das Mannsein. Gibt es Erziehungsideale bei deinem Vater, die du vergleichbar ausmachen kannst in Bezug auf dich?

Obwohl wir eine geschlechtsspezifische Erziehung hatten, war das doch so, dass ich Fachhochschulreife gemacht habe. Als ich angefangen habe zu studieren, war er stolz. Es war nicht so, dass er dachte, dass ich als Mädchen nur Kinder bekommen und in der Küche stehen sollte. Auch die Kirche war bei uns kein Thema. Seine Aufforderung, sich zu bilden und zu informieren, auf die Politik zu achten, galt sowohl für mich als auch für meinen Bruder. Da hat er keine Unterschiede gemacht. Wir haben immer zu Hause zusammen Nachrichten geguckt und ich kann mich dabei an Werner Höfers „Internationalen Frühschoppen" im Westdeutschen Rundfunk erinnern. Dazu wurden wir fast schon verdonnert.

Ich zitiere jetzt einige kurze Sätze und du kannst ja mal sagen, was das in dir auch in Bezug auf deinen Vater auslöst.
Ein Buchtitel über die SS heißt: „Hitlers politische Soldaten".

Ja, die SS war auch ein Machtmittel, ein Machtinstrument, das installiert wurde, um eben auch Furcht und Schrecken zu verbreiten, von daher war sie auch ein politisches Instrument.

„Meine Ehre heißt Treue", stand auf dem Koppelschloss.

Dem hat er sich immer verbunden gefühlt, auch durch seine Erlebnisse natürlich.

„Du bist nichts, dein Volk ist alles."

Nein, nein. Das kenne ich auch nicht. Ich kenne dieses „Arbeit macht frei", das steht ja in Auschwitz. Pervertiert finde ich das ja.

Hast du mit Freunden über die Mitgliedschaft deines Vaters in der SS gesprochen?

Wenn es sich ergab, habe ich schon mit anderen darüber gesprochen. Die Reaktionen waren ganz unterschiedlich. Manche waren gleichgültig, andere sehr interessiert. Aber mein Wissensdurst, irgendwie zu erkennen, zu verstehen, der Versuch, mir Klarheit zu verschaffen, den habe ich nur bei wenigen gesehen. Auch mit meinem Sohn habe ich darüber gesprochen, als er so sechzehn oder siebzehn war. Im Gegensatz zu mir hat er ja auch in der Schule den Nationalsozialismus und diese Zeit durchgenommen.

Hattest du Angst, dass in ihm die Geschichte deines Vaters aufleben, weiterleben könnte?

Nicht unbedingt wegen seines Großvaters, den er auch gar nicht kennengelernt hat. Obwohl ich weiß, dass theoretisch auch ich unbewusst Dinge weitergegeben haben könnte, sehe ich da keinen Einfluss. Aber ich hatte schon Angst, dass er – vielleicht auch nur aus Opposition – auf so eine nationalsozialistische Schiene kommt, wie zum Beispiel die AfD oder die Pegida-Bewegung, als es sie gab. Manchmal frage ich mich auch, ob mein Vater gegen die konservative Stimmung in seinem Elternhaus opponiert hat und deswegen zur SS und freiwillig in den Krieg gegangen ist. Es wird ja heute meiner Meinung nach noch immer viel zu wenig aufgeklärt und sich um die politische Bildung der Jungen gekümmert.

Wie kam es, dass du dich so intensiv mit der Geschichte deines Vaters auseinandergesetzt hast?

Wie schon gesagt, hat es so mit zwanzig angefangen. Nach dem dtv-Buch wollte ich auch über die Judenvernichtung und über die Konzentrationslager etwas wissen. Ich habe dann das Buch „Anus Mundi“[27] gekauft, das ich immer noch habe. Aber ich habe mich nicht die ganze Zeit über gleich intensiv damit beschäftigt. Als mein Vater 1989 starb, wohnte ich nicht mehr zu Hause und wir hatten auch nicht mehr so einen engen Kontakt. Aber ich hatte nicht vergessen, dass er Unterlagen aus der Zeit des Nationalsozialismus hatte. Und als meine Mutter starb, habe ich dann die ganzen Unterlagen bekommen und angeguckt. Dann fing es an in mir zu arbeiten. Ich wollte bald mehr wissen. Klar geht es um seine Biografie. Aber eben auch um die ganze Zeit. Da wollte ich dann halt wissen, wie die Zeit nach dem Krieg war, welches Klima herrschte. Was die Spruchkammerverfahren waren usw. Was war mit meinem Vater?

Nach meiner Auffassung wird niemand über Nacht Demokrat, auch nicht durch solche Verfahren, und dass noch so viel Gedankengut unterwegs ist in dieser Gesellschaft, wundert mich nicht. Also eigentlich beschäftige ich mich erst seit dem Tod meiner Mutter so intensiv damit. Für mich ist ganz klar, es darf nicht in Vergessenheit geraten, was passiert ist. Das Dritte Reich, die SS, die ganzen Zusammenhänge, die sind den meisten auch heute noch nicht klar. Es scheint so zu sein, dass die Schülerinnen und Schüler an den Gymnasien heute dazu viel hören und auch Exkursionen machen in Konzentrationslager oder in Mordstätten der Euthanasie wie Hadamar, wo die Klasse von meinem Sohn war. Aber was geschieht an den Mittelschulen, den Haupt- und Realschulen? Ich finde, es müsste viel mehr darüber gesprochen werden in den Schulen. Auch wenn ich verstehe, dass man müde wird, sich mit dem Schrecklichen zu befassen. Es darf aber nicht in Vergessenheit geraten.

Hast du deinem Vater Vorwürfe gemacht für die Dinge, die er getan hat?

Für mich hat er immer auf der falschen Seite der Geschichte gestanden und ich habe ihm Vorwürfe gemacht. An den genauen Wortlaut unserer Diskussion kann ich mich nicht mehr erinnern, aber ich habe wirklich eine große Wut gehabt auf ihn. Vielleicht habe ich ihn auch manchmal gehasst. Heute lebt er nicht mehr. Ich hätte mir gewünscht, er hätte sich damals anders entschieden und gehandelt. Aber konnte er das überhaupt? Es kommt ja auch auf das Umfeld an. Wie du sozialisiert wirst. Ich weiß leider auch nicht genug über meine Großeltern, wie deren Haltung wirklich war. Es tut mir weh, wenn ich daran denke, wie man sich so einer Idee verschreiben kann. Natürlich, es ist immer wohlfeil. Klar, das ist eine Diktatur gewesen – und wie hätte man sich verweigern können? Das sind Fragen, die ich mir stelle. Hätte ich anders gehandelt, wenn ich in der Zeit groß geworden wäre? Es fängt ja nicht mit 1933 an. Es gibt ja auch die Vorgeschichte, es gibt ja auch diesen politischen Rahmen, den Ersten Weltkrieg und das alles.

Unsere Väter waren Untersturmführer bei der Waffen-SS. Das wirst du nicht, wenn du es nicht willst.

Ja, natürlich, um das zu tun, was er getan hat, musste er damals zu hundert Prozent davon überzeugt sein. Und wie ich vorhin auch gesagt habe, hat er sicher Anteile seiner Überzeugung auch nach dem Krieg beibehalten. Aber wir wissen ja, dass man sich auch ändern und hundertprozentige

Überzeugungen ablegen kann. Was genau er abgelegt und was er behalten hat, kann ich nicht sagen.

Kannst du abschließend sagen, was man aus der Geschichte deines Vaters lernen kann?

Als Erstes kommt mir in den Kopf, dass es nicht vorbei ist, wenn der Krieg aufhört. Die persönliche Seite ist die Beschädigung der Menschen, körperlich und psychisch, der Opfer wie der Täter. Das konnte ich auch bei meinem Vater sehen, obwohl ich Opfer und Täter nicht gleichsetzen will. Wir haben in unserer Familie alle diese Beschädigungen gespürt. Ich glaube, dass niemand als Soldat unbeschädigt aus einem Konflikt herausgeht. Niemals. Egal wo. Das ist die persönliche Seite. Was das Gesellschaftliche anbelangt, geht es um Aufarbeitung. Ich war öfter in Archiven und ich denke, man müsste die Leute ermutigen, dorthin zu gehen, sie ermutigen, Akten herauszuziehen, sich das anzusehen, und das ohne bürokratischen Aufwand. Ich finde, die Sachen gehören in die Öffentlichkeit. Gerade weil viele Menschen vielleicht keine Unterlagen oder wenig Informationen über ihre Väter haben.

Das geht jetzt auch über die SS hinaus. Für mich stellt sich die Frage des Kriegführens generell. Kriege zu führen, bringt keine Lösung, sondern nur weitere Konflikte. Gerade nach dem Zweiten Weltkrieg mit den Millionen Toten müsste es klar sein, dass man nicht mehr in Kategorien von Krieg denken darf. Und doch gibt es heute Krieg. Wenn man bedenkt, dass es viele Menschen gibt, die mit Krieg Geld verdienen. Das müsste oder muss durchbrochen werden. Krieg ist immer ein Machtmittel, initiiert von Mächtigen und Kriegstreibern in jeder Form. Und was mich halt auch immer noch so umgetrieben hat bei der Beschäftigung, das ist eben die Judenverfolgung, die Vernichtung der Juden. Wenn ich daran denke, wie viele Menschen sich dabei bereichert haben. Von der Arisierung ganzer Betriebe bis hin zum Verkauf von jüdischem Hab und Gut auf der Straße für die kleinen Leute. Ich habe mir mal die Homepage der Wannseekonferenz angeschaut. Dort ist das Protokoll zum Teil veröffentlicht, das habe ich mir durchgelesen. Da wird zuerst von der Sterilisierung gesprochen, von der Kategorisierung guten Blutes 1. und 2. Grades, dann von der Abschiebung aus Deutschland usw. Mir fehlt die Erklärung dafür, wie es zu so einer geistigen und emotionalen Verrohung hat kommen können.

---

* 1956, Rentnerin, hat einen Sohn und wohnt in Frankfurt am Main.

Für den Endsieg und gegen die feigen Hunde in der Heimat

SS-Sturmmann Gottfried Frizzi

Ältester Bruder von sechs Kindern. Sein drei Jahre älterer Cousin Johann war freiwillig zur Waffen-SS gegangen. Gottfried Frizzi wurde zur Waffen-SS eingezogen. Sein ein Jahr jüngerer Bruder Rupert fällt bei den Gebirgsjägern 1944. Der andere Bruder Bruno dient bei den Brandenburgern, einer Spezialeinheit. Die jungen Männer der Familie im Krieg! Alle Anstrengungen langen nicht. Auch sein Traum, dass Südtirol endgültig deutsch wird und sie die „Walschen" loswerden und auch die einheimischen Deserteure „austilgen", wird nicht wahr und kann am Ausgang des Krieges nichts ändern. Man ist am Ende auf der Seite der Verlierer.

Gottfried Frizzi war der erstgeborene Sohn seines gleichnamigen Vaters und seiner Mutter Anna geb. Wenin. Vor seiner Geburt am 8. März 1923 hatte bereits der Bruder seines Vaters Abraham Frizzi zusammen mit seiner Frau Maria geb. Wenin, der Schwester von Anna Wenin, einen Sohn, Johann Frizzi, bekommen. Gottfrieds Cousin Johann war drei Jahre älter und kam im April 1920 zur Welt. Die Familienbande der Familie Frizzi und der Familie Wenin waren eng. In den darauffolgenden Jahren wurden noch Gottfrieds vier Brüder und eine Schwester geboren, wobei nur noch Rupert und Bruno zu den später wehrdienstpflichtigen Jahrgängen 1924 und 1925 gehörten. Die Familie Frizzi war eine Bauernfamilie, die hauptsächlich Wein- und Obstbau betrieb. Gottfried und Rupert und auch ihr Cousin Johann waren Landarbeiter. Bruno, der eine Mechanikerausbildung machte, half ebenso wie die anderen Kinder Artur, Paula und Alois in der Landwirtschaft mit. Am 13. Januar 1940 optierte Gottfrieds Vater zusammen mit seiner ganzen Familie für Deutschland.[28] Das Jahr 1943 brachte für die Familie einschneidende Veränderungen. Bereits im Januar wurde Rupert gemustert und zu den Gebirgsjägern überstellt. Am 7. April 1943 erfolgte dann Gottfrieds Musterung und Aufnahme in die Waffen-SS. Gottfried wurde wie die meisten Südtiroler der zweiten Rekrutierungswelle zuerst in Trautenau im Sudetenland und ab Mai 1943 in Hallein bei Salzburg beim SS-Gebirgsjäger-Ausbildungs- und Ersatz-Bataillon 6 ausgebildet.[29] Aus seinen Briefen an die Eltern wird sein enges Verhältnis zur Familie und seine bäuerliche Bindung an Südtirol deutlich. Während des gesamten Krieges vergeht kein Brief, ohne dass Gottfried Frizzi sich nach seinen Geschwistern und vor allem nach dem Stand der Ernte, den Witterungsbedingungen, dem Ertrag der Obst- und Rebanlagen erkundigt. Vieles weist daraufhin, dass Gottfried, anders als sein Cousin Johann, der sich 1940 freiwillig gemeldet hatte und 1943 in der 2. SS-Division „Das Reich" diente, zur Waffen-SS eingezogen worden war. So schreibt er im Mai 1943 an seine Eltern: „Tante hat mir geschrieben, dass es Euch gekränkt hat, dass ich zu der Waffen-SS gekommen bin. Es ist aber nicht strenger die Ausbildung und den Glauben kann jeder behalten, auch Kirchen gehen, aber in Zivil."[30]

Der Chef des Stabhauptamtes des Reichskommissars für die Festigung Deutschen Volkstums SS-Gruppenführer Ulrich Greifelt hatte Anfang 1943 das religiöse Bekenntnis der Südtiroler als hauptsächlichen Hinderungsgrund für eine umfassende Rekrutierung in der Waffen-SS ausgemacht.[31] Greifelt betonte zwar die „kämpferische" Haltung des „eingerückten Südtirolers", sah aber den Einfluss der katholischen Kirche als zentrales Problem. Er sprach von „klerikaler Gegenpropaganda" und dass Freiwillige von den „kirchlich gebundenen Eltern" unter Druck gesetzt würden.

Im Juni 1943 wurde Gottfried Frizzi zusammen mit anderen Südtirolern aus Hallein zur SS-Division „Nord" nach Finnland verlegt, in der auch Werner Wohlgemuth Anfang des Krieges gedient hatte. Als Gottfried Frizzi zur SS-Division „Nord" kam, befand sich diese im Raum Kiestinki in einem von Urwald und Sümpfen geprägten Gebiet in einem bewegungsarmen Stellungskrieg mit der Roten Armee. Auch in Finnland wurde die Ausbildung der neu hinzugekommenen SS-Männer hinter der Front fortgesetzt. Gottfried Frizzis Briefe vom Sommer 1943 sind voll von Gedanken an die Heimat, vom Wunsch nach Paketen mit Verpflegung aus Südtirol. Es geht um Speck und Obst sowie um nützliche Dinge wie Schreibzeug, Schuhcreme, Hosenknöpfe und Seife. Aber auch Berichte von der Ausbildung, die „nun härter" wurde, und über den Besuch des „Helden von Narvik" Generaloberst Eduard Dietl[32] – „... es hat uns sehr gefreut, einen so hohen Besuch zu haben" – mischen sich unter die sich ständig wiederholenden Fragen zur Familie und Ernte. Mit dem Sturz Mussolinis und dem am 8. September 1943 folgenden Waffenstillstand Italiens mit den Alliierten kommt ein weiterer Ton dazu.

Gottfried Frizzi (links) mit Mutter und Geschwistern, 1930er-Jahre

Gottfried Frizzi beginnt, die politische Lage in Südtirol in seinen Briefen zu kommentieren. „Was hat man von dem Walschen anderes verlangen können, als dass er zuletzt alles verrät. Aber er hat sich getäuscht, wenn er glaubte, mit uns machen zu können, was er will. So ist auch unser Land deutsch [...], was wir immer hofften. Von daheim haben sie mir geschrieben, ein Jubel war es, als die Deutschen kamen. Sie wurden mit Wein, Obst und Blumen empfangen. Ich wäre gerne drinnen gewesen, dass ich hätte einigen [Walschen] den Grind mal klocken [den Kopf einschlagen, Anm. d. Verf.] können. Es werden wohl, die noch drinnen sind, das auch gemacht haben."

In den folgenden zwölf Monaten änderte sich der Frontverlauf in Finnland de facto nicht. Die zuerst mäßigen, dann ab Frühling 1944 zunehmenden Angriffe der Roten Armee abwehrend, verblieb die 6. SS-Gebirgs-Division „Nord" eingegraben in ihren Stellungen an der finnisch-russischen Grenze. Die Späh- und Stoßtruppunternehmen und gelegentlichen Scharmützel mit der Roten Armee fanden unter extremen Temperatur- und Wetterwechseln statt. Die Sommer waren von den langen, taghellen Nächten und den in den

Sumpfgebieten in Schwärmen auftretenden Stechmücken geprägt, während in den früh einsetzenden Wintern mit metertiefem Schnee, eisigen Temperaturen und nur wenigen Stunden Sonnenlicht ein Fortkommen nur auf Skiern möglich war. All dies spiegelt sich auch in Gottfried Frizzis Briefen wider. Er schrieb vom „Land der tausend Seen", wo die Mücken aus den Sümpfen kommen, vom nördlichen Urwald, Schlafproblemen aufgrund der Helligkeit und dann wenige Monate später von erfrorenen Zehen, Schneestürmen und Schnee bis zum Bauch. Immer wieder verglich er Finnland, den Mangel an Obst, die wenigen Schwarzbeeren mit dem Reichtum seiner Südtiroler Heimat und resümierte: „Karelien[33] ist ein trauriges Land." Er wünschte sich warme Handschuhe und träumte von abwechslungsreicher Südtiroler Kost. Essen gäbe es genug, aber halt „eintönig". Immer wieder erwähnte er auch die enge Verbindung, die unter den vielen Südtirolern in seiner Einheit herrsche. Im Oktober 1943 rückte auch sein zweitjüngerer Bruder Bruno ein. Bruno kam zu den Brandenburgern, einer Spezialeinheit der Wehrmacht, in der viele Südtiroler dienten. In Gottfried Frizzis Gedanken über die Familie mischen sich zunehmend Sorgen über die mangelnden Arbeitskräfte bei der Ernte, die gestiegene Belastung der Eltern und um seine Mutter. „Ich glaube, dass es sehr leer ist zu Hause, seit der Bruno auch eingerückt ist, es ist schon viel, drei in einem Jahr. Das macht ja Kummer und Sorgen, überhaupt wenn man keine Post erhält. Von mir braucht Ihr Euch keine Sorgen machen, denn wo ich bin, hatten wir noch keinen Fliegeralarm [...], während bei Euch schon die Flieger gekommen sind."

Seit dem italienischen Waffenstillstand im September 1943 kommt nur noch unregelmäßig Post nach und von Südtirol. Er schreibt von einer „verfluchten Postsperre", an der die „Walschen" schuld seien. „Ich habe einen unheimlichen Zorn oft darauf. Wäre ich nur dabei gewesen beim Einmarsch [der Deutschen], da hätte ich ihnen die Kugel schon angetrieben [den Italienern Beine gemacht]." Er ist immer mehr bemüht, die Eltern in Bezug auf seine eigene Situation zu beruhigen, und so schreibt er über seine Verlegung an den vorderen Frontabschnitt: „Liebe Eltern, es ist die Zeit gekommen, wo auch wir unsere Pflicht erfüllen können, [um] für die Heimat und für das Vaterland zu kämpfen. Es kämpft ja auch die Heimat, oft ist es noch schlechter dort mit den Terrorangriffen[34]." Seine Kommentare zur Situation in Südtirol setzten sich fort. Am 16. Dezember 1943 hieß es: „Wie ein Blitz bei hellem Sonnenschein traf uns die Nachricht, dass bei dem letzten Terrorangriff auf Bozen unser Gauleiter Peter Hofer und zwei Mitarbeiter Vieider

Gottfried Frizzi (hinten links) mit Kameraden bei der SS-Division „Nord", 1943/44

und Bernard den Tod gefunden haben. Kaum war die Heimat befreit von den Italienern und man fing an neu zu bauen, und schon trifft ein neuer Schlag die Heimat und den Mann, der nur für sie schuf und lebte."

Nach seinem ersten Heimaturlaub im April 1944 fuhr Gottfried Frizzi mit einem Rucksack voller Südtiroler Verpflegung über Bozen und Innsbruck durch das Deutsche Reich zurück an die Front in Finnland. Er schrieb von Voralarm während der Zugfahrt und vom Bild der zerbombten Reichshauptstadt und der vielen zerbombten Städte, die er auf der Durchfahrt gesehen hatte. Sein Brief vom 4. Mai 1944 zum Muttertag war nachdenklich und voller Sorge, „dass du, liebe Mutter, […] uns noch lange im Leben beraten kannst, gerade jetzt, wo man weit in der Welt umherkommt und nicht viel Gutes sieht […]. Liebe Mutter, Du wirst oft dein Mutterherz schwer vor Sorgen haben, wenn Deine Gedanken bei den Buben sind, die das Vaterland verteidigen. Ich werde es mir kaum vorstellen können, wie schwer es einer Mutter fallen wird, wenn sie eine unverhoffte Nachricht bekommt, wie schwer es dir gefallen sein wird, als die Nachricht kam, dass Rupert vermisst ist […] ich hoffe es noch immer, dass der Rupert in der Gefangenschaft ist, dann werden wir ihn schon wiedersehen […] dennoch bin ich munter, denn ich weiß, dass der Endsieg nur unser sein kann. Heil Hitler." Je schwieriger die Situation wurde, desto häufiger wurden „Heil Hitler" und „Heil und Sieg" am Ende der Briefe.[35]

Der Sommer 1944 leitete auf allen Kriegsschauplätzen Europas die endgültige Niederlage des Deutschen Reichs ein. Kurz nachdem die Alliierten in der Normandie gelandet waren, begann die Rote Armee ihren Angriff auf die Heeresgruppe Mitte, der mit der vollständigen Vernichtung der deutschen Verbände im Juli 1944 endete. Bald nach dem Zusammenbruch der Heeresgruppe Mitte kündigten einige Staaten wie Rumänien und Bulgarien, die bisher mit dem Deutschen Reich verbündet gewesen waren, das Militärbündnis auf und wechselten die Seiten. Auch in Finnland starteten die sowjetischen Verbände eine Offensive, die dazu führte, dass Finnland die Kampfhandlungen gegen die Rote Armee aufgab und der deutschen Wehrmacht das Ultimatum stellte, bis Mitte September 1944 ihre Truppen abzuziehen.

Gottfried Frizzi erfuhr ab Juni 1944 von den ersten größeren Kampfhandlungen. Kurz vor Beginn der Offensive schreibt er vom Versuch der Roten Armee, die Moral der deutschen Verbände durch den Einsatz von Propaganda über Lautsprecher zu schwächen, und dass sie als Antwort „so lange zurückschreien, bis es aufhört". Er berichtet, dass es „höllisch zugegangen ist", und von starkem Beschuss durch die Rote Armee, vom durchgebrochenen Feind, dem zum Glück schnellen Tod von Südtiroler Kameraden, von hohen eigenen Verlusten und dem Nachschub durch junge Rekruten, unter ihnen auch wieder viele Südtiroler. In den Kämpfen wurde er durch Granatsplitter leicht verwundet und erhielt am 1. August 1944 das Eiserne Kreuz 2. Klasse. In den Briefen spürt man die zunehmende Sorge Gottfried Frizzis um den Kriegsausgang. Eine Sorge, der er immer trotzigere Durchhalteparolen entgegenhält. Im Brief vom 28. August 1944 schlägt die Sorge in Wut, gar Hass um. „Die Gedanken wandern wohl den ganzen Tag zu Euch in der Heimat, an allen unseren Fronten, wo jetzt die härtesten Kämpfe geführt werden und auch die entscheidenden. Es schaut wohl mal schlimm aus, aber dennoch mit hartem Willen und Mut und niemals daran zweifeln: Wir müssen und werden siegen. Wie ich von den Urlaubern aus der Heimat erfahre, gibt es doch noch ein paar feige Hunde in unserer Heimat, die ihre Heimat verraten, indem sie vom Urlaub nicht mehr zu ihrer Einheit zurückkehren. Und was werden sie dann? Die letzigsten Partisanen. Hoffe, dass es nur wenig sind und von unserer Gegend wohl keine, die müssen noch alle vertilgt werden vor Kriegsende."

Porträtfoto von Gottfried Frizzi als SS-Schütze, 1943

Der Rückzug der 6. SS-Gebirgs-Division „Nord" führte zuerst nach Norwegen. Auf dem langen Weg aus Finnland hinaus begannen nun auch die ersten Kämpfe zwischen finnischen und deutschen Einheiten. Aus Verbündeten waren Feinde geworden. In der Hauptstadt Norwegens Oslo wurde die Division nach Dänemark verschifft und von dort im Dezember 1944 gegen amerikanische Verbände im Elsass in Stellung gebracht. Ihr Einsatz in den Vogesen im Januar 1945 sollte die nordwestlich in den Ardennen stattfindende deutsche Offensive entlasten. Anfänglich konnten die kampferprobten Waffen-SS-Einheiten zusammen mit anderen deutschen Verbänden durchaus Erfolge verzeichnen. Auf Dauer waren sie den ausgeruhten und bestens ausgerüsteten amerikanischen Verbänden jedoch nicht gewachsen und erlitten hohe Verluste.

Auch diese Phase des Krieges findet Ausdruck in den Briefen Gottfried Frizzis, der inzwischen das Sturmabzeichen erhalten hatte. Wieder ist es die Mischung aus Gedanken an die Heimat und Familie und aus Überlegungen zur Situation während der Verlegung und dann an der Front, die seine Briefe bestimmt. Von Dänemark schreibt er, dass er als Nichtraucher gut mit den Dänen tauschen kann, die alle Raucher sind und immer Bedarf an Tabak haben. Wieder geht es um die Ernte zu Hause, um die Geschwister, um den verschollenen Bruder Rupert und die Sorge um seine Mutter. Aber offensichtlich ist Gottfried Frizzi sich bewusst, dass es nun endgültig zu einer Zuspitzung der Kämpfe auch für seine Einheit kommt. Am 30. Dezember 1944 schreibt er: „Man hört schon in der Ferne den Donner der Kanonen. Nach Neujahr werden wir den Feind näher kennenlernen. Ja, von nun an wird gekämpft." Und knapp zwei Wochen später heißt es gleichermaßen ehrlich wie trotzig: „Die ersten Tage des Jahres 1945 waren ziemlich harte Tage, doch haben wir sie überwunden, wie wir sie auch weiter überwinden werden. Für mich waren es die heftigsten Tage bis jetzt. Wir sind aber noch härteren Tagen gewachsen. Heil und Sieg! Gottfried."

Gottfried Frizzi (vorne rechts) bei der SS-Division „Nord", Ende 1944/Anfang 1945

Als SS-Schütze 1943 in Meran auf Urlaub

Anfang Februar 1945 wurde Gottfried Frizzi durch Granatsplitter so schwer am Oberschenkel und Gesäß verwundet, dass er nicht mehr fronttauglich war. Vom Feldlazarett in den Vogesen kam er ins Kriegslazarett in Heidelberg und von dort nach Speyer zum Hauptverbandsplatz. Weitere Stationen seiner Lazarettaufenthalte waren Rohrbach, Bad Wimpfen und Tuttlingen in Baden-Württemberg, wo er am 1. April 1945 eintraf und drei Wochen später in französische Kriegsgefangenschaft kam. Während der bedingungslosen Kapitulation der Streitkräfte des Deutschen Reichs am 8. Mai befand sich Gottfried Frizzi im französischen Lazarett. Aufgrund seiner schweren Verwundung dauerte es bis zum 21. Juli 1945, bis eine französische Ärztekommission ihn aus dem Lazarett in das Kriegsgefangenenlager Mutzig in der Nähe von Straßburg überstellte. In den Briefen aus der Zeit seiner Kriegsgefangenschaft äußerten seine Eltern, aber auch seine Tanten und seine Schwester immer wieder die Hoffnung, dass seine Zwangseinteilung zur Waffen-SS in einem Gesuch irgendwie nachgewiesen werden und die französischen Militärbehörden milde stimmen könnte. Neben der Hoffnung auf seine Freilassung fand aber auch die Enttäuschung über den Verbleib Südtirols in Italien immer wieder Ausdruck in den Briefen. Mit der Zeit schlich sich ein manchmal trauriger, dann aber wieder auch trotziger Ton in die Briefe. 1946 schrieb sein Vater mehrmals vom „großen Herzeleid für die Heimat" und dass „der Schmerz wegen der Heimat so groß sei". Aber seine Tante und seine Mutter versicherten, dass sie „trotzig wegen unserer Heimat" seien und dass „Tiroler Schädel hart sind und [die Tiroler] den Mut nicht sinken [ließen]". Gottfried Frizzi schreibt am 9. Januar 1947 an seine Mutter: „Ich schlag mich schon durch. Man muss sich zu helfen wissen und den Kopf nicht hängen lassen. Wir sagen: ‚Kopf hoch, auch wenn der Hals dreckig ist' [...] denn einst kommt doch der Tag der Entlassung und wir werden wieder im fröhlichen Kreis beieinander sein in unserer schönen Heimat, mag die Grenze sein, wo sie will."

Am 15. Januar 1947 wurde Gottfried Frizzi aus der Gefangenschaft entlassen. Wie er hatte auch sein Bruder Bruno den Krieg überlebt. Rupert kam nicht mehr zurück. Bis er 1960 seine Frau Paula heiratete, arbeitete Gottfried Frizzi sowohl auf dem eigenen Hof als auch im Trentino bei einem Großbauern. Mit seiner Heirat gab er die Arbeit in der Landwirtschaft auf und wechselte als Angestellter in die Gemeindeverwaltung von Burgstall. Ihre ersten beiden Kinder Bruno und Doris kamen 1961 und 1963 zur Welt. 1971 bekamen sie einen weiteren Sohn, Siegfried. Bis zu seinem Tod am 22. Juli 1997 lebte Gottfried Frizzi in Burgstall. Er wurde vierundsiebzig Jahre alt.

Siegfried Frizzi mit seinen Eltern Paula und Gottfried am Kalterer See, Anfang 1980er-Jahre

Siegfried Frizzi mit seinen Eltern im Garten

Gottfried Frizzi (vorne rechts) beim Kartenspiel mit Veteranen

„Ich fragte mich, ob er ein normaler Soldat oder was anderes gewesen ist."

Siegfried Frizzi, Sohn

Was sind deine ersten Erinnerungen an die Vergangenheit deines Vaters?

Die ersten Erinnerungen habe ich nicht an seine Zugehörigkeit zur Waffen-SS, sondern dass er im Krieg war. Ich war noch Schüler und hatte meinen Atlas vor mir, weil ich etwas lernen musste. Als mein Vater kam, nahm er den Atlas und zeigte mir, wo er im Krieg war. An die Waffen-SS kann ich mich in dieser Zeit nicht erinnern, das ist erst nach seinem Tod passiert, als ich seine Feldpostbriefe wiedergefunden habe. Er hatte sie mir früher mal gezeigt, aber wir hatten nicht reingelesen. Ich wusste eben nur, dass es sie gibt.

Und wie war das für dich, als du dann gesehen hast, dass er bei der Waffen-SS war?

Ich habe darüber nachgedacht, was das jetzt bedeutete. Waffen-SS war bis dahin nur ein Symbol für Verbrechen der Nazizeit. Ich fragte mich, ob er nun wirklich ein normaler Soldat oder was anderes gewesen ist. Da hat es bei mir angefangen mit der Recherche. Ich habe als Erstes die Briefe durchgelesen. Da ist mal ein Name gefallen, dann war es mal eine Ortschaft und so konnte ich im Internet und in Büchern auf die Suche gehen. Ich habe dann auch meine Mutter gefragt. Aber sie weiß eigentlich nicht viel, da mein Vater ihr fast nichts erzählt hat. Sie war halt auch jünger, Jahrgang 1936, sie wird nun achtundachtzig. Mein Vater erzählte ihr nur, dass er gerne noch einmal nach Deutschland gefahren wäre, und mir hat er gesagt, dass er noch einmal nach Finnland wollte. Aber beides hat er dann nicht gemacht, obwohl wir mitgefahren wären. Das war alles, was er gesagt hat. Obwohl ich wusste, wo er im Krieg gewesen ist, hatte ich doch Angst, dass ich etwas anderes, etwas Schlimmes, herausfinden könnte. Das hat mich die letzten Jahre sehr beschäftigt. Er war im Krieg, und im Krieg erschießt man andere oder wird erschossen und Menschen sterben und natürlich ist der Krieg nicht gut. Es gab auf dem Rückzug der deutschen Verbände aus Finnland Verbrechen an der Zivilbevölkerung und verbrannte Ortschaften. Ich weiß nicht, ob er da dabei war, und habe bis heute noch Angst, diesbezüglich etwas herauszufinden.

Hast du Angst, dass das in dir dein Vaterbild zerstören würde? Wie war dein Vater so?

Zerstören? Nein, das nicht. Natürlich würde es mir etwas ausmachen und ich weiß nicht, wie ich damit umgehen würde. Aber egal was im Krieg war, ist mein Bild von ihm ein positives, wie er zu mir, wie er in der Familie, wie er als Mensch war. Falls da etwas gewesen wäre, könnte ich mir nur vorstellen, dass er aus Zwang an solchen Sachen beteiligt gewesen wäre. Er hat sich ja, wie es aussieht, nicht freiwillig zur Waffen-SS gemeldet, was mich beruhigt. Ich konnte ihn mir auch nie hart vorstellen. Er war ein netter Mensch, was auch andere, die ihn kannten, mir immer wieder sagen. Er war fürsorglich und immer für die Familie da. Diszipliniert ist vielleicht das falsche Wort, er war gewissenhaft und in dieser Hinsicht für mich ein Vorbild. Auf der anderen Seite hatte er dann schon seine Momente, wo er auch zornig werden konnte, was bestimmte Ansichten oder Sachen betraf. Da bekam ich dann schon Angst. Einmal war er bei der Gartenarbeit und Jugendliche sind mit ihren Mopeds den Weg am Garten entlanggerast. Das hat ihn total ausrasten lassen. Er ist mit der Schaufel in der Hand rausgerannt und hat sich ihnen in den Weg gestellt und sie bedroht und angeschrien. Ich habe vom Balkon aus zugesehen. Einerseits hat es mir imponiert. Er hatte überhaupt keine Angst, sich da mitten rein zu stellen und eventuell umgefahren zu werden. Sie haben dann bremsen und aufpassen müssen, nicht selbst zu stürzen. Manche sind dann stehen geblieben und haben geschaut und er hat sie zusammengestaucht. Danach ging er wieder zurück und an seine Arbeit, als wäre nichts geschehen. Aber ich hatte vor diesen Situationen schon Angst. Auch mit meiner Mutter gab es Konfliktsituationen. Aber ich weiß nicht wieso, die andere Situation kann ich eher zurückführen auf seine Kriegserlebnisse. Bei meiner Mutter gebe ich ihr auch eine Mitschuld, denn sie konnte manchmal eine Nervensäge sein. Und dann ist er ihr gegenüber ausgerastet. Er war nie handgreiflich oder beleidigend. Aber er hat sie zurechtgewiesen und dann ist er in solchen Momenten immer explodiert. Einmal hat er mit dem Brett, auf dem man den Speck schneidet, auf das Waschbecken eingeschlagen. Ich war da schon achtzehn Jahre alt und hatte Angst, was noch alles passieren würde.

Aber zum Glück ist es dann dabei geblieben. Meine Mutter bekam dann auch Angst und lief aus der Küche weg.

Wie war das mit dir und deinen Geschwistern?

Meine Schwester ist acht, mein Bruder ist zehn Jahre älter. Deswegen habe ich von ihrer Kindheit und Jugend nicht so viel miterlebt. Meine Schwester ist ausgezogen, als ich zehn war. Mein Bruder hat sowieso ein separates Leben zu Hause geführt und war viel auf seinem Zimmer. Nur beim Essen waren wir alle zusammen. Aber meine Schwester hat mir erzählt, dass unser Vater mit ihnen viel strenger war. Er hat ihnen weniger durchgehen lassen als mir und das haben sie auch gemerkt. Nicht, dass er sie geschlagen hat, aber er hatte halt seine Ansichten. Wir mussten früh schlafen gehen oder auch am Nachmittag Ruhe halten und diese Sachen. Aber mit der Zeit hat er es aufgegeben, darauf zu bestehen, was vielleicht auch daran lag, dass er älter wurde. Mich hat er nie geschlagen, mir vielleicht zwei oder drei Mal eine Ohrfeige gegeben, und die waren auch okay. Ich hatte einmal meine Mutter schwer beleidigt und da bekam ich eine Ohrfeige, aber er ist mir gegenüber nie ausgerastet. Er war sehr kontrolliert und hat mir nie mehr als eine Ohrfeige gegeben.

Hat dein Vater mit dir über den Krieg, den Holocaust oder die Waffen-SS gesprochen?

Er hat mehr oder weniger immer die gleichen Sachen vom Krieg erzählt. Das Erste, was mir einfällt, ist, dass er einmal an einer Hausmauer am Eck mit dem Gewehr in Stellung war und in dem Moment, wo ein Kamerad ihm von hinten auf die Schulter klopft und er sich umdreht, hat jemand geschossen. Der Schuss hätte ihn voll erwischt und so verdankt er der Situation sein Leben. Die Nordlichter in Finnland haben ihm sehr imponiert und dass er mit den Langlaufskiern in unglaublicher Kälte unterwegs war. Eigentlich hat er fast nur schöne Sachen erzählt, wie dass da ein Marokkaner war, der den besten Kaffee seines Lebens gemacht hätte, und solche Geschichten.

Wie war dein Vater politisch orientiert nach dem Krieg?

Er hat immer die Südtiroler Volkspartei gewählt und auch mir gesagt, dass ich die wählen soll. Man hat ihn oft „Magnago" genannt. Ich weiß nicht, ob es wegen seines Aussehens oder wegen seiner Einstellung war. Magnago war ja eher für eine konstruktive und nicht für eine extreme Lösung der

Südtirolfrage. Aber mein Vater hat eigentlich nie politische Positionen für oder gegen etwas bezogen. Er hat die Dinge unkommentiert gelassen. Auch als er mir erzählte, dass ihn die Carabinieri zur Zeit der Bombenanschläge in Südtirol in den 1960er-Jahren vernommen hatten, weil sie dachten, er könnte etwas damit zu tun haben, hat er das einfach nur erzählt und nichts weiter dazu gesagt. Das gilt auch in Bezug auf die Vergangenheit und den Krieg.

Deswegen bekomme ich auch bestimmte Sachen, wenn ich an ihn und die SS denke, nicht zusammen. Mein Vater hat nie ein diskriminierendes Wort gegen jemanden gesprochen – egal, ob es jetzt ein Mensch mit schwarzer Hautfarbe war, er war zu allen nett. Früher sind bei uns immer noch viele Roma vorbeigekommen, um ihre Decken zu verkaufen. Nie gab es irgendein abwertendes Wort. Meine Schwester und ich denken, dass er mit dem Krieg und dieser Zeit einfach abgeschlossen hatte. Nach dem Motto: Vorbei und fertig.

In seinen Feldpostbriefen erscheint dein Vater durchaus als wütender junger Mann mit einigem Gewaltpotenzial, wenn er zum Beispiel den Deserteuren den Tod wünscht.

Ich habe darüber auch ab und zu mit meinem Bruder gesprochen. Mein Bruder sagt, dass unser Vater schon überzeugt war von dem, was er damals gemacht hat. So wie ich den Charakter meines Vaters kenne, kann ich mir gut vorstellen, dass er bereit war, bis zum bitteren Ende mitzumachen und mit unterzugehen. So wie es in den Briefen steht, wäre er ja gerne 1943 in Südtirol gewesen und hätte geholfen, die Deserteure zu jagen. Das kann ich mir gut vorstellen, denn wenn er einer Idee folgte, dann musste man seiner Meinung nach auch dazu stehen, dann musste man die verteidigen, egal ob sie falsch oder richtig war. Was dazu passt, ist sein Verhalten mir gegenüber, als ich nicht mehr in die Kirche gehen wollte. Da fragte er mich nur, was ich eigentlich für ein Christ sei, wenn ich nicht mehr in die Kirche gehe, denn ein Christ gehöre in die Kirche. Aber dabei ist es geblieben.

Wie ist es dazu gekommen, dass du von euch drei Geschwistern derjenige bist, der sich so mit der Geschichte eures Vaters beschäftigt? Wie sehen das deine Geschwister?

Vielleicht sehe ich bei meiner Schwester bis zu einem bestimmten Punkt mehr Interesse als bei meinem Bruder. Bei meinem Bruder kann ich es eigentlich gar nicht sagen, ob er sich damit beschäftigt hat oder nicht. Wenn ich ihn mal zur Waffen-SS befragt habe, war er gut informiert. Er ist ein sehr ruhiger Typ und hat sich mir nie von sich aus mitgeteilt. Ich will halt verstehen, was damals mit dem Vater war, weil ich ihn aus dieser Zeit ja auch nicht kenne. Meine Geschwister konnten mir diesbezüglich nicht viel sagen, weil auch mein Vater mit ihnen nicht gesprochen hat. Meine Schwester hat versucht, ihn zum Erzählen zu bringen, aber er hat immer nur das Gleiche gesagt, dass man im Krieg nichts anderes tun konnte, als zu schießen. Entweder man selbst stirbt oder der andere. Er hat auch dem Mann meiner Schwester, mit dem er gerne gesprochen hat, nicht mehr erzählt als Anekdoten. Antisemitisch hat er sich nie geäußert und ich kann mich auch nicht erinnern, dass er jemals etwas Verherrlichendes über den Krieg gesagt hat. Einmal war eine Hitler-Reportage im Fernsehen. Da hat er nur gesagt, dieses Schwein. Wie er das gemeint hat, weiß ich nicht. Ich habe ihn auch nicht gefragt. Was er auch noch erzählt hat, ist, dass er einer der wenigen Überlebenden aus seiner Einheit war. Das hat ihn schwer mitgenommen. Als er aus dem Krieg zurückkam, hat er drei oder vier Monate nicht mehr gesprochen. Mein Vater hatte immer ein sehr gutes Verhältnis zu seiner Schwester und sie machte sich Sorgen um ihn. Sie hat ihn dann überredet, zusammen mit den Fahrrädern auf den Schlern zu fahren, um ein paar Tage Urlaub zu machen. Meine Tante hat erzählt, dass es da das erste Mal war, dass sie ihn wieder einmal hat lachen sehen. Offensichtlich hat er die ganzen Kriegserlebnisse erst einmal verarbeiten müssen. Er hat mir erzählt, dass es zwei Jahre lang gedauert hat, bis er wieder halbwegs schlafen konnte. Bei jedem größeren Geräusch ist er aufgewacht und hat gedacht, es sei eine Bombe explodiert oder irgendetwas sei passiert. Er hatte seit dem Krieg auch ein ständiges Ohrensausen und der Rücken war noch voller Granatsplitter, die ihn quälten. Er war ja auch Invalide, im rechten Fuß, da waren die Nerven durchtrennt. Er konnte bestimmte Sachen auch nicht mehr essen, wegen seiner Bauchprobleme. Mit der Zeit ist alles nur noch schlimmer geworden. Das ging so bis zu seinem Tod.

Hat er dir die Narben an seinem Körper gezeigt?

Eines Tages hat er mir einen Granatsplitter, den sie ihm rausgenommen haben, und alle Narben gezeigt. Er hat auch von der Operation erzählt, wie sie mit einem Löffel ohne Narkose den Splitter rausgeholt haben. Er hatte unter der Pobacke ein Loch so groß wie von einem Tischtennisball.

Was siehst du in dir von deinem Vater?

Ich denke, dass ich von ihm die Energie habe, zu etwas zu stehen, auch wenn es ein bitteres Ende gibt. Da hat er schon auf mich abgefärbt. Das hat mir auch an ihm imponiert. Einmal hat er zu mir gesagt, wenn du etwas tun willst, tu es, und es ist egal, was die anderen darüber denken, tu es einfach. Eigentlich hat er selbst so gehandelt, das hat mir schon gefallen.

Erinnerst du dich an eine Situation, wo du ihm klar widersprochen und nicht gemacht hast, was er wollte?

Eigentlich nicht, außer als ich nicht mehr in die Kirche wollte. Da habe ich mich durchgesetzt.

Die meisten von uns erzählen, dass unsere Väter pflegeleicht waren, solange wir gemacht haben, was sie von uns wollten, dass aber Widersprechen ein Problem war.

Meine Geschwister haben immer gesagt, dass mein Vater klar der Chef im Haus war. Vielleicht ist es nie schwierig mit ihm geworden, weil niemand von uns wirklich rebelliert hat. Mein Vater hat sich sicher so aufgebaut, dass man sich in dem von ihm gesteckten Rahmen bewegen musste. Aber wenn ich an meine Schwester denke, kann ich mich an ein paar Situationen erinnern, wo sie schon stark diskutiert haben. Meine Schwester war ja eine andere Generation als er und mein Vater hatte das Bild im Kopf, dass die Frau zu Hause bleiben soll und der Mann arbeiten geht. Meine Schwester hat ihm dann gesagt, dass das nicht mehr geht. Mein Vater hatte da seine Meinung und Einstellung und von der ist er auch nicht weggegangen. Aber ich kann mich nicht erinnern, dass er da ausgerastet wäre. Meine Schwester hingegen hat mir erzählt, dass es nicht einfach gewesen war. Ihr Mann ist ein Italiener aus dem Süden und am Anfang waren beide Eltern nicht damit einverstanden und man hat auch von meiner Mutter dazu einiges gehört. Aber letztendlich hat mein Vater mit der Zeit sich gut mit seinem Schwiegersohn verstanden. Der war eigentlich der Einzige, mit dem er über den Krieg gesprochen hat.

Welche Erziehungsideale würdest du deinem Vater zuschreiben?

Ich denke mal, wir sollten ehrliche Leute sein, die zu dem stehen, was sie sagen und tun.

Bildung war ihm wichtig. Er hätte es auch gern gesehen, wenn wir studiert hätten, obwohl die finanziellen Mittel nicht für uns alle da waren. Wir sollten gut aufwachsen, arbeiten und gut mit unserem Geld umgehen können.

War ihm Pflichterfüllung wichtig?
Ich denke schon, dass er mir das so rübergebracht hat, wortwörtlich, es fällt mir aber kein Beispiel ein.

„Pflicht, Gehorsam, Subordination"?
So einen Spruch habe ich nie gehört von ihm.

Das hat er auch nicht vermittelt?
Pflicht wie gesagt ja, Gehorsam schon, das war wichtig. Aber ich könnte nicht sagen, dass er das mit Gewalt durchgesetzt hätte.

Alle unserer Väter hatten das auf ihrem Koppelschloss: „Meine Ehre heißt Treue". Kannst du das irgendwie in Bezug zu deinem Vater bringen?
Nein.

Und auch nicht zu den Deserteuren und „Verrätern" in Südtirol 1943?
Da schon. Für ihn war nicht vorstellbar, dass er, dass überhaupt jemand aus dem Urlaub nicht mehr zurück an die Front geht, sondern sich einfach versteckt. Das war für ihn undenkbar. Für ihn war klar, dass man das nicht macht. Es gab in der Familie Gerüchte, dass sein Bruder Bruno, der auch bei der Waffen-SS war, am Ende des Krieges einfach zu Hause geblieben ist. Aber ich weiß nicht, ob das stimmt. Bruno ist dann nach dem Krieg nach Südafrika ausgewandert. Ich habe ihn auf einem seiner Besuche kurz kennengelernt, ich war damals vierzehn. Ein oder zwei Jahre danach ist er gestorben.

Hast du im Alltag mit anderen darüber gesprochen, dass dein Vater bei der SS war?
Ich habe das nicht oft erzählt, weil ich immer gut überlegte, wem ich das erzählen kann und wem nicht. Und auch, wieso sollte ich das erzählen? Einer Kollegin habe ich erzählt, dass mein Vater und ich in diesem Buch sind, und

das hat sie toll gefunden. Jetzt in der Schule erlebe ich halt Jugendliche, die gewisse Vorstellungen haben und stark rechts eingestellt sind. Da sage ich dann schon etwas. Ich frage sie, was sie überhaupt wissen, und sage ihnen, dass sie keine Ahnung haben. Die kommen mit Sprüchen, mit Einstellungen, mit Sachen daher und ich denke, dass das so nicht geht.

Machst du deinem Vater Vorwürfe?

Es ist schade, dass er nicht offen über die Waffen-SS gesprochen hat. Ich ertappe mich heute oft dabei, wie ich mir wünsche, ihn wenigstens für einen Nachmittag befragen zu können. Ich würde ihn gerne fragen, ob er stolz auf sich gewesen ist oder nicht. Ich wüsste auch gerne, wie er mit dem Tod von so vielen im Krieg umgegangen ist oder ob das einfach normal für ihn war. Ich würde ihn so gerne, ohne ihn vorzuverurteilen, vieles fragen. Ich habe kürzlich wieder das Buch von Franz Thaler[36] gelesen, der sich dem Militär verweigert und sich versteckt hat. Als seine Familie bedroht wurde, stellte er sich und kam ins KZ. Wenn ich an ihn denke, frage ich mich schon, wieso das mein Vater nicht gemacht hat. Hatte er Angst um seine Familie oder war er zu feige zu sagen, ich gehe nicht zum Militär? Oder hat es ihm zu gut gefallen?

Was, meinst du, kann man aus der Geschichte deines Vaters lernen?

Was mir bei meinem Vater so imponiert – dass er trotz allem fähig war, wieder ein halbwegs normales Leben zu führen, eine Familie aufzubauen, drei Kinder großzuziehen, einer Arbeit nachzugehen. Er war ein sozialer Mensch, war bei der Feuerwehr, bei seinem Heimatbund, seinen Kriegskollegen, dem Frontkämpferverband und bei katholischen Veranstaltungen. Das muss man wahrscheinlich erst einmal zuwege bringen. Viele andere wären durchgeknallt oder hätten sich vielleicht auch umgebracht. Dass er doch imstande war, das alles irgendwo unterzubringen und in eine Schublade zu tun, um damit weiterleben zu können, ist für mich schon ein Vorbild. Ich denke dann auch immer wieder daran, wie jung er war. Normalerweise ist man in dem Alter am Meer oder auf einer Schulfahrt oder man findet, dass das Leben wunderbar ist.

Welchen Einfluss hat die Geschichte deines Vaters auf deine Einstellung zum Krieg?

Auf jeden Fall bin ich beeinflusst. Es sollte überhaupt keine Kriege geben. Es ist total absurd, diese ganzen Kriege sind Schwachsinn. Es gibt ja dauernd Kriege, aber jetzt ist es schon heftig und es macht mir Angst, dass es nicht wirklich viel braucht und dann passiert es auch bei uns wieder. Ich habe das Gefühl, dass aus der Geschichte nichts gelernt wird. In der Schule nimmt mich das schon mit, wenn ich so manches von den Jugendlichen höre. Die haben keine Ahnung, was es bedeutet, im Krieg zu sein. Ich selbst auch nicht, aber ich bin mit einem Menschen aufgewachsen, der im Krieg war. Und das ist doch anders, als vom Krieg nur aus Büchern zu erfahren.

Warst du beim Militär?

Mein Bruder ist aus gesundheitlichen Gründen vom Militär zurückgestellt worden. Ich selbst habe mich nicht um einen Zivildienst bemüht. Ich war so naiv zu glauben, dass sie mich schon nicht einziehen würden. Dann war es aber so weit. Kurz bevor ich wegmusste, stand ich bei uns in der Küche und mein Vater kam zu mir und hat mir fast einen traurigen Eindruck gemacht. Er sagte dann zu mir, dass ich mich nicht unterkriegen lassen sollte, und dann ist er zur Arbeit gegangen. Er hat mir fast leidgetan. Gut, ich war auch nicht entzückt, dass ich zum Militär musste, aber bei ihm ist wohl alles wieder hochgekommen. Ich hatte dann das Glück, dass ich nicht das ganze Jahr machen musste. Ich bekam beim Militär eine Allergie und wurde nach ein paar Monaten nach Hause entlassen. Ich weiß nicht, ob das psychosomatisch war, jedenfalls konnte ich fast nichts mehr essen und habe überall Ausschläge bekommen. Etwa ein Jahr später war dann die Allergie wieder weg und kam auch bis heute nicht mehr wieder. Ich habe mich oft gefragt, womit das zusammenhing. Meine Zeit beim Militär war eine echt verlorene Zeit.

Was mir im Moment durch den Kopf geht, dreht sich nicht um meinen Vater, sondern um seine Brüder und die anderen Männer der Familie Frizzi. Ich recherchiere zu seinem Bruder, der nicht mehr aus dem Krieg zurückgekommen und bei Monte Cassino gefallen ist. Ich habe dazu mit Leuten dort Kontakt aufgenommen. Der eine hat eine riesige Kriegssammlung angelegt und sie dann dem Museum in Rovereto gespendet. Ich möchte unbedingt zum Monte Cassino fahren und herausfinden, wo genau mein Onkel gefallen ist. Ich weiß nicht, warum ich das als eine Mission empfinde, aber das unterscheidet mich wohl von meinen Geschwistern.

Wir sind die Generation, die groß geworden ist mit denjenigen, die den Krieg miterlebt haben und in welcher Form auch immer etwas davon an uns weitergegeben haben.

Ja, es geht mir wie dir, ich muss mich dafür interessieren. Mein Vater, meine ganzen Onkel, seine ganzen Cousins, die waren alle im Krieg. Sie sind meine Vorgänger, die gehören zu diesem Baum. Damit lebe ich und ich bin eigentlich auch froh darüber, weil es mir doch viel gibt. Ich fühle mich oft schon als Zeitzeuge, obwohl ich das ja nicht bin. Vielleicht aber doch, denn es lebt ja in mir weiter.

---

* 1971, wohnt mit seiner Lebenspartnerin und Tochter in Meran und arbeitet als Lehrer in der Schule.

Mit achtzehn in der Partisanenbekämpfung

SS-Schütze Peter Sieder

Der Erstgeborene von acht Geschwistern. Dreizehn Jahre bei Kriegsbeginn. Fünfzehn beim Angriff auf die Sowjetunion. Siebzehn bei der Besetzung Italiens durch Wehrmacht und Waffen-SS. Mitglied der 24. SS-Division „Karstjäger" und mit achtzehn Jahren ausschließlich in der mit aller Grausamkeit geführten Partisanenbekämpfung in Nordostitalien und Slowenien eingesetzt.

Peter Sieder kam am 29. Juni 1926 als Sohn von Josef und Maria Sieder geb. Auer in Hofern bei Kiens zur Welt. Seine Eltern waren Bauern und bewirtschafteten einen Hof, der 1892 von seiner Großmutter Maria Harrasser gekauft worden war. Der Brandholzer Hof verfügte über ein stattliches Bauernhaus, mehrere Wiesen, Wald und eine kleine Anzahl Kühe, Schafe und Nutztiere. Peter Sieders Vater hatte im Ersten Weltkrieg bei den Tiroler Standschützen gedient und optierte im März 1940 mit seiner ganzen Familie für Deutschland. Der Vater gab bei seinem Abwanderungsantrag an, nach der Ablöse des mütterlichen Besitzes in Südtirol als selbstständiger Bauer einen eigenen Besitz im zukünftigen Siedlungsgebiet erwerben zu wollen. Josef und Maria Sieder hatten zu diesem Zeitpunkt acht Kinder; neben Peter noch zwei Söhne und fünf Töchter, die in den Jahren zwischen 1927 und 1938 geboren worden waren.[37] Wie bei vielen Südtiroler Bauernfamilien kam es dann aber nicht zur Umsiedlung und Josef Sieder blieb mit seiner Familie im Pustertal. Der Hof wurde ihm 1942 überschrieben. Nach seiner Schulzeit arbeitete Peter Sieder bis Ende 1943 unbehelligt vom Krieg auf dem elterlichen Bauernhof.

Mit der Besetzung Italiens durch das Deutsche Reich im September 1943 und der Errichtung der Operationszone Alpenvorland änderte sich die Situation der Südtiroler. Einerseits war man damit endlich der Kontrolle des italienischen Staates und seiner Organe entzogen. Andererseits führte die Besetzung durch Wehrmacht und Waffen-SS zu einer umfassenden Wehrpflicht nicht mehr nur für die Optanten, sondern ab Anfang 1944 auch für die

Dableiber, die bisher vom Kriegsdienst verschont geblieben waren.[38] Für viele Südtiroler im wehrpflichtigen Alter bedeutete dies auch, dem Zugriff der SS-Rekrutierungsbehörden schutzlos ausgesetzt zu sein, wobei das Prinzip der Freiwilligkeit spätestens seit 1942 mit der Aufstellung der SS-Division „Prinz Eugen" keine umfassende Gültigkeit mehr hatte.

Im Alter von siebzehn Jahren kam Peter Sieder im Frühjahr 1944 zur Waffen-SS, wobei unklar ist, ob er eingezogen wurde oder sich freiwillig gemeldet hatte. Die ca. fünfhundert Südtiroler SS-Rekruten, die meisten der Jahrgänge 1926 und 1927, wurden im April 1944 in Schlanders und im Mai 1944 in Sterzing zusammengefasst und zu den SS-Karstjägern überstellt.[39] Wie auch bei anderen Einheiten der Waffen-SS üblich, wurde das Rahmenpersonal aus erfahrenen und älteren Jahrgängen anderer SS-Einheiten bzw. aus der bereits bestehenden SS-Karstwehr gestellt. Peter Sieder wurde zusammen mit den anderen Rekruten in Ugovizza und Malborghetto im Norden der ostitalienischen Provinz Udine unweit der österreichischen und slowenischen Grenze ausgebildet. Beim Versuch, das Karstwehrbataillon zu einer Division auszubauen, wurden sowohl Volksdeutsche aus dem Balkanraum als auch Italiener und Südtiroler rekrutiert. Deren gleichzeitige Überstellung erinnert an das bei den italienischen Waffen-SS-Verbänden angewandte Muster, sowohl die italienischen Sprachkenntnisse der Südtiroler als auch ihre Loyalität gegenüber dem Deutschen Reich bei der Ausbildung der Italiener zu nutzen. Die multiethnische Zusammensetzung war der Versuch, analog zur 7. SS-Division „Prinz Eugen" die Sicherungsverbände im Partisanengebiet aus dort und im Umfeld lebenden Bevölkerungsgruppen zu stellen.

Im Sommer 1944 wurde die Blutgruppe bei der Waffen-SS nicht mehr durchgängig, sondern nur noch sporadisch tätowiert. Auch Peter Sieder wurde nicht tätowiert, sodass bei ihm das landläufige Erkennungsmerkmal der Mitglieder der Waffen-SS auf der Innenseite des linken Oberarms fehlte.[40]

Die SS-Karstwehr, die später in 24. Waffen-Gebirgsjäger-(Karstjäger-) Division der SS umbenannt wurde, sollte weder die Mannschaftsstärke einer Division erreichen noch kämpfte sie gegen reguläre Einheiten. Auch der Versuch, einen kampfstarken multiethnischen Großverband aufzubauen, muss als gescheitert angesehen werden. Nach der Entwaffnung der italienischen Verbände wurden die SS-Karstjäger in der Operationszone Adriatisches Küstenland ausschließlich zur Partisanenbekämpfung eingesetzt. Dabei reichte das Einsatzgebiet vom Kanaltal im Norden bis nach Udine im Südwesten und bis Slowenien im Osten. Die SS-Karstjäger wurden von SS-Standartenführer

Bei der Aufstellung der SS-Karstjäger-Division in Saifnitz/Camporosso im Kanaltal bei Tarvis/Tarvisio, 1944

Hans Brand ausgebildet und ab Mai 1944 von SS-Sturmbannführer Josef Berschneider geführt. Die Einheit zog eine blutige Spur durch das östliche Norditalien und durch Slowenien. Partisanenkampf ist im Allgemeinen und war im Besonderen im Zweiten Weltkrieg immer auch ein Krieg gegen die Zivilbevölkerung. In der kurzen Zeit ihres Einsatzes von Ende 1943 bis Mai 1945 reihten die SS-Karstjäger und angeschlossene Verbände Vergeltungsaktion an Vergeltungsaktion. Es war das übliche Muster der deutschen Partisanenbekämpfung: Angriffe auf deutsche Militäreinrichtungen sowie die Tötung (manchmal verbunden mit der Verstümmelung der Leichen) deutscher Soldaten oder auch nur deren Verwundung, wurden mit der willkürlichen Tötung unbeteiligter Zivilisten beantwortet, da man nur selten die Partisanengruppen stellen konnte. Im Soldbuch eines Angehörigen der SS-Karstjäger sind die Einsatzorte und Namen der Operationen vermerkt: „Klitscher Klause“, „Ponti di Mura“, „Saga“, „Karfeit“, „Biave Bucova“, „Traufe“, „Bacchiatal“, „Blumendraht“, „Carbonari“, „Ratte“, „Zypresse“, „Märzveilchen“, „Maulwurf“,

Heldengedenkfeier in Saifnitz/Camporosso, 1944

„Hellblau", „Dachstein", „Osterglocke", „Braunschweig", „Liana", „Annemarie".[41] Der Operationsname „Braunschweig" steht u. a. für das Massaker in Lippa im April 1944 mit 269 Opfern, von denen die meisten den SS-Karstjägern zugeschrieben werden, an dem aber auch das 1. Bataillon des Südtiroler Polizeiregiments „Bozen" teilnahm.[42] Die Operation „Braunschweig" wurde wie auch andere größere „Säuberungsaktionen" vom Höheren SS- und Polizeiführer Adriatisches Küstenland Odilo Globocnik selbst geleitet, dem die SS-Karstjäger direkt unterstellt waren. Der Österreicher Globocnik war einer der berüchtigtsten nationalsozialistischen Mörder. Nach Einsätzen in Polen organisierte er die Inbetriebnahme der Vernichtungslager Belzec, Sobibor und Treblinka in der „Aktion Reinhard", bevor er ab September die Leitung der Operationszone Adriatisches Küstenland übernahm.[43] Zusammen mit ihm wurde eine ganze Reihe der unter seinem Befehl in Polen an der Ermordung der Juden beteiligten SS-Offiziere ebenfalls in die Operationszone versetzt, aus der dann auch nach Globocniks Dienstantritt die jüdische Bevölkerung nach Auschwitz deportiert wurde. Globocnik beging kurz nach seiner Verhaftung durch britische Soldaten am 31. Mai 1945 Selbstmord.[44]

Eine der bekanntesten Fotografien der Exzesse der deutschen Partisanenbekämpfung im Balkanraum stammt von den SS-Karstjägern. Am 11. Juni 1944 enthaupteten SS-Karstjäger zwei Gefangene im slowenischen Idrijske

Peter Sieder als SS-Schütze, 1944

Krnice mit einer Axt. Das Foto zeigt die Mörder offensichtlich gut gelaunt beim Mord.[45] Das letzte Massaker fand am Tag des Eintretens des Waffenstillstandes in Italien am 2. Mai 1945 in Avasinis statt. Dort ermordeten SS-Karstjäger einundfünfzig Männer, Frauen und Kinder. Überlebende sagten später aus, dass viele der beteiligten SS-Karstjäger aus der Region Istrien und aus Südtirol stammten. Zwei der SS-Offiziere, die zu diesem Zeitpunkt mit SS-Karstjäger-Einheiten in der Region aktiv waren, waren SS-Obersturmführer Erich Kühbandner, der am 11. Februar mit dem Bandenkampfabzeichen in Gold für seine „tapfere Teilnahme an 100 Kampftagen" ausgezeichnet worden war,[46] und der SS-Untersturmführer Albert Gayl.[47]

Peter Sieder war von Mai 1944 bis Mai 1945 SS-Karstjäger. Er war bei seiner Rekrutierung siebzehn Jahre alt und stand kurz nach der Kapitulation vor seinem neunzehnten Geburtstag. An welchen Aktionen der Karstjäger er im Einzelnen beteiligt war, ist nicht zu belegen.

Nach der Kapitulation im Mai 1945 gelang es den meisten Südtirolern, die bei den Karstjägern eingesetzt waren, in ihre nicht weit entfernte Heimat zu entkommen. Peter Sieder erreichte über das Lesachtal zusammen mit anderen SS-Karstjägern, darunter auch seinem Kompanieführer SS-Untersturmführer Albert Gayl, Südtirol.[48] Wieder zu Hause angekommen, stellte er sich, nachdem der Ortspfarrer darauf gedrängt hatte, den alliierten Truppen in

Bruneck. Peter Sieder wurde nach einer kurzen Internierung in einer Kaserne in Bruneck nach Bozen überstellt, wo er bis zum 7. August 1945 in Kriegsgefangenschaft war. Da er keine Tätowierung trug, die ihn als Angehörigen der SS verraten hätte, konnte er seine Zugehörigkeit zu den SS-Karstjägern verbergen. Auf seinem Entlassungsschein wurde er als Mitglied der „Polizei" geführt. Als Beruf war Landarbeiter angegeben.[49]

Nach der Entlassung aus der Gefangenschaft kehrte Peter Sieder wieder zu seinen Eltern zurück. Allerdings bekam nicht er als ältester Sohn – wie damals üblich – den elterlichen Hof übereignet, sondern sein jüngerer Bruder Eduard. Warum die Eltern seinen Bruder vorzogen, kann nicht abschließend geklärt werden, könnte aber damit zusammenhängen, dass sein Bruder weiter auf dem Hof gearbeitet hat, während Peter Sieder eventuell gegen den Willen der Eltern bei den SS-Karstjägern gedient hat. Peter Sieder wurde Zimmermann und gründete eine eigene Firma. Er heiratete und bekam drei Kinder. Das Verhältnis zu seinen Eltern und seinem Bruder blieb angespannt und distanziert. Fotos zeigen Peter Sieder bei verschiedenen Veteranentreffen der SS-Karstjäger von den 1950er- bis zu den 1970er-Jahren. Einer der zentralen Organisatoren der Treffen war Albert Gayl. Ein Foto zeigt ihn zusammen mit Peter Sieder in einer Gruppe von Veteranen. Anfang der 1970er-Jahre hatte Peter Sieder einen schweren Arbeitsunfall, sodass er seine Firma aufgeben und eine einfache Tätigkeit in einer Fabrik annehmen musste. Peter Sieder starb am 5. Mai 2001 kurz vor seinem 75. Geburtstag. Das Einzige, was er außer einem Porträtfoto in SS-Uniform aus seiner Zeit bei den SS-Karstjägern hinterließ, ist sein Koppelschloss mit dem SS-Motto „Meine Ehre heißt Treue".

Gebirgsjägertreffen am Grüntendenkmal bei Sonthofen, undatiert

Peter Sieder (Mitte) gründete nach dem Krieg eine Zimmerei.

Peter Sieder mit seinem
Sohn Martin, 1966

SS-Koppelschloss und Ehrenkranz beim Gebirgsjägertreffen auf dem Hohen Brendten bei Mittenwald

Veteranentreffen der SS-Karstjäger in Klagenfurt; Peter Sieder ganz links mit Hut, undatiert

Treffen von Kriegskameraden in Birchabruck im Eggental, 1957; Peter Sieder Erster von rechts in der letzten Reihe

Veteranen der SS-Karstjäger, Birchabruck 1957; Dritter von links der ehemalige SS-Untersturmführer Albert Gayl

„Ich mache meinem Vater Vorwürfe, dass er sein Kriegstrauma an uns ausgelassen hat."

Martin Sieder, Sohn

Wie war das mit deinem Vater und der SS?

Ich war ungefähr zehn Jahre alt und noch in der Grundschule, als ich erfahren habe, dass mein Vater bei der SS war. Meine Mutter hatte damals eine kleine Zimmervermietung. Es muss bei einer der vielen Unterhaltungen meines Vaters mit unseren deutschen Urlaubsgästen gewesen sein. Ich konnte mit dem Begriff „SS" noch nichts anfangen. Ich wusste damals nur, dass mein Vater im Krieg war, und ordnete alles unter den Begriff „Soldat" ein. Ich war deswegen weder stolz noch war ich verwundert oder geschockt. Aber die Gespräche sind mir unvergesslich. Es wurde damals viel getrunken. Dementsprechend war auch das Gesprächsklima. Der Krieg wurde verherrlicht und alle waren stolz, dabei gewesen zu sein. Für mich klang das Ganze prahlerisch und es interessierte mich deshalb auch nicht. Wahrscheinlich hing das aber auch mit der sehr strengen Erziehung meines Vaters zusammen, dass ich diese Gespräche hasste. Erst nach seinem Tod 2001 fing ich an, mich näher mit seiner Kriegsvergangenheit zu beschäftigen. Es waren die wenigen Dokumente, die zu Hause waren, und die Gespräche mit meiner Mutter, die mich dazu veranlassten. Ich wusste bis dahin weder, welcher Einheit er angehörte, noch, wo genau er stationiert war und wie lange sein Kriegseinsatz dauerte. Ich wollte verstehen, warum mein Vater auf seine SS-Mitgliedschaft stolz war und weshalb er das Thema jahrelang immer wieder in Gesprächen mit den deutschen Feriengästen und bei Zusammentreffen mit Kriegskameraden zum Inhalt machte und auch verherrlichte. Sicherlich suchte ich auch den Zusammenhang mit unserer Kindheit und seiner Vergangenheit. Ich wollte verstehen, warum mein Vater uns Kindern gegenüber in der Erziehung eher hartherzig und grob war. Meine Tante erzählte mir einmal, dass mein Vater nach der Rückkehr aus dem Krieg wie ausgewechselt war. Ich bekam dann Post von einem italienischen Autor wegen der Zugehörigkeit meines Vaters zu den SS-Karstjägern. Erst da wusste ich, in welcher Einheit er gewesen war, und begann mich für die SS-Karstjäger und deren Aufgaben und Einsatzorte zu interessieren. Schockiert hat mich die Tatsache, dass mein Vater bereits mit siebzehn Jahren eingezogen wurde. Ich habe in der Folge einige seiner noch lebenden Kriegskameraden angeschrieben. Allerdings kam es nur zu einem Gespräch, und viel erzählt hat der Kamerad nicht. Ich wollte nachvollziehen, was den Charakter meines Vaters so geprägt hat und weshalb er bei gewissen Dingen so hartherzig war. Ich muss sagen, dass mir nach meiner Recherche zu den SS-Karstjägern vieles bewusster wurde. Als mein Vater 2001 verstarb, war es der Mutter wichtig, dass auf der Todesanzeige der Zusatz „ehemaliger Karstjäger“ vermerkt wurde. Auf meine Frage, warum dies so sein musste, erzählte sie mir, dass die Südtiroler Karstjäger vereinbart hatten, dass dies bei ihrem Tod so sein sollte. Das war nicht nur bei meinem Vater der Fall, sondern bei vielen anderen auch.

Wie war deine Mutter und was hat sie während des Zweiten Weltkrieges gemacht?

Meine Mutter war Jahrgang 1929. Sie wuchs auf einem Bauernhof in Issing in der Nähe von Bruneck im Pustertal auf. Sie war damals jung und sicherlich politisch nicht interessiert. Ihr Vater hatte für Deutschland optiert und auch schon große Transportkisten angefertigt. Es kam dann aber nicht zur Umsiedlung. Vom Krieg erzählte sie von der Notlandung eines deutschen Flugzeugs in ihrer Nähe. Das war für sie als junges Mädchen wohl sehr beeindruckend. Sie erzählte auch von Fliegerangriffen und der Verdunklung bei Bombenalarm. Es war für die Kinder keine leichte Zeit. Es gab wenig zu essen und sie mussten alle hart auf dem Hof arbeiten. Die Männer waren im Krieg und die älteren Kinder hatten die Aufgabe, nach den jüngeren zu schauen, damit die Mutter entlastet wurde.

Meine Mutter hat während der Gespräche über den Krieg oder die SS keine eigene Meinung vertreten, sondern immer nur jene meines Vaters mitgetragen. Sie war stolz auf seine Mitgliedschaft in der SS, denn sie hatte diese durchaus als elitäre Truppe betrachtet. Es war aber wohl auch sehr stark aus einer Unterwürfigkeit heraus. Sie widersprach ihm nicht und handelte ganz nach dem Rollenbild der damaligen Zeit. Es standen ihr auch außer den Ansichten und Meinungen meines Vaters keine weiteren Informationen zur Verfügung. Aber es ging auch um den Familienfrieden und sicherlich auch um Selbstschutz, warum sie widerspruchslos alles hingenommen hat. Ich würde fast sagen, dass sie ihm irgendwie hörig war. Sie musste bei allen Gesprächen dabei sein und begleitete ihn auch hin und wieder zu Kameradentreffen im In- und Ausland. Mit uns alleine hat die Mutter nie über den Krieg oder gar den Kriegseinsatz des Vaters gesprochen.

Wenn du an den Kriegseinsatz deines Vaters denkst, gab es bei dir Ängste, dass er zum direkten Teil der Mörder der Juden hätte gehören können?

Ich selbst hatte in meiner Jugend keinen Bezug zum Schicksal bzw. zur Geschichte der Juden. Den Film „Holocaust"[50] durften wir im Fernsehen nicht sehen. Er war verboten. Mein Vater hatte damals das Fernsehgerät an eine Steckdose im Schlafzimmer angeschlossen und somit auch die Hoheit darüber, was wir ansehen und wie lange wir fernsehen durften. Das Zitat „Du bist ein Jud", wenn jemand etwas überteuert verkauft hat, habe ich aber von meinen Eltern immer wieder gehört. Nichts in den Gesprächen meines Vaters mit Dritten deutete darauf hin, dass er in direkten Kontakt mit Juden gekommen war. Ich hatte deswegen diese Ängste nicht. Aber er hat sich antisemitisch geäußert. Er hat das Judentum an sich und auch im Zusammenhang mit den Amerikanern stets verachtet. Das war bei Gesprächen immer wieder Thema. Für ihn waren die Juden schuld am Krieg und die Amerikaner würden sie immer noch unterstützen. Er schimpfte immer wieder über die Juden und dass sie schlechte Menschen seien. Er war zeit seines Lebens der Meinung, dass Hitler alles richtig gemacht habe. Diese Ansicht kam auch immer wieder bei den Stammtischgesprächen mit unseren deutschen Urlaubsgästen zur Sprache. „Da hätte es nur den Hitler gebraucht" war ein geflügeltes Wort. Über Erschießungen, Verbrechen oder gar Gräueltaten seitens der SS gab es natürlich kein Wort. Bis heute kann ich nicht mit Bestimmtheit sagen, ob er an den von den SS-Karstjägern verübten Gräueltaten beteiligt war. Ich vermute es aber stark, da die Partisanenbekämpfung in diesem Gebiet besonders grausam war.

Wie würdest du deinen Vater beschreiben?

Mein Vater war nach seiner Rückkehr aus dem Krieg in einer schwierigen Situation. Auf dem elterlichen Hof kam es zu Streitigkeiten, weshalb er von daheim auszog. Er hatte auch nur zu wenigen seiner Geschwister Kontakt. Uns Kindern verheimlichte er, dass unsere Großeltern noch lebten, wir haben diese deshalb auch nicht kennengelernt. Mein Vater war ein arbeitsamer Mensch, der sich nach dem Krieg einen Zimmereibetrieb aus dem Nichts aufbaute und bis zu einem schweren Arbeitsunfall 1972 mehrere Angestellte beschäftigte. Er hatte in den zwei Jahren nach dem Unfall mehrere Operationen und Krankenhausaufenthalte. Er musste dann seinen Betrieb schließen und als Invalide in eine Fabrik, wo er bis zu seiner Pensionierung eine eintönige, einfache Arbeit verrichtete. Dies hat zusätzlich zu seiner Verbitterung beigetragen und sein Leben negativ beeinflusst. Seine Hartherzigkeit und seine Wutausbrüche wurden regelmäßiger. Darunter litten wir Kinder, aber am meisten unsere Mutter. Politisch war mein Vater nicht, er bezeichnete Politik immer als schmutziges Geschäft, weshalb sie ihn auch nicht interessierte. Nach dem Unfall begann er auch, regelmäßig sein Quantum an Wein zu trinken, was seine verbalen Aggressionen noch verstärkte. Auf seine Kriegsvergangenheit und seine Mitgliedschaft in der SS war er zeitlebens stolz. Kriegsdienstverweigerer bezeichnete er immer als Feiglinge. Die regelmäßigen Schimpfereien und Wutausbrüche bekam ich als Jüngster am meisten mit, da ich noch schulpflichtig war und meine Geschwister bereits woanders einer Arbeit nachgingen. Zu dieser Zeit hörte er immer wieder von deutschen Hausgästen mitgebrachte Langspielplatten, die von Kriegsliedern bis hin zu nachgestellten Kriegsszenen gingen. Da er dann meistens auch betrunken war, habe ich diese Situationen gehasst.

Interessanterweise hatte er auch eine ausgeprägte soziale Ader, die sich immer wieder meldete, wenn er jemanden mochte. So schenkte er einem Cousin seinen zehn Jahre alten Firmenwagen, einen VW Käfer, und kaufte sich einen kleineren Wagen. Geld und Bürokratie waren ihm nach der Schließung seines Betriebes zuwider. Er überließ diese Angelegenheiten meiner Mutter. Mit Ungerechtigkeiten oder Fehlern Dritter zu seinem Schaden konnte er nur schlecht umgehen. Hin und wieder kam es auch zu verbalen Auseinandersetzungen, für die ich mich in meiner Jugendzeit sehr schämte. Speziell in meiner Jugend war mein Verhältnis zu meinem Vater konfliktreich, ich habe unter seiner Hartherzigkeit und den Aggressionen sehr gelitten, jene gegenüber der Mutter haben mich zusätzlich belastet. Seine Ausschweifungen über den Krieg und dementsprechende Gespräche mit Feriengästen und Kriegskameraden habe ich regelrecht gehasst. Erst viel später, eigentlich erst einige Jahre vor seinem Tod, habe ich realisiert, was zu dieser Radikalisierung führte und woher seine Verbitterung kam. Das Verhältnis hat sich dann verbessert; speziell als meine Kinder klein waren, hatte er auch mit diesen einen netten Umgang. Diese Erlebnisse und die daraus resultierende Angst gehen mir heute noch nach, dies ist es auch, was ich ihm im Nachhinein nicht verzeihen kann. Meine Mutter hatte zu dieser Zeit viel unter der Situation gelitten und versucht, einiges von mir, von uns fernzuhalten. Wie gesagt, ich kann es im Nachhinein verstehen, aber niemals verzeihen.

Wie würdest du das Verhältnis deiner Geschwister zum Vater beschreiben?

Rückblickend kann ich behaupten, dass ich immer der Revoluzzer der Familie war, meine beiden älteren Geschwister waren in ihrer Jugend arbeitsbedingt nicht immer zu Hause, weshalb diese auch weniger mitbekamen. Ich kann mich aber erinnern, dass unser Vater meinen Bruder teilweise sehr schlecht behandelt hat. Mein Bruder ist deshalb auch früh ausgezogen. Zu meiner Schwester hatte er ein besseres Verhältnis, sie widersprach ihm fast nie. Ich hatte deswegen zu ihr auch kein sonderlich gutes Verhältnis. Anfangs war unser Vater mit meinem älteren Bruder sehr streng, dieser musste schon sehr früh als Hirtenjunge auf verschiedene Almen zur Mithilfe gehen. Als er einmal Heimweh hatte, haute er ab und ging einen langen Fußmarsch bis nach Hause. Schon am nächsten Tag brachte ihn unser Vater wieder zurück auf die besagte Alm. In späteren Jahren ließ sich mein Bruder wie in jener Zeit üblich die Haare länger als sonst wachsen. Vater nannte ihn wie so oft einen Scheißkerl und war sehr aufgebracht darüber. Unser Haarschnitt hatte für meinen Vater eine große Bedeutung. Er bat einen Arbeitskollegen regelmäßig, mir die Haare zu schneiden. Ihm waren sie nie kurz genug und ich habe mich danach tagelang vor meinen Schulkameraden und Freunden geschämt. Ich denke, dass er an mir eine militärische Frisur sehen wollte, so wie wahrscheinlich bei seinem Kriegseinsatz. Mein Bruder bekam in diesen Jahren einiges ab. Eines Tages zog er im Streit aus und kam erst einige Jahre später wieder zurück. Zu dieser Zeit war unser Vater älter und auch ruhiger. Er trank auch nicht mehr so viel, was für uns alle eine Erleichterung war. Wahrscheinlich war ihm auch bewusst geworden, dass wir uns nicht mehr alles gefallen lassen würden.

Wurde bei euch zu Hause über die SS, den Zweiten Weltkrieg und den Holocaust gesprochen?

Ich habe den Krieg nicht angesprochen, weil mir dieses Thema schon wegen des Verhaltens meines Vaters zuwider war. Mein Vater hingegen schon. Was er ausgeklammert hat, waren der Holocaust und das Geschehen rund um die Konzentrationslager, um die Erschießungen und Verfolgungen usw. Es gab immer wieder diese Gespräche mit den Hausgästen, konkret zu uns Kindern sprach er nicht darüber. Als mein älterer Bruder vom Militärdienst befreit wurde, war mein Vater außer sich und nannte ihn wieder einen Scheißkerl. Überhaupt war diese Betitelung häufig der Fall, wenn wir Kinder, hauptsächlich mein Bruder und ich, etwas falsch gemacht hatten. Für mich hängen die Beschimpfungen und die Geringschätzung mit der harten Ausbildung bei der SS und seinen dort gemachten Erfahrungen zusammen.

Welche Geschichten deines Vaters sind dir besonders in Erinnerung geblieben?

Mein Vater hat mir in seinen letzten Jahren erzählt, wie seine Mutter nach seiner Rückkehr vom Kriegseinsatz vom Dorfpfarrer gedrängt wurde, dass sich „der Bub", wie der Dorfpfarrer sagte, den Alliierten stellen muss. Auf den Pfarrer war er danach nicht mehr gut zu sprechen. Er wurde dann in Bozen in einer Kaserne interniert und erst nach einiger Zeit wieder entlassen. Er hatte keine Blutgruppentätowierung, wie sie ansonsten bei der SS üblich war, und so wurde er nicht als SS-Mann identifiziert. Als ich meinen Vater in den letzten Jahren seines Lebens zu einer Kontrolle in das Krankenhaus fuhr, erzählte er mir plötzlich von sich aus, wie er in Schlanders oder Sterzing zur Ausbildung musste. Von den Kriegserlebnissen erwähnte er nur, dass er in der Bucht von Marano auf feindliche alliierte Flugzeuge achten musste. Zuletzt erzählte er noch, wie er bei Kriegsende seine Waffen vergrub und zu Fuß über das Lesachtal nach Hause kam. Ich kann mir bis heute nicht erklären, weshalb er plötzlich das Verlangen verspürte, von sich aus und in aller Ruhe darüber zu sprechen. Eine Szene hat sich mir eingeprägt. Eines Tages kam ein ehemaliger Kriegskamerad zusammen mit einem Österreicher auf Besuch. Natürlich wurden die Kriegserlebnisse glorifiziert und es floss viel Alkohol. Der österreichische Besucher war ein ehemaliger Vorgesetzter meines Vaters. Plötzlich stand mein Vater auf und salutierte stramm vor ihm. Ich kann mich noch erinnern, wie dieser darauf zu uns Kindern sagte, dass wir auf unseren Vater stolz sein könnten. Erst später habe ich mitbekommen, dass es sich bei ihm um den Untersturmführer Albert Gayl handelte. Rückblickend kann ich mit Sicherheit sagen, dass mein Vater vom Krieg traumatisiert war. Er hatte damals keinerlei Gelegenheit, die gemachten Erfahrungen zu verarbeiten. Deshalb hat sich das Ganze aufgestaut und ist im alltäglichen Leben immer wieder in seinem jähzornigen und aggressiven Verhalten hochgekommen. Wahrscheinlich war die Glorifizierung dieser Zeit seine einzige

Möglichkeit, mit den gemachten Erfahrungen umzugehen. Man muss bedenken, was es für einen siebzehnjährigen Jugendlichen bedeutete, eine harte Ausbildung zu durchlaufen und anschließend zur SS zu kommen, ob er wollte oder nicht. Die im Krieg gemachten Erfahrungen haben ihn abgehärtet und dieser „Härte" blieb er über die Jahre treu. Die wenigsten haben es wohl geschafft, mit den schlimmen Erfahrungen umzugehen. Von einem Sohn eines SS-Karstjägers erfuhr ich, dass sein Vater nie mehr über den Krieg gesprochen hat.

Welche Auswirkungen hatte die Geschichte deines Vaters auf euer Zusammenleben?

In seinen letzten Lebensjahren war er viel ausgeglichener und zugänglicher und hat auch immer wieder einige Episoden aus seiner Jugend, seinem Aufwachsen und der Kriegszeit erzählt. Dies hing aber sicher auch damit zusammen, dass er in diesen Jahren keinen Alkohol mehr trank. Wir hatten vorher ständig an der Willkür und der Laune unseres Vaters zu leiden. Dies hat über die Jahre seine Spuren bei uns hinterlassen.

Hattest du Angst vor deinem Vater?

In meiner Jugend gab es kein Sichwidersetzen und keine Widerrede. Dafür wären wir sofort bestraft worden. Lange Zeit hatte ich Angst vor meinem Vater und seinen Launen. Speziell wenn er getrunken hatte, war er in meinen Augen unberechenbar. Wenn ich doch einmal widersprach, beschimpfte er mich und ließ mich seine Verachtung spüren. Wenn ich eine Idee hatte, am Wohnhaus etwas zu verbessern oder zu ändern, war er immer dagegen. Das war damals ein ständiger Kampf und kostete viel Energie. Hin und wieder konnte ich etwas zum Besseren ändern, Lob dafür gab es aber keins. Seine Attacken waren dabei meistens verbaler Natur. Manchmal gab er mir eine Ohrfeige oder zog mich an den Haaren. Meiner Erinnerung nach hat er zumindest mich nicht richtig geschlagen. Weil er aber verbal sehr aggressiv war, hatte wir Kinder trotzdem Angst vor seinen Wutausbrüchen.

Siehst du heute generell in dir selbst Spuren deines Vaters?

Von meinem Vater habe ich sicherlich meinen Sinn für Gerechtigkeit, meine ausgeprägte soziale Einstellung und Verlässlichkeit sowie mein handwerkliches Geschick geerbt. Er erzählte mir einmal, dass er ein Hausdach gezimmert hatte, aber vom Bauherrn mit der Bezahlung immer wieder hingehalten wurde. Schlussendlich überließ er es dem Dorfpfarrer, die gesamte Summe zu kassieren und auch für die Kirche zu behalten. So viel zur sozialen Ader meines Vaters. Diese Geschichte hat mich damals sehr beeindruckt. Die Angsterfahrungen mit meinem Vater haben mich mein Leben lang begleitet und wirken bis heute auf mein Selbstbewusstsein.

Wenn du die Begriffe „Pflicht, Gehorsam, Subordination" hörst: Was lösen sie in dir aus?

Sie erinnern mich an den Schriftzug auf der Gürtelschnalle meines Vaters: „Meine Ehre heißt Treue". Ich denke, dass dies damals der erfolgreiche Versuch war, die Soldaten gleichzuschalten und die deutsche Volksgemeinschaft dem Individuum unterzuordnen.

Meinst du, dass seine Ideale zum Teil in dir erfolgreich waren?

Nein, da bin ich mir ziemlich sicher. Dazu war er zu uns Kindern viel zu streng und oft auch ziemlich hartherzig. Ich habe mir deshalb immer geschworen, meine eigenen Kinder besser zu behandeln. Ich hoffe, dass mir dies auch gelungen ist.

Wie hat deine Umgebung darauf reagiert, dass dein Vater bei der SS war?

In meiner Kindheit und Jugend war das kein Thema. Später, nach seinem Tod, als ich mich mit seiner SS-Geschichte auseinandersetzte, besprach ich es nur mit Menschen, die einen professionellen Zugang zum Thema hatten. Bis auf wenige Kriegskameraden kannte diese Tatsache niemand. Aber ich kann mir gut vorstellen, dass die es noch als besondere Auszeichnung gesehen haben.

Wie hast du mit deinen Kindern über deinen Vater gesprochen?

Ich habe zwei erwachsene Kinder und habe die Vergangenheit und die Jugend meines Vaters mit ihnen erst nach seinem Tod besprochen, als sie schon älter waren. Sie sollten verstehen, dass eine solche Geschichte nicht spurlos an jemandem vorübergeht. Dass mein Vater schon mit siebzehn Jahren Dinge erlebt hat und bewältigen musste, die sein ganzes späteres Leben prägten. Während sie in ihrer Jugend ihr Leben genießen konnten, war mein Vater bereits fanatisiert und in eine brutale und teils menschenverachtende Truppe im Krieg eingebunden.

Machst du deinem Vater Vorwürfe für Dinge, die er getan hat?

Ich mache meinem Vater bis heute Vorwürfe, dass er sein Kriegstrauma an uns ausgelassen hat. Er hat sicherlich nicht bedacht, dass er uns mit seinem Verhalten Schaden zufügte und dass wir uns unser ganzes Leben damit herumschlagen würden. Trotzdem kann ich sein Verhalten rückblickend nicht entschuldigen. Doch kann ich es mir heute durch meine Auseinandersetzung mit der Geschichte besser erklären. Er hatte keine Informationen und musste glauben, was ihm damals zur Verfügung stand. Dass es Lüge und Propaganda war, wusste er nicht. Das erklärt auch seinen jugendlichen Fanatismus und den Stolz, bei der SS gewesen zu sein. In seinen Augen war es eine Elite. Wenn ich mich in die damalige Situation meines Vaters versetze, kann ich sein Verhalten zum Teil verstehen. Er wuchs in einer Bauernfamilie auf, es gab viel zu arbeiten und Gehorsam war ein Muss. An Informationen standen ihm nur mündliche Erzählungen Dritter zur Verfügung. Andere Ansichten und Meinungen kamen dabei nicht vor. Hitler war der Führer. Er wurde als Idol angesehen und ihm wurde bedingungslos geglaubt. Zur SS zu gehen, war für meinen Vater sicher die einzige Möglichkeit, dem tristen Alltag zu entfliehen. Er wurde wie viele andere junge Männer durch den Krieg fanatisiert. Aber was hätten sie tun können? Eine Verweigerung oder gar eine Desertion war sehr gefährlich und für viele gar nicht vorstellbar. Mein Vater und viele seiner Kameraden haben sie ohnehin nur als große Feigheit angesehen. Aber trotz aller Erklärungen mache ich ihm dennoch Vorwürfe für das, was er später uns Kindern und unserer Mutter angetan hat.

Was kann man aus der Geschichte deines Vaters lernen?

Man muss sich immer umfassend und aus verschiedenen Quellen informieren, damit man niemals einer Ideologie aufsitzt. Politik ist grundsätzlich zu hinterfragen und Handeln muss mit dem Gewissen vereinbar sein. Aber es ist auch immer wichtig, seine eigenen Verletzungen in einem professionellen Rahmen aufzuarbeiten. Sonst erkrankt man an ihnen und leidet ein Leben lang. Der schlimmste Fehler ist, die eigene Familie oder andere mit seinem Trauma zu belasten und sich an ihnen abzureagieren.

---

* 1966, Metallfacharbeiter. Nach jahrelanger Tätigkeit im Industriesektor und dann im sozialen Bereich nun pensioniert. Er zog mit seiner Frau Tochter und Sohn groß und wohnt noch immer im elterlichen Haus in Südtirol.

Person des öffentlichen Lebens, aber kein Wort über die Vergangenheit

SS-Hauptsturmführer Karl Nicolussi-Leck

Wer Anfang des 20. Jahrhunderts in Europa ein Klassisches Gymnasium besuchte und mit dem Abitur abschloss, gehörte zu den privilegierten Teilen der Gesellschaft. Ein anschließendes Studium der Rechts- und Wirtschaftswissenschaften öffnete Türen, die den meisten Menschen der damaligen Zeit verschlossen blieben. Aber in Zeiten des Krieges gelten andere Gesetze: politischer Aktivist in einer illegalen Bewegung, Soldat, Kriegsheld, Ritterkreuzträger, Kriegsgefangener, NS-Fluchthelfer, Auswanderer, Unternehmer, Rückkehrer, Kunstmäzen, Person des öffentlichen Lebens.

Karl Nicolussi-Leck[51] kam am 14. März 1917 in Pfatten im Südtiroler Unterland in einer kinderreichen Familie zur Welt. Die Familie stammte aus der deutschen Sprachinsel Lusern im Trentino. Karl Nicolussi-Leck wechselte nach dem Besuch der Volksschule in Kaltern auf das Franziskanergymnasium in Bozen, wo er 1936 das Abitur ablegte. Zu diesem Zeitpunkt war er bereits in der Führung des VKS, des Völkischen Kampfring Südtirols, aktiv. Zusammen mit Robert Helm strukturierte er noch im gleichen Jahr die Jugendorganisation des VKS so, dass sie bis in die kleinen Ortschaften reichte und dort mit Orts- und Kreisleitungen versehen war. Wie alle Südtiroler NS-Aktivisten hoffte er 1938 nach dem Anschluss Österreichs und der Annexion des Sudetenlandes durch das Deutsche Reich, dass auch Südtirol bald folgen würde. Das Hitler-Mussolini-Abkommen zerstörte diesen Traum und die 1939 stattfindende Option zwang der VKS-Führung einen grundsätzlichen Wechsel ihrer Position auf. Wie viele andere war auch Karl Nicolussi-Leck der Meinung, dass nur ein überragendes Votum für Deutschland Südtirol in der Zukunft einen gewissen Einfluss im Deutschen Reich verschaffen würde. Zusammen mit dem engeren Führungszirkel der Jugendorganisation mit Robert Helm, Michael „Much" Tutzer und Otto Waldthaler ging er noch einen Schritt weiter. Karl Nicolussi-Leck brach sein im Herbst 1939 begonnenes

Studium der Rechts- und Wirtschaftswissenschaften in Padua ab und meldete sich Ende 1939 freiwillig zur Waffen-SS. Welche Bedeutung er dieser Entscheidung beimaß, wird noch während seiner Ausbildung bei der 4. Ersatz-Kompanie des SS-Regiments „Deutschland" in der SS-Kaserne München-Freimann deutlich, als er am 27. Mai 1940 an den Leiter der Arbeitsgemeinschaft der Optanten für Deutschland (AdO) Peter Hofer schrieb: „Jetzt müssen wir uns in das Räderwerk des künftigen gewaltigen Reiches einschalten [...]. Dem R. F. [Reichsführer, Anm. d. Verf.] muss der Eindruck zurückbleiben, dass unsere Volksgruppe eine außerordentliche Begabung hat und im künftigen Reich eine polit. rassische Elite [und] darum gerade für die SS ein gutes Objekt [darstellt]."[52]

Voller Ungeduld schrieb Karl Nicolussi-Leck in seinen Briefen aus der SS-Ausbildung von seinem Wunsch, endlich in den Krieg, endlich an die Front zu kommen. Er und die anderen Köpfe der Jugendorganisation gingen mit einem Beispiel voran, dem viele der von ihnen organisierten jungen Südtiroler folgten. So schrieb Fritz Kieser in seinen Erinnerungen, dass er zusammen mit seinen Kameraden laut „Hurra" schrie, als sie erfuhren, zu denjenigen zu gehören, die endlich zur kämpfenden SS-Truppe kamen.[53] Nach Einsätzen in der 2. SS-Division „Das Reich" in Jugoslawien und der Sowjetunion – bei letzterem wurde Karl Nicolussi-Leck zum ersten Mal verwundet – nahm er am 5. Reserve-Führeranwärterlehrgang der SS-Junkerschule Bad Tölz teil. Nach erfolgreicher Beendigung wurde er am 14. Februar 1942 zur 5. SS-Division „Wiking" versetzt und zum SS-Untersturmführer befördert. Nach einer weiteren Verwundung Ende 1942 wurde er im SS-Lazarett Dachau behandelt.[54] Das SS-Lazarett befand sich innerhalb des Konzentrationslagergeländes, aber außerhalb des Häftlingslagers. Während seines anschließenden Fronturlaubs in Südtirol war Karl Nicolussi-Leck der Hauptredner auf einer Vortragsreise im Auftrag von AdO-Führer Peter Hofer.[55] Die Vortragsreise mit dem Ziel der „vollständigen Kräftemobilisierung der Volksgruppe" fand kurz nach der deutschen Niederlage in Stalingrad im Februar 1943 statt. Auch hier setzte er seine Werbung für die Waffen-SS als Elitetruppe des Reichs fort. Nach der Genesung und Rückkehr zur Truppe bildete Karl Nicolussi-Leck die neuen Panzermänner der Panzerabteilung der 5. SS-Division „Wiking" aus. Unter ihnen waren Südtiroler aus der Jugendorganisation, sodass sich bereits bekannte Hierarchieverhältnisse aus dem VKS nun in der Waffen-SS wiederholten. Zu seinen dortigen „Schülern" gehörte auch Fritz Kieser aus der Ortsgruppe der Jugendorganisation in Bozen, der als Mitglied des SS-Regiments

Karl Nicolussi-Leck, SS-Hauptsturmführer und Ritterkreuzträger, 1944

„Germania" von der 2. SS-Division „Das Reich" zur 5. SS-Division „Wiking" versetzt worden war. Beide motorisierten Divisionen gehörten zu den sogenannten klassischen SS-Divisionen, die als Panzergrenadier- und spätere Panzerdivisionen in erster Linie in direkte Kampfhandlungen mit den gegnerischen Divisionen verwickelt waren. Mitglieder beider Divisionen beriefen sich nach dem Krieg deswegen gerne auf den Charakter ihrer Divisionen und ihren kontinuierlichen Fronteinsatz und zogen eine Trennungslinie zwischen sich und den KZ-Wachmannschaften. Eine klare Trennungslinie bestand in Wirklichkeit nie. Regelmäßig wurde SS-Personal zwischen der kämpfenden Truppe und dem Lagersystem ausgetauscht und Teile der SS-Ausbildung fanden in der Nähe der Konzentrationslager statt.[56] Trotzdem war ein Großteil der einzelnen Waffen-SS-Mitglieder nur kurzzeitig in Kontakt mit dem Lagersystem, so offensichtlich auch Karl Nicolussi-Leck. Unabhängig davon sind auch für die 2. SS-Division „Das Reich" und die 5. SS-Division „Wiking" verschiedene Kriegsverbrechen dokumentiert. Es ist kaum vorstellbar, dass den Soldaten dieser SS-Divisionen das Grauen abseits der militärischen Schlacht im Hinterland der Front verborgen blieb. Der ehemalige jugendliche VKS-Aktivist Fritz Kieser, der einige Zeit zusammen mit Karl Nicolussi-Leck in denselben SS-Divisionen gedient hat, gesteht den Blick auf das Grauen ein. In seinen Erinnerungen schreibt er vom Judenpogrom in Lemberg, von dem er mit seiner Einheit in der 2. SS-Division „Das Reich" Zeuge wurde, ebenso wie vom erbarmungswürdigen Anblick der Insassen des lettischen KZs Dundaga, in dessen Nähe die 5. SS-Division „Wiking" vorübergehend stationiert war. Er kommentiert die schrecklichen Bilder mit Worten, die als durchaus symptomatisch für die Selbstwahrnehmung vieler Waffen-SS-Mitglieder gelten können: „Wir hatten mit diesen Dingen nichts zu tun."

Im Verlauf des Krieges an der Ostfront war Nicolussi-Leck bereits mit dem Eisernen Kreuz 1. und 2. Klasse ausgezeichnet worden. Im März 1944 gelang ihm als SS-Obersturmführer mit nur wenigen Panzern und geringer Infanterieunterstützung der Durchbruch zu den von der Roten Armee eingeschlossenen deutschen Einheiten in der ukrainischen Stadt Kowel. Im April 1944 wurde er daraufhin im Wehrmachtsbericht erwähnt.[57] Er erhielt für diesen Einsatz das Ritterkreuz und wurde im Sommer 1944 zum SS-Hauptsturmführer befördert. Im März 1945 erhielt er das Deutsche Kreuz in Gold. Karl Nicolussi-Leck war damit einer der am höchsten ausgezeichneten Südtiroler Soldaten des Zweiten Weltkrieges. Nach vergeblichen Abwehrkämpfen in Polen, Ungarn und zuletzt in Deutschland begab er sich am 22. April 1945 in der Nähe von Braunschweig in amerikanische Gefangenschaft. Als ehemaliger SS-Hauptsturmführer durchlief Karl Nicolussi-Leck verschiedene Gefangenenlager, so auch das Lager Glasenbach in der Nähe von Salzburg.[58] Aus der dortigen SS-Lagerkameradschaft bildete sich ein Netzwerk, das in der Nachkriegszeit in der NS-Fluchthilfe aktiv war.[59] Im März 1947 kam es gar zu einem Aufstand, bei dem es ehemaligen Mitgliedern der Waffen-SS gelang, aus dem Lager zu fliehen.[60] Nach seiner Entlassung aus der Kriegsgefangenschaft – Karl Nicolussi-Leck wurde keiner Beteiligung an Kriegsverbrechen der Waffen-SS bezichtigt – erfolgte aufgrund seines Dienstranges in der Waffen-SS seitens der italienischen Behörden der Ausschluss von der Rückoption. Bis 1949 existierte kein Nachfolgestaat des Deutschen Reichs und so wurde Karl Nicolussi-Lecks weiterer Status in seiner Heimat Südtirol zu dem eines „Deutschen im Ausland" oder eines „Staatenlosen", wie er in seinen Ausreisepapieren für Lateinamerika angab.

In der Nachkriegszeit flüchteten viele von den Alliierten gesuchte Nationalsozialisten über die Alpen nach Italien, wo sie sich mithilfe des Vatikans Papiere mit falschem Namen für die Ausreise besorgten. Auf ihrem Weg nach Rom konnten sich die Flüchtlinge auf die Unterstützung der Südtiroler und vor allen Dingen der ehemaligen Südtiroler Waffen-SS-Mitglieder und politischen Aktivisten des VKS verlassen.[61] Auf diesem Weg gelang es nicht nur

Karl Nicolussi-Leck (Mitte) als Panzerführer der 5. SS-Panzer-Division „Wiking“

vielen entwurzelten und namenlosen Nationalsozialisten, sondern auch einigen der meistgesuchten Mörder des NS-Regimes wie Adolf Eichmann, Josef Mengele, Walther Rauff und Franz Stangl[62] Europa in Richtung Lateinamerika oder Syrien zu verlassen. Karl Nicolussi-Leck war eine wichtige Person in der Südtiroler Fluchthilfe. So half er den deutschen Luftwaffenoffizieren Hans-Ulrich Rudel und Adolf Galland auf ihrem Weg durch Südtirol, wobei es aber offensichtlich keinen Beleg dafür gibt, dass er direkt bei der Flucht der oben genannten NS-Mörder behilflich war.[63] Parallel zu der Fluchtroute der Täter war Italien auch die Durchgangsstation der Bricha auf dem Weg nach Palästina, wie die organisierte jüdische Fluchtbewegung in Europa nach Ende des Krieges bis zur Gründung des Staates Israel genannt wurde.

Durch die Verweigerung der Rückoption war Karl Nicolussi-Leck eine erfolgreiche berufliche Zukunft in Südtirol verbaut. 1950 nutzte er seine bereits bestehenden Kontakte zur Ausreise nach Argentinien. Mit Papieren des Roten Kreuzes ausgestattet, wanderte er zusammen mit seiner Frau Isolde und seinen Töchtern unter seinem echten Namen aus. Anders als viele flüchtende Nationalsozialisten musste er seinen Namen nicht verbergen. Die folgenden Jahre in Argentinien wurden für Karl Nicolussi-Leck zu einer wirtschaftlichen

Erfolgsgeschichte. Neben einer Anstellung im Konzern Mannesmann und in anderen Firmen gründete er ein eigenes Unternehmen für Landwirtschaftstechnik. Dabei entwickelte sich ein schwer durchschaubares Netz von alten Kameraden und neuen Wirtschaftsbeziehungen. In der ersten Zeit nach Ende des Krieges noch stark in der Teilnahme an den neuen gesellschaftlichen und wirtschaftlichen Prozessen eingeschränkt, hielten ehemalige Mitglieder der Waffen-SS engen Kontakt untereinander und halfen sich gegenseitig.[64] So entwickelten sich früh Geschäftsbeziehungen zwischen Südtirol, Deutschland und Lateinamerika, die von den alten Kameraden nicht zu trennen waren. Nachdem in den 1950er-Jahren die Zeichen auf Wiederbewaffnung Deutschlands und enge wirtschaftliche Zusammenarbeit in Europa standen und der italienische politische Druck auf die von der Rückoption ausgeschlossenen Südtiroler aufgegeben worden war, kehrte Karl Nicolussi-Leck nach Südtirol zurück. Auch dort setzte sich zunächst die bereits in Argentinien zum Tragen gekommene Beziehungsstruktur von alten Kameraden und erfolgreichen Firmengründungen fort. So war neben anderen Südtiroler Freiwilligen der Waffen-SS wie Paul Hafner mit Michael „Much“ Tutzer auch ein alter Kamerad aus der VKS-Führung einer von Karl Nicolussi-Lecks Geschäftspartnern. Zusammen hatten sie die Allgemeine Beregnungsgesellschaft m.b.H. (Generalpioggia) gegründet, die in den 1950er- und 1960er-Jahren zu einem wichtigen Bestandteil der Intensivierung der Südtiroler Landwirtschaft wurde. Die Verbindung zum Mannesmann-Konzern hatte sich seit Karl Nicolussi-Lecks Rückkehr aus Lateinamerika weiterentwickelt. Neben seiner Selbstständigkeit war Karl Nicolussi-Leck auch für den Mannesmann-Konzern als technischer Berater tätig und Anfang der 1960er-Jahre wurde die Generalpioggia als Tochtergesellschaft in Mannesmann Agrotecnica G.m.b.H. umbenannt.

Der wirtschaftliche Erfolg ermöglichte es Karl Nicolussi-Leck, inzwischen wieder italienischer Staatsbürger, auch im gesellschaftspolitischen Raum gestaltend aktiv zu werden. Zusammen mit sechsundfünfzig anderen Südtirolern gründete er im Oktober 1971 das „Südtiroler Bildungszentrum“ (SBZ), dessen Präsident er Anfang der 1980er-Jahre wurde.[65] Das SBZ verfolgte das Ziel, im Zuge des Zweiten Südtiroler Autonomiestatuts die Südtiroler und die ladinische Volksgruppe zu stärken. Neben der Aus- und Weiterbildung von u. a. Lehrern, Ärzten und Juristen widmete es sich auch kulturellen und künstlerischen Angelegenheiten. Das Betätigungsfeld umfasste alle nur erdenklichen Aspekte von der Förderung einzelner traditioneller Berufsbilder wie des Steinmetzen über den Aufbau umfassender musikalischer Bildungs-

Auch noch 2002 signierte Nicolussi-Leck Fotos von sich als Panzerführer.

seminare bis hin zu einer Neugestaltung von Südtiroler Dörfern im Rahmen des „Forums für die Gestaltung der verbauten Umwelt“. Dabei leistete das SBZ Geburtshilfe für eine Reihe weiterer Südtiroler Initiativen wie des Museums für Moderne Kunst. Auch hier übernahm Karl Nicolussi-Leck Ende der 1980er-Jahre die Präsidentschaft.

Karl Nicolussi-Leck nahm in allen seinen Lebensabschnitten eine führende Rolle ein, vom VKS, der Waffen-SS und der NS-Fluchthilfe bis hin zur Gründung verschiedener Unternehmen in Argentinien und Südtirol und dem Aufbau des Südtiroler Bildungszentrums und dem Museum für Moderne Kunst in Bozen. Überall findet man Karl Nicolussi-Leck im Mittelpunkt des Geschehens. Obwohl er eine Person des öffentlichen Lebens war, sind von Karl Nicolussi-Leck keine selbstkritischen Äußerungen zu seiner Zeit im VKS und in der Waffen-SS bekannt.

Seine letzten Lebensjahre verbrachte er auf seinem Anwesen Hochfrangart in Eppan in der Nähe von Bozen. Er hatte das Anwesen bereits Jahrzehnte zuvor durch den Verkauf seiner argentinischen Firma Nicolussi-Aspercion an Mannesmann finanziert. Hochfrangart wurde zu einem nicht mehr aus dem Südtiroler Alltag wegzudenkenden Ort, der von Karl Nicolussi-Leck angelegte Kunstgarten ist heute noch eine Attraktion. Im Kunstgarten steht eine Platonbüste, in deren Sockel der Spruch „Hen to pan" – „Eins ist das Ganze" – eingemeißelt ist. Dazu passt die weithin sichtbare Metallkugel des Künstlers Franz Messner mit ihrem Durchmesser von acht Metern. Für Karl Nicolussi-Leck war sie „Inbegriff des Ganzen, der Ausdruck von Geist und Materie und die vollkommenste aller Formen".[66] Nach der Errichtung in den 1990er-Jahren reichten die öffentlichen Reaktionen auf das alles überragende Kunstwerk von Bewunderung bis hin zu Ablehnung und gar gerichtlichen Klagen.

Dies scheint wie ein Spiegelbild seines Lebens. Letzte Bilder zeigen ihn mit langem, schlohweißem Haar auf seinem Anwesen Hochfrangart. Als mehrfacher Vater und Großvater verstarb Karl Nicolussi-Leck am 30. August 2008 im Alter von einundneunzig Jahren.[67]

Tochter Isolde, ihr Sohn Arno mit Schäferhund Bracco, von hinten sein Bruder Peter und Karl Nicolussi-Leck in Frangart, 1980

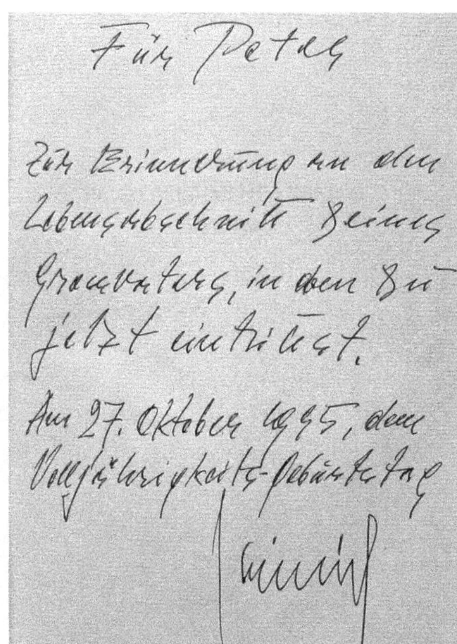

Für Peter

Zur Erinnerung an den Lebensabschnitt Deines Großvaters, in den Du jetzt eintrittst.

Am 27. Oktober 1995, dem Volljährigkeits-Geburtstag

Buchgeschenk mit Widmung an den Enkel Peter zur Volljährigkeit, 1995

Karl Nicolussi-Leck, 2007

Karl Nicolussi-Leck mit seinen drei Enkeln Michael, Arno und Peter, ca. 2007

„War ich davor stolz auf ihn, habe ich dann fast Scham empfunden.“

Arno Senoner, Enkel

Wie war es, als Sie erfuhren, dass Ihr Großvater in der Waffen-SS war?

Ich war ungefähr dreizehn Jahre alt. Ich war verwundert und verunsichert und habe das Thema verdrängt. Den Faschismus und seine Ideologie lehne ich ab und dass mein Großvater damit eng in Verbindung stand, rief bei mir Dissonanzen hervor, da er tatsächlich ein liebenswerter Mensch war, mit intellektuellen Fähigkeiten, und uns immer gut behandelt hat. Ich mochte ihn weiterhin, aber es war schon eine Trübung, weniger gegen ihn, sondern vielmehr, dass es keine Unschuld gab in der eigenen Familie, kein Idyll fernab der Geschichte. Ich wurde in der Schule über die Nazizeit unterrichtet und habe Bücher gelesen und Dokumentationen im Fernsehen gesehen. Das „Tagebuch der Anne Frank“ ist mir sehr nahegegangen, die Verstrickung meines Großvaters habe ich verdrängt, denn anders als mit Verdrängung konnte ich diese beiden Welten nicht vereinen. Mit historischen Details über die Waffen-SS und die Naziverbrechen habe ich mich erst später beschäftigt, dann recherchiert, ob mein Großvater daran beteiligt war. Auch Historiker haben das untersucht, und wenn er in Kriegsverbrechen involviert gewesen wäre, hätten wir davon erfahren. Ich kann mir aber nicht vorstellen, dass er nichts gewusst hatte, denn er war ja u. a. in der Ukraine gewesen, wo es massive Kriegsverbrechen vor allem an Juden gab. Unabhängig davon wurde mir klar, dass mein Großvater sicher Menschen in kriegerischen Handlungen getötet haben muss. Das war schon ein Kontrast zu der Welt, in der wir in meiner Jugendzeit lebten.

Wie würden Sie Ihren Großvater beschreiben?

Ich habe ihn als intelligent und liebenswert, mit einem Sinn für Kunst und Ästhetik wahrgenommen. Gleichzeitig war er im öffentlichen Bereich, in Kultur und Bildung aktiv und sozial umtriebig. Er hat uns Enkelkinder gefördert und ernst genommen und war auch ein Vorbild in der Pflege seiner Frau, die lange krank war. Er hatte ein schönes Haus in der Natur mit Pool und viel Kunst, in dem ich als Kind viel Zeit verbracht habe. Ich habe ihn geliebt und auch in gewissem Sinne verehrt. Bei meinem Großvater würde ich sagen, dass er objektiv ein überdurchschnittliches Format hatte. Es gab aber auch Dinge, die mir als Kind ein Rätsel waren: Mein Opa hatte oft viele Gäste und ich konnte nicht verstehen, wie man so viele Leute unterhalten konnte oder wollte. Bei diesen Veranstaltungen in seinem Haus redete eigentlich immer er und alle anderen mussten zuhören, das fand ich damals schon unpassend. Da habe ich gemerkt, dass ich ein anderer Mensch bin als er, und das fand ich auch gut. Heute sehe ich darin etwas Absolutistisches.

Hat Ihr Großvater zu Hause über den Zweiten Weltkrieg, die SS und den Holocaust gesprochen?

Nein, nicht persönlich, nur allgemein, und das finde ich in der Nachbetrachtung auch negativ. Da hätte er etwas sagen müssen, gerade weil er ja intellektuell auf der Höhe war. Ich habe ihn aber auch nie damit konfrontiert, obwohl ich das als Zwanzig- und Dreißigjähriger leicht hätte können, vermutlich auch müssen. Allgemein hat er stets gesagt, dass der Krieg schrecklich war, und er hat sich nie antisemitisch geäußert.

Wie würden Sie seine politische Haltung nach dem Krieg beschreiben?

Über Politik wurde nicht oft gesprochen, obwohl wir politisch interessiert waren. Wir lasen den „Spiegel“ und sahen deutsches Fernsehen. Er gab mir oft die „Hefte zur politischen Bildung“, die eine entsprechende Bundesstelle in Deutschland herausgab. Es war klar, dass sein Bezugsrahmen Deutschland und nicht Österreich war. Mit Sicherheit war er kein Kommunist oder Linker, so viel kann man sagen, und kein Anhänger der amerikanischen Kultur. Man spürte, dass die Niederlage ihn noch immer schmerzte. Parteipolitik spielte bei ihm eher keine Rolle – zumindest nicht nach außen.

Welche Geschichten Ihres Großvaters sind Ihnen besonders in Erinnerung geblieben?

1984 hat er mir zwei kleine Bücher zum Programmieren von Computern gekauft, er meinte, das sei die Zukunft, und tatsächlich habe ich mein Leben lang mit Computern im Software-Bereich gearbeitet. Als er einmal mit zwei

Arbeitern in das Haus meiner Eltern „einmarschierte", bauten sie in einer halben Stunde eine Büste – ihn darstellend – samt Stele im Garten auf. Sie steht bis heute dort. Amüsant, aber natürlich auch Personenkult. Manchmal kamen Schulklassen zu ihm nach Hochfrangart. Ein Schüler berichtete in seinem Schulaufsatz, dass der Mann mit den weißen Haaren „sehr allwissend" gewesen sei. Meine Mutter erzählte, dass ihre Sommerurlaube in den 1960ern als „Sommermanöver" bezeichnet wurden, so durchorganisiert waren sie. Organisiertheit war ihm wichtig, Planlosigkeit ein Gräuel. In dem Zusammenhang sprach er von seiner „uneingeschränkten Entscheidungsfreude", das finde ich ein gutes Bonmot.

War Ihr Großvater vom Krieg traumatisiert?

Nicht in dem Sinn, dass er wie andere Veteranen verzweifelt oder gewalttätig gewesen wäre. Aber die Gesamtkatastrophe, die die Naziherrschaft angerichtet hat, muss sicher einen Schock ausgelöst haben, sonst kann man sich nicht erklären, dass dies nie ein Thema wurde bei ihm, weder privat noch öffentlich.

Hatten Sie Angst vor Ihrem Großvater, wenn Sie sich ihm widersetzten?

Nein, ich hatte keine Angst, aber ich widersprach ihm auch nicht. Er konnte schon streng sein, wenn etwa jemand sich verspätete oder etwas organisatorisch verhaute. Seine Schwäche war im Prinzip der Jähzorn, aber dieser kam selten raus.

Sehen Sie heute generell in sich selbst Spuren Ihres Großvaters?

Im Positiven habe ich von ihm den Sinn für Ästhetik und Kunst, den Humor, das Sprachliche. Im Negativen meinen Jähzorn, den musste ich langsam zu zügeln lernen. Mein Opa spielt für mich auf einer ganz persönlichen Ebene weiter eine sehr große Rolle und ich bin froh darum. Die SS-Thematik hat mich privat nicht von ihm entfernt, aber dass er letztendlich auf der falschen Seite der Geschichte, auf der Seite der Verlierer, gelandet ist, das empfand ich schon als Niederlage und persönliche Katastrophe für ihn. Das sah ich aber erst mit vierzig so. Ich glaube, dass er, durch die damalige Zeit geprägt, den Glauben an monolithische, autoritäre, absolute „Wahrheiten" entwickelt hat. Dazu passt auch eine gewisse Übersteigerung seines Ich, was uns auch geprägt hat, denn wir hatten ihn ja wie einen Helden gesehen. Diese Verehrung und den Personenkult um ihn habe ich nach seinem Tod kritisch gesehen und abgelegt und versucht, die Spuren davon in mir zu entfernen. Als am Ende seines Lebens in der lokalen Presse so etwas wie eine Vergangenheitsaufarbeitung begann, wurde er zu einer negativen Figur gemacht, auch weil er als bekannte und brillante Person eine gute Angriffsfläche bot. Das fand ich bitter für ihn, denn er war über neunzig und schon krank. Aber auch mir tat das weh. War ich davor stolz auf ihn, habe ich dann fast Scham empfunden. Da brach einiges zusammen, was aber auch notwendig war, im Sinne einer realistischen Sichtweise. Das hat meine Gefühle zu ihm nicht verändert, ich hätte mir aber gewünscht, dass er die Kriegszeit einmal selbst öffentlich thematisiert hätte.

Wie würden Sie seine Erziehungsideale beschreiben? „Pflicht, Gehorsam, Subordination"?

Er war sicher streng und auch autoritär, aber meine Mutter und meine Tante hatten ein gutes Verhältnis zu ihm. Was unsere Erziehung betrifft, haben wir selbst einen autoritären Vater, Jahrgang 1940, und ich habe unter dessen autoritärer Erziehung doch gelitten. Dass Eltern oder besonders Väter als unfehlbare Helden galten, die stets wissen, was zu tun ist, die aber nicht sprechen, nicht erklären, was und warum sie wie entschieden haben, das empfand ich stets als falsch und unklug. Das gehört für mich zum Erbe der ersten Hälfte des 20. Jahrhunderts, unter dem wir postmoderne Kinder trotz der sorgenfreien Nachkriegsjahre gelitten haben. Die Demontage dieser „kleinen Diktatoren", und das betrifft auch meinen Großvater und meinen Vater, war für mich ein notwendiger Schritt, angestoßen vom Tod meines Großvaters. Ich konnte dann in meiner eigenen Familie und mit meinen 2010 und 2012 geborenen Kindern das anders gestalten und lebe als Vater und Ehemann auf Augenhöhe mit meinen Kindern und meiner Frau, als Fehlbarer und sozusagen demokratisch Gleicher unter Gleichen. So konnte ich meine Vision von Familie realisieren und im Kleinen einen gewissen Fortschritt erreichen.

Wie beurteilen Sie heute die Handlungen Ihres Großvaters in der damaligen Zeit?

Ich finde seine Handlungen von 1939 bis 1945 oft weniger problematisch als den Umstand, wie er damit nach dem Krieg umgegangen ist. Wenn ich mich erinnere, wie ich selbst im Alter zwischen zwanzig und dreißig war, möchte ich nicht wissen, welche Entscheidungen ich Ende der 1930er getroffen hätte.

Übergeordnet empfinde ich manchmal Scham über die Verstrickung meiner Familie in die Geschichte des Dritten Reichs, zum Beispiel wenn ich in Wien an Stolpersteinen vorbeigehe oder an Orten, wo früher Synagogen standen. Dass meine Vorfahren da beteiligt waren und das guthießen, ist eine Realität, die mir klarmacht, dass Versagen und Schuld nicht nur weit entfernt stattfinden, sondern auch ganz nahe bei einem selbst.

Was kann man aus der Geschichte Ihres Großvaters lernen? Was haben Sie daraus gelernt?

Dass man vor Extremismen auf der Hut sein muss und dass es keine absolute Wahrheit gibt. Dass es nicht sinnvoll ist, die eigene Meinung um jeden Preis durchsetzen zu wollen, und dass Kompromisse gefunden werden müssen. Dass jede Idealisierung einer Person oder einer Idee abzulehnen ist, denn darin liegt bereits der Kern des Extremen. Ich gewann über die Geschichte meines Großvaters den Eindruck, dass sich viele Menschen nach 1945 vor dem Grauen, das sie erlebt und teilweise selbst zu verantworten hatten, in ein Idyll des Vergessens und Verdrängens geflüchtet haben. Vermutlich aus Scham oder Verzweiflung. Gleichzeitig schlummert auch jetzt das Extreme weiter in jedem von uns. Es scheint mir oft, dass das Grauen des 20. Jahrhunderts bald vergessen sein wird und die Menschen wieder bereit sind für Torheiten und Gewalt.

---

* 1971 in Bozen, Ausbildung an WU/TU Wien, leitet ein Software-Unternehmen, verheiratet und lebt mit seiner Familie in Wien.

„Großvater wird halt auf den Kampfring und die SS beschränkt."

Michael Senoner, Enkel

Welche Bedeutung hat es für Sie, dass Ihr Großvater in der SS war?

Mein Opa hat nie über den Krieg und die damalige Zeit gesprochen, was nicht untypisch für Südtirol war. Das ganze Umfeld und auch mein Vater, der 1940 geboren ist, sagten, dass es eine schwierige Zeit gewesen sei und man es im Nachhinein kaum beurteilen könne. Auch innerhalb der Familie wurde nicht wirklich darüber gesprochen, auch nicht unter uns drei Enkelbrüdern, und schon gar nicht über den Krieg. Ich hatte einen Geschichtsprofessor in der Oberschule, Leopold Steurer, und mit dem diskutierten wir die damalige Zeit ein wenig. Von der Zeit nach dem Krieg, als mein Großvater in der Fluchthilfe aktiv war, wusste ich gar nichts. Das ist erst kurz vor Ende seines Lebens rausgekommen.

Wie kommt es, dass Sie eine Biografie Ihres Großvaters planen?

Unser Großvater hat nach dem Krieg viel gemacht, was weniger beleuchtet wurde als die Zeit im Krieg. Seit das Buch von Gerald Steinacher über die Fluchthelfer[68] 2008 erschienen ist, habe ich mich intensiver mit der Geschichte beschäftigt. Im Buch waren einige Sachen, die unser Großvater nie thematisiert hat. Weder der Völkische Kampfring noch der Krieg waren bei ihm ein Thema. Er hat uns erzählt, dass er als Agrartechniker für die Franzosen in Afrika gearbeitet hat, und von seinen Aktivitäten in der Museumsszene und seinen kulturellen Initiativen. Das waren seine Themen, weniger die Vergangenheit. Als das Buch von Steinacher erschien, war mein Großvater schon sehr krank und er ist auch im selben Jahr gestorben, sodass wir das Buch nicht mehr mit ihm besprechen konnten. Das Buch ist durchaus interessant, kam uns aber ein bisschen tendenziös vor, weswegen wir es auch von einer Historikerin haben prüfen lassen. Auch einen Rechtsanwalt hatten wir hinzugezogen, aber er riet uns davon ab, gerichtlich dagegen vorzugehen. Es wurden im Buch ja auch wichtige Sachen aufgedeckt, von denen wir vorher selbst nichts wussten.

Dass kurz vor seinem Tod ein Buch erschien, in dem er verdächtigt wird, mit Naziverbrechern zusammengearbeitet zu haben, hatte für Sie etwas Verletzendes.

Mein Großvater war sicher ideologisch absolut auf Linie, und das sind Sachen, die wir in keiner Weise mittragen. Andererseits ist es schwierig, sich in diese Zeit reinzuversetzen, und schwer zu sagen, wie man selbst reagiert hätte. Mein Großvater hat gesagt, dass sie gegen die faschistische Politik Italiens waren und deshalb alles, was von Deutschland kam, ihnen Hoffnung machte. Aber dass man alles kritiklos übernommen hat, ist für uns schwer nachzuvollziehen. Meinem Großvater muss man sicher vorwerfen, dass er seine Vergangenheit nicht thematisiert und auch über die Fluchtgeschichten nicht gesprochen hat. Andererseits hatte ich nie den Eindruck, dass irgendwie rechtes Gedankengut von ihm in die Familie gebracht worden wäre. Das Einzige war vielleicht, dass eine gewisse militärische Organisation seines Alltagslebens zu sehen war. Er war ein sehr durchstrukturierter Mensch und großer Organisator. Als 1991 die Oberschüler gegen den Golfkrieg protestierten, hat er das positiv bewertet und hat uns gesagt, dass er es gut findet, dass wir uns engagieren und dass wir mitdenken. Aber im Allgemeinen wurde nicht viel politisch diskutiert, denn er ging in dieser Phase eigentlich völlig in seiner kulturellen Tätigkeit auf. Im Nachhinein habe ich aber gelesen, dass er irgendwelchen englischen Neonazis ein Interview gegeben hat. Wahrscheinlich konnte er nicht mehr einschätzen, wer diese Leute sind, Kontakte hatte er zu seinen alten Kameraden bis in die 1980er-Jahre.

Können Sie die Begriffe „Pflicht, Gehorsam und Subordination" mit Ihrem Opa in Einklang bringen?

„Gehorsam" habe ich nie gehört und als autoritär haben wir ihn nicht empfunden. Ganz im Gegenteil. Er hat uns in Hochfrangart einen Freiraum zur Verfügung gestellt. Im Sommer konnten wir dort schwimmen und im Winter wurde das kleine Schwimmbad zum Eislaufplatz, wo wir Eishockey spielen konnten. Er ließ uns die Eishockeytore selbst schweißen, das war für uns eine unglaubliche Sache. Mit unseren Freunden sind wir jahrelang da hingefahren. Nach außen hin war er ein Künstlertyp und hat gleichzeitig das Zusammenkommen der Leute gefördert. Er war ein legendärer Gastgeber und im

Sommer sind fast täglich Leute bei ihm gewesen. Autoritär eher gar nicht, aber dass man zum Beispiel pünktlich sein musste, das war ein klarer Punkt, er war selbst extrem präzise und das hat er schon weitergegeben. Er war ja kein Autofahrer und ich habe ihn, als ich zwanzig war, öfters irgendwo hingefahren. Das abzusagen, wäre ein echtes Problem gewesen, und wenn ich nur mal unpünktlich war, war das schon ein großes Thema.

Können Sie sich vorstellen, dass er womöglich mit alten Kameraden über früher gesprochen hat?

Das kann ich nicht beurteilen, weil ich nicht dabei war, als er diese Leute getroffen hat. Aber es gibt ein paar Fotos aus den 1960er-Jahren, wo er bei Veteranentreffen eine Rede hielt.

Wie ist das für Sie, dass er auf Veteranentreffen sprach, aber nicht mit seinen Enkeln?

Das hat mich auch gewundert, aber ich glaube, da waren halt zwanzig Jahre dazwischen, und in den 1970er-Jahren hat er das wohl nicht mehr gemacht. Aber es kann schon sein, dass er das sehr stark getrennt hat.

Sie haben kurz den Golfkrieg erwähnt. Hat er sich politisch zu den Kriegen der Nachkriegszeit geäußert?

Das Einzige, was irgendwie durchgesickert ist, war sein Misstrauen gegenüber den Russen und dem Kommunismus, das auch seine Tochter, meine Mutter, sozusagen in die DNA mitbekommen hat.

Auch in Bezug auf die Amerikaner?

Politisch war er den Amerikanern sicher dankbar, aber kulturell galten sie bei uns zu Hause nicht als Vorbild.

Hat er sich jemals antisemitisch oder rassistisch geäußert?

Nein, absolut nicht. Was mir dazu einfällt, ist: Ich las in meiner Studentenzeit Platon und mein Opa war ein großer Freund der Antike und sehr bewandert darin. Mit Platons „Politeia" habe ich ein bisschen verstanden, wie er vielleicht gegenüber der NS-Ideologie empfänglich wurde, denn dort finden sich ja auch rassenspezifische Sachen, Erziehung der Eliten usw.

Haben Sie mit Ihren Eltern über den Opa gesprochen?

Nein, meine Mutter hat das von ihrem Vater übernommen. Sie hat auch jetzt kein Interesse, darüber zu sprechen, obwohl sie erst vierundsiebzig ist. Bei meinem Vater ist es genauso. Er sagt, dass es eben eine schwierige Zeit gewesen sei, die man heute kaum beurteilen könne. Aber mein Vater ist zudem Ladiner, da ist die Geschichte des deutschsprachigen Südtirol für ihn sowieso nicht so ein Problem. Meine Brüder und ich haben uns dann als Fünfzehn- oder Sechzehnjährige schon für den Krieg interessiert. Mein Opa war Panzerkommandant und das waren für uns spannende Sachen. Vor allem hat mein Bruder Peter mit ihm über die kriegstechnischen Aspekte gesprochen. Zur Ideologie haben wir ihn kaum befragt, obwohl wir genügend Zeit gehabt hätten, denn er ist sehr alt geworden und war bis zu seinem neunzigsten Lebensjahr sehr wach. Nur die letzten zwei Lebensjahre war er dann krank.

Er hatte in der letzten Lebensphase recht lange Haare.

Er sah so aus wie ein Künstlertyp und hat auch sehr viel mit Künstlern zusammengearbeitet und in dem Garten in Hochfrangart stehen viele Kunstwerke, fast ausschließlich lokaler Künstler. Er war halt einer dieser leicht egozentrischen, selbstbewussten Typen, die herumlaufen, wie sie wollen. In unserer Familie war er ein kleiner Star, aber nicht, was den Krieg betrifft, sondern weil er sich ab dem fünfzigsten Lebensjahr der Gemeinschaft verschrieben hatte. Er hat sehr viel darüber gesprochen, wie wichtig Gemeinschaft ist und was man ihr alles schuldet. Er war ein besonders begabter Mensch, und ohne seine Vorgeschichte wäre es ihm sicher möglich gewesen, in der Politik was zu erreichen. Er konnte sehr gut sprechen und zitierte alles Mögliche von Goethe bis Heine. Das haben nicht nur wir gesagt, das war für viele Menschen so. Er war einfach eine schillernde Persönlichkeit, sehr lustig auch. Und dann war er halt auch unser Opa. Er war uns ein Vorbild, und als wir auf die Universität gingen, hat er uns gesagt, wir sollten keine Fachidioten werden, sondern die Fenster des Geistes aufmachen, halt dieses griechische Ganzheitsdenken der „Universitas". Er war eine öffentliche Person und auch ein weitblickender Mensch. Daher kommt ja mein Bemühen, seine Biografie schreiben zu lassen, was mir offensichtlich nicht gelingt, denn ich finde keinen Historiker, der bereit ist, das zu machen. Aber mein Großvater wird halt mit den zweiundneunzig Jahren, die er wurde, auf die ersten siebenundzwanzig Jahre beschränkt, auf den Kampfring und die SS. Aber die wichtigeren Sachen hat er danach gemacht, und das sollte man beleuchten.

Hat er Schuld oder Mitschuld verspürt für die Zeit bis 1945?

Er hat sich nach außen nie mit seiner Rolle auseinandergesetzt, weder kritisch noch rechtfertigend. Geschäftlich war er sehr erfolgreich, was ihm die Möglichkeit gab, später nicht mehr arbeiten zu müssen. Anfang der 2000er-Jahre hat er der Rai Südtirol ein Interview gegeben und erzählt, dass er in seiner Kriegsgefangenschaft Verbindungen aufbauen konnte, die ihm später sicherlich nützlich waren. Er war halt ein Macher und hat andere Sachen als wichtiger empfunden, aber natürlich haben wir es im Nachhinein als schade empfunden, dass wir ihn nicht härter gedrängt haben, sich zu erklären.

Verstehen Sie die Verdächtigungen gegenüber Ihrem Großvater, wenn man seine Stationen anschaut und dann an Argentinien und Adolf Eichmann und andere denkt?

Das Tendenziöse im Buch sind Verdächtigungen, die nicht bewiesen werden können, halt spekulativ sind.

Sein Nicht-Sprechen über die Vergangenheit lädt bei seiner wirtschaftlichen Erfolgsgeschichte buchstäblich zu Spekulationen ein, woher er die Anschubfinanzierung für seine Geschäfte nach dem Krieg hatte. Schnell denkt man da an Argentinien und Arisierungsgeld und auch im Internet findet man dazu Gerüchte. Kränkt es Sie, wenn Sie hören, dass man so über den Opa spricht?

Ja, natürlich, das steht im Gegensatz zu dem, wie wir ihn erlebt haben. Es wird ja auch über hypothetische Kriegsverbrechen der SS-Division „Wiking" spekuliert. Mein Großvater war bei dieser Panzereinheit, die vor der Front gekämpft hat, und ich glaube wirklich nicht, dass es dort Kriegsverbrechen gab. Ja, sicher haben wir das als Attacke auch auf unsere Familie wahrgenommen.

In der Kurzbiografie habe ich dazu geschrieben, dass er durchaus von Kriegsverbrechen etwas hätte mitbekommen können.

In den letzten drei Lebensjahren hat er mehr vom Krieg erzählt: wie viele Kameraden gestorben sind, und vor allen Dingen die Geschichte, die auch die Leute immer wieder von ihm hören wollten, als er ausgezeichnet wurde. Da hat er betont, dass er dem Befehl, sich zurückzuziehen, nicht gehorcht hat und mit seinen sieben Panzern, mit viel Glück, die deutschen Einheiten in Kowel heraushauen konnte. Diese Geschichte hat er öfters erzählt.

Würden Sie im Nachhinein Ihrem Großvater etwas vorwerfen?

Ja, dass er sich zum Völkischen Kampfring und den Fluchtgeschichten nie geäußert hat. Er ist aber auch lange Zeit von linken Historikern sehr stark angefeindet worden. Er hat mir in den 1980er-Jahren mal Briefe von amerikanischen Soldaten gezeigt, die ihn nach dem Krieg zu kontaktieren versucht haben, weil er sie halt in der Kriegsgefangenschaft besonders gut behandelt hätte. Diese Episoden wurden dann schon auch von ihm unterstrichen.

Was, würden Sie sagen, haben Sie aus der Geschichte vom Opa gelernt?

Für uns war es persönlich schockierend, dass ein Typ wie er, der so viele Begabungen hatte, auf diese Ideologie reingefallen ist, das nicht durchschaut hat und sein Leben lang nicht darunter gelitten hat. Beeindruckt hat uns, dass er nach 1945 nach vorne geschaut und sich ein neues Betätigungsfeld gesucht hat.

---

* 1972 Volkswirtschaftsstudium in Wien, anschließend Ökonom bei großen Banken in London, Mailand und Rom, seit 2018 als Finanzberater in Bozen tätig, verheiratet und zwei Töchter.

„Es ist gut möglich, dass mein Großvater Eichmann persönlich gekannt hat.“

Peter Senoner, Enkel

Hatten Sie das Gefühl, dass Ihre Familie wegen Ihres Großvaters etwas Besonderes ist?

Das war eigentlich klar: Das Ambiente, in dem er gelebt hat, die Kugel in Hochfrangart – er war ein Exzentriker. Sein Haus und das Umfeld hat er mitgeschaffen, es war für mich einzigartig oder zumindest ungewöhnlich. Mein Großvater war charismatisch und eloquent und hatte immer viele Gäste, meistens aus der lokalen Politik und Kultur, manchmal auch von weiter weg. Das gab meinem Großvater eine eigene Aura. Ich hatte bei der gesamten Sippschaft das Gefühl, dass diese nicht gewöhnlich war: Ein Bruder war Arzt, ein anderer Anwalt und Politiker. Mein Großvater unterstrich diesen „Mythos“ durch einen gewissen Hang zur Selbstinszenierung: Auf dem kleinen Platz vor dem Anwesen stehen drei Büsten: eine Büste seines Vaters, gegenüber die Büste von ihm, zwischen beiden die von Platon. Bescheidenheit sieht anders aus.

Ein Bild vom Opa mit SS-Schirmmütze stand bei der Oma auf dem Sekretär.

Das Bild habe ich wahrscheinlich erst mit ungefähr fünfzehn wahrgenommen und da hatte ich bereits meinen Großvater auf seine Geschichte angesprochen. Obwohl ich mir denken konnte, dass es solche Fotos gibt, hat es mich überrascht, ihn sozusagen immer noch in voller Pracht in dieser Uniform präsentiert zu sehen. Es war klar, dass meine Großmutter auch ordentlich auf Linie war.

Ihr Großvater hat Ihnen das Ritterkreuz und die „Wiking“-Armbinde geschenkt.

Das war anfangs schon ein Abenteuergefühl, irgendwie mitzubekommen, dass er ein Kriegsheld war. Ich kann mich noch gut erinnern, als ein Kamerad von ihm zu mir gesagt hat, dass mein Großvater ein richtiger Kriegsheld sei.

Das hat mich im Sinne einer Art kindliches Kriegsspiel fasziniert. Später hat mich die konkrete taktische Kriegsführung am meisten interessiert. Wie habt ihr das gemacht? Du warst Panzerkommando, wie ist es gegangen? Was macht man, wenn man in die Stadt reinfährt? Solche Sachen! Sukzessive hat sich dann auch eine politische Dimension entwickelt. Es gab auch dieses Faszinosum des Bösen. Die Nazis waren ja sehr geschickt. Was etwa das Design angeht, war alles schick, die SS-Uniform und die der Wehrmacht auch. Obwohl mir dann schon bewusst war, dass das kein lustiger Verein war. Das Ritterkreuz habe ich irgendwo im Safe und alle zehn Jahre schaue ich mal, ob es noch da ist. Es hat in dieselbe Kerbe gehauen, dass er kein Nullachtfünfzehn-Mensch war. Sicher hat er auch Glück gehabt, er hat etwas riskiert, war damit erfolgreich und wurde hoch dekoriert. Die Generation meines Großvaters hat was in die Hand genommen. Es war zwar das Falsche, das wissen wir, aber die haben was vorangebracht. Da ist auch ein bisschen dieser Stolz, den ich empfinde: Die sind einen halben Tag in ein entlegenes Tal gewandert, um mal eben eine Parteizelle zu gründen. Ich wurde dann in einer Zeit geboren, wo sich die Gewissheiten, wo sich das Politische aufgelöst hat. Zur Zeit meines Großvaters haben die einen an Hitler geglaubt und die anderen an den Kommunismus. Später konnten sich die 68er einreden, dass sie den besseren Sozialismus machen, und heute gibt es nicht einmal mehr den schlechten. Ich habe mich und meine Generation als orientierungslos wahrgenommen. Die Generation meines Großvaters hatte starke Wahrheiten, das hat mir gefehlt. Ich weiß, die sind natürlich falschgelegen, aber das hat mich als Heranwachsenden trotzdem fasziniert. Wir später wussten, absolute Wahrheit gibt es nicht. Aber was gibt es überhaupt? Der Kapitalismus funktioniert zwar, ist aber auch sehr problematisch. Ich hatte als Jugendlicher eigentlich so einen nachträglichen 68er-Traum. Da ging es um den Sozialismus mit menschlichem Antlitz, wo man noch echten Idealismus haben konnte, ohne auf einem Massengrab zu stehen wie in der Sowjetunion. Den Nationalsozialismus können wir diesbezüglich sowieso vergessen.

Der Opa als SS-Kriegsheld mit langen Haaren, ist Ihnen das überhaupt aufgefallen?

Der war immer so! Der wusste schon, wie man lebt. Der hat irgendwie das Unternehmen in Argentinien an Mannesmann verkauft, sich gesagt, jetzt habe ich genug Geld, und ist mit fünfundfünfzig in Pension gegangen. So gesehen ein idealistischer, kein kapitalistischer Ansatz. Sein Engagement hat er mir gegenüber so dargestellt: Jetzt macht er das, was er in der Vorkriegszeit und Kriegszeit gemacht hat, er macht etwas für die Allgemeinheit. Er hat vor dem Krieg dafür gekämpft, dass Südtirol in ein deutschsprachiges Umfeld kommt, nach dem Krieg hat er verstanden, dass das nichts mehr wird. Er hat dafür gekämpft, dass wir die Autonomie kriegen, danach für die Kunst und hat das Museum für Moderne Kunst in Bozen mitgegründet und das Südtiroler Bildungszentrum geleitet. Wie pragmatisch mein Großvater war, lässt sich auch daran erkennen, dass er bewusst meine Mutter in einen italienischen Kindergarten geschickt und eine italienische Haushaltshilfe eingestellt hat. Das hat die alten Kameraden, nach Aussage meiner Mutter, irritiert.

Hatten Sie Angst, dass Ihr Opa im Krieg mehr mitbekommen oder gemacht haben könnte, als bekannt ist?

Über das Buch von Gerald Steinacher habe ich verstanden, dass Adolf Eichmann in Argentinien in Buenos Aires im selben Gebäude wie mein Opa gearbeitet hat – ob gleichzeitig, weiß ich nicht. Als ich das erfuhr, lag mein Großvater im Sterben, und ich war froh, das nicht so genau zu wissen. Da war dieses Spannungsfeld zwischen der Verpflichtung, sich der Vergangenheit zu stellen, und dem liebenswürdigen Großvater, denn in dem Sinne war er kein ewiggestriger Nazi. Dafür war er vielleicht einfach zu schlau. Das war der Widerspruch in mir, dass ich das fragen musste, gleichzeitig wollte ich ihm nicht wehtun oder ihn bloßstellen.

Fritz Kieser war wie Ihr Opa in der SS-Division „Das Reich" und der SS-Division „Wiking". Er schreibt in seinen Lebenserinnerungen, Zuschauer eines Pogroms gewesen zu sein.

Ich weiß, dass mein Opa als Infanterist in Jugoslawien war, und da ist es nicht zimperlich zugegangen. Als ich darüber mit ihm sprach, wusste ich, dass das, was er sagt, nicht stimmt: Er habe von nichts gewusst und habe nichts gesehen. Mein Großvater war ein sehr eloquenter Mensch, bei meinen Fragen hat er dann aber nur noch rumgestottert. Da war für mich klar, dass die Tatsache, dass er nicht wie gewohnt wortreich antwortete, schon ein Eingeständnis war. Es war ja nicht seine Art, nichts zu sagen zu haben.

Hat sich Ihr Großvater antisemitisch geäußert?

Nein, nur einmal hat er gesagt, dass die Juden großen Einfluss hätten. Das ist mir aufgefallen, weil er sich sonst nie antisemitisch geäußert hat.

War das Buch von Gerald Steinacher der Auslöser für Ihre Recherchen?

Nein, ich kannte die ganzen Geschichten schon, nicht in der wissenschaftlichen Aufarbeitung, aber aus den Gesprächen mit ihm. In dem Sinne war das nichts Neues für mich, ich wusste, dass er Teil der Fluchthilfe war, wie auch der Bruder meiner Großmutter. Mein Großvater hat immer nur von den Messerschmitt-Ingenieuren gesprochen und davon, dass Perón[69] eine eigene Luftfahrtindustrie wollte. Da waren ja nicht nur Luftfahrtingenieure oder Flugzeugbauer dabei, aber so wurde das eben vermittelt.

Die Personalausweise bekamen sie von seinem Bruder, der Bürgermeister von Pfatten war. Eichmann bekam seinen Ausweis aus Tramin, zehn Kilometer entfernt, und ich schloss daraus, dass Eichmann nicht über meinen Großvater „gereist" ist. Das beruhigte mich. Mein Gefühl war: Knapp daneben, Glück gehabt!

Ihr Opa selbst ist mit seinem Echtnamen nach Südamerika.

Ja, er wurde ja nicht gesucht. Aber der Deutschargentinier, der meinen Großvater angeworben hat, der hat auch Eichmann eingestellt, das ist wahrscheinlich die gleiche Firma gewesen, die haben sich alle gekannt und es ist gut möglich, dass mein Großvater Eichmann persönlich gekannt hat, denn die haben ja alle in Buenos Aires gesessen, die alten Kameraden.

Ihr Bruder Michael hat erzählt, dass er sich geärgert hat über das Buch von Steinacher.

Ja, mir war klar, dass das, was da drinsteht, vielleicht reißerisch geschrieben war, aber am Ende so gewesen ist. Für meinen Bruder Michael war es wahrscheinlich schwieriger, schwarz auf weiß lesen zu müssen, dass unser Großvater auch einfach ein Nazi war. Es war für ihn vielleicht nochmal ein größerer Schritt als für mich. Ich hatte mich ja schon länger in der einen oder anderen Weise damit beschäftigt. Auch meine Tante hat gesagt, nein, Nazi war er keiner. Ich kann das schon verstehen, auch für mich war es verstörend, als es dann öffentlich diskutiert wurde. Im Südtiroler Wochenmagazin „ff" war ein Artikel mit dem Titel „Unsere braune Vergangenheit" mit einem Bild von ihm auf der Titelseite. Zu dieser Zeit lag er gerade im Sterben und konnte sich nicht mehr wehren, vielleicht ist es besser so gewesen. Für meinen Bruder war diese Situation wahrscheinlich nochmal heftiger. Er wusste natürlich auch, dass unser Großvater bei der Waffen-SS war. Die öffentliche Diskussion im Zusammenhang mit dem Steinacher-Buch und die prominente Rolle des Großvaters waren dann aber doch ein Clash mit der Realität. Nicht nur für ihn – auch für mich.

Hatte das etwas Kränkendes oder wie würden Sie es beschreiben?

Ja, die Presse ist nicht gerade für Grautöne bekannt. Natürlich ist es plakativ, aber da kann man nicht viel machen. Für mich war es nicht überraschend, ich hatte mich vorher schon zu oft damit beschäftigt, dass er in der Partei und in der Waffen-SS war. Mein Bruder Michael hat den Fokus eher auf die Zeit nach dem Krieg gesetzt, und die finden wir unterrepräsentiert. Aber sicherlich war das Tun unseres Großvaters in den 1930er- und 1940er-Jahren für die Geschichte Südtirols bedeutender als das, was er später gemacht hat.

Hatten Sie Angst vor Ihrem Opa?

Er war der Patriarch, wenn er nervös war, verlor er seine freundliche Art. Wenn am Abend Gäste kamen und man zum Beispiel ein Fahrrad rumstehen ließ, dann hat man eine ordentliche Zurechtweisung bekommen. Er ist nie handgreiflich geworden, aber auf jeden Fall bekam man einen ordentlichen Anschiss, unabhängig davon, wie alt man war. Mir hat das schon gereicht, da bin ich ihm aus dem Weg gegangen. Vielleicht bin ich auch empfindlicher als meine Brüder, aber ich hatte immer Angst vor seinem Jähzorn, vor allem wenn meine Tante oder andere warnten, dass er nicht gut drauf sei. Sonst konnte man mit ihm diskutieren, aber wenn er in Rage geriet, hat jeder, auch mein Vater, den Kopf eingezogen und ist sozusagen schnell im Schützengraben verschwunden.

Haben Sie mit Ihrer Mutter über Ihren Großvater gesprochen?

Ja, aber nicht oft, da ich ja meinen Großvater vor der Nase hatte und ich ihn ja direkt befragen konnte. Es hat mich immer irritiert, wenn sie sagte, er hätte nie vom Krieg erzählt. Ich habe ihn ganz anders in Erinnerung. Er fing nicht von sich aus an zu erzählen, aber auf Nachfragen hat er positiv und offen reagiert, aus seinem Blickwinkel natürlich. Meine Mutter leugnet das nicht, aber es interessiert sie nicht. Es würde das Bild von ihm dekonstruieren und er war für sie ein Heiliger, der Patriarch. Apropos, er hat sogar zwei Statuen von sich selbst aufgestellt, eine aus Marmor – sicher ist sicher.

Interessant, dass der Opa nur mit Ihnen über den Krieg gesprochen hat.

Ich habe vor Kurzem meine Cousine, die bei meinem Großvater im Haus in Hochfrangart aufwuchs, gefragt, was sie von ihm diesbezüglich mitbekommen oder miterlebt hat. Sie sagte, sie hätte nur etwas mitbekommen, wenn ich es thematisiert habe, sonst nicht. Mir erschließt sich das nicht, denn alle, auch meine Brüder, wussten von der Waffen-SS, wollten es dann vielleicht bewusst oder unterbewusst doch nicht mehr wahrhaben.

Sie sagen, dass Sie und auch andere in Ihrer Familie an Depressionen leiden.

Mein Bruder Arno hat das schön beschrieben: „uneingeschränkte Entscheidungsfreude“. Dieser Wille zur Entscheidung bedeutet, da wurde nur nach vorne gedacht, was sicher für das eigene Leben notwendig und sinnvoll ist, wenn du an so einer Katastrophe aktiv mitgearbeitet hast. Es ist einfacher, wenn du die Fähigkeit besitzt, unterbewusst Zweifel auszuschalten, oder einfach automatisch immer nur nach vorne denkst. Symptomatisch dafür war seine Antwort auf meine Frage, wieso er nach Argentinien gegangen ist. Er sagte, dass in Europa eben alles kaputt geschossen war: „Europa war kaputt, hier gab es keine Zukunft und so sind wir rübergegangen.“

Das könnte auch die andere Seite seiner Medaille sein, dass seine Selbstsicherheit und Zweifellosigkeit von uns kompensiert wird.

Was haben Sie aus der Geschichte Ihres Großvaters gelernt?

Ich war beim Militärdienst bei den Fallschirmjägern und habe mich damit für eine Eliteeinheit entschieden, sicher beeinflusst von meinem Großvater. Grundsätzlich finde ich einen Dienst an der Gemeinschaft wichtig, egal ob Militärdienst oder Zivildienst. Ich habe einen großen Disput mit meiner Freundin gehabt, als ich sagte, wenn Putins Krieg zu uns kommt, würde ich mich melden. Nicht weil mir der Krieg gefällt, sondern weil ich unser politisches System schützenswert finde, weil ich will, dass meine Kinder in diesem System aufwachsen, nicht in einem autoritären Umfeld, und dafür würde ich in den Krieg ziehen. Denn ich bin für eine wehrhafte Demokratie und denke nicht, dass nur andere diese verteidigen sollen. Natürlich ist nicht alles perfekt, aber die Demokratie ist die beste aller schlechten Staatsformen, und die gilt es zu schützen, auch wegen der familiären Vergangenheit. Denn aus der

Geschichte meines Opas habe ich gelernt, wie volatil Wahrheiten sind, aber auch, wie tödlich politische Naivität ist.

---

* 1977, Studium Wirtschaftsingenieur, zwei Kinder, lebt in Berlin und Bozen, arbeitet in Bozen für eine gemeinnützige Organisation im sozialen Bereich.

Beteiligt an der Jagd nach den Heydrich-Attentätern

SS-Oberscharführer Eduard Ladurner

1940 Mitglied der SS-Totenkopfverbände in Prag. 1943 Überstellung zur 7. SS-Gebirgs-Division „Prinz Eugen", die in Jugoslawien ausschließlich in der Partisanenbekämpfung eingesetzt war. Nach fünf Jahren Krieg und Waffen-SS kehrte er zu seiner Familie zurück, die seit der Option und ihrer Ausreise noch immer in Österreich lebte. Er heiratete eine vertriebene Volksdeutsche aus Tschechien, deren Heimat verloren war. Zusammen gingen sie nach Deutschland. Und doch blieb Südtirol ein zentraler Bezugspunkt in seinem Leben.

Am 16. Oktober 1921 kam Eduard Ladurner in Algund bei Meran als Sohn von Alois und Paula Ladurner geb. Schmider zur Welt.[70] Alois Ladurner war Wegmacher und hatte zusammen mit seiner Frau Paula insgesamt sechs Kinder. Eduard war der dritte Sohn. Er besuchte bis 1935 die Volksschule in Meran, wo er im Anschluss bei der Firma C. Salzburger eine Ausbildung zum Schlosser absolvierte. Nach erfolgreichem Abschluss seiner Ausbildung trat er eine Stelle bei der Südtiroler Traditionsbrauerei Forst in Meran an. 1939 optierte sein Vater Alois im Namen der ganzen Familie für Deutschland. Die Familie Ladurner erhielt daraufhin am 27. März 1940 die deutsche Staatsangehörigkeit. Da die beiden älteren Brüder Eduard Ladurners bereits im Kindes- bzw. Jugendalter in Südtirol verstorben waren, war er der einzige Sohn im wehrfähigen Alter. Während seine Eltern und Geschwister noch in Südtirol blieben, kam Eduard Ladurner im Juli 1940 mit einem Wehrmachtssammeltransport nach Innsbruck. Am 26. Juli 1940 wurde er dort gemustert und kurze Zeit später im Alter von neunzehn Jahren zu den SS-Totenkopfverbänden überstellt. Sein erster Einsatzort war spätestens ab Ende 1940 Prag. Währenddessen bereiteten sich seine Eltern in Südtirol auf die Umsiedlung vor. Eduard Ladurner beantragte im Januar 1941 Urlaub für eine Reise nach Südtirol, um seine Eltern zu unterstützen. Neben ihm, seiner Mutter, seiner älteren Schwester und zwei kleinen Geschwistern hatte sein Vater auf dem

Paula Ladurner mit dem jüdischen Buben Peter Wilhelm Salvatori, Ende der 1930er-Jahre

Optionsakt unter den einzubürgernden Familienangehörigen auch ein Waisenkind angegeben. Peter Wilhelm Salvatori war am 17. Januar 1938 geboren. Er galt als Doppelwaise, da beide Eltern als unbekannt angegeben wurden.[71] Als die Familie dann am 29. Januar 1941 ins Deutsche Reich übersiedelte, musste sie Peter Wilhelm in Südtirol zurücklassen. Er wurde von der Amtlichen Deutschen Ein- und Rückwanderungsstelle (ADERSt) als Sonderfall eingestuft, der erst von der Abteilung 6 „Organisation der Abwanderung" geprüft werden musste. Innerhalb der Familie Ladurner wurde erzählt, dass er aufgrund seiner jüdischen Abstammung nicht mit ins Reich aussiedeln durfte und deswegen vorher von der Polizei abgeholt worden war. Die Familie hat ihn nie wieder gesehen.

Die Familie wohnte zuerst in einem Gasthof in Hohenems bei Feldkirch in Vorarlberg, während sie auf die Bereitstellung einer Wohnung im nahe gelegenen Dornbirn wartete. In Hohenems arbeitete der Vater Alois Ladurner als Straßenwärter beim Gemeindebauamt, während sich die Mutter Paula als Hausfrau um die Kinder kümmerte. Nach der erfolgreichen Umsiedlung seiner Eltern und Geschwister kehrte Eduard Ladurner am 7. Februar 1941 zum SS-Totenkopf-Wachbataillon „Prag" zurück.[72] Die meisten SS-Totenkopf-Wachbataillone waren bei der Bewachung der Konzentrationslager eingesetzt. Die Aufgabe des SS-Wachbataillons „Prag" war die Sicherung der dortigen deutschen Dienststellen. Dabei wurde es zur Bewachung und zum Transport von Gefangenen ebenso wie zu Wachdiensten vor der Gestapoleitstelle und der Adolf-Hitler-Kaserne eingesetzt. Eine Kontaktaufnahme zwischen SS-Männern und Gefangenen war per Bataillonsbefehl vom 5. August 1941 strikt untersagt. Eduard Ladurner hatte als Maschinist bereits bei der Firma Forst in Meran hochqualifizierte Mechanikertätigkeiten ausgeführt. Aufgrund seines offensichtlichen handwerklichen Talents nahm er vom 15. September bis zum 1. November 1941, inzwischen zum SS-Sturmmann befördert, an einem Schirrmeisteranwärterlehrgang bei der Firma Daimler-Benz A.G. in Stuttgart-Untertürkheim als Mitglied der Kraftfahrstaffel der 7./13. SS-Totenkopfstandarte „Prag" teil. Kurz vorher war am 18. August 1941 seine Mutter im Stadtspital von Dornbirn an einer Lungenentzündung gestorben.[73] Von Januar bis Mai 1942 absolvierte er einen weiteren Lehrgang bei der Kraftfahrtechnischen Lehranstalt (KTL) in Wien. Mit Wirkung vom 1. August 1942 wurde er wenige Monate vor seinem einundzwanzigsten Geburtstag – und damit der Volljährigkeit – zum SS-Unterscharführer befördert und stieg in die Unteroffiziersränge auf. Eduard Ladurner blieb nachweislich von 1940 bis 1943 den SS-Totenkopfverbänden in Prag zugeteilt. In diese Zeit fiel sowohl die Deportation der Prager Juden als auch das Attentat auf den Chef des Reichssicherheitshauptamtes SS-Obergruppenführer Reinhard Heydrich am 27. Mai 1942 in Prag. Auf der Suche nach den Attentätern wurde eine Ausgangssperre verhängt und die deutschen Sicherheitsbehörden durchsuchten Tausende Wohnungen in ganz Prag. Eduard Ladurner sprach nach dem Krieg davon, als Mitglied des SS-Wachbataillons „Prag" an der Verhaftungsaktion der direkten Attentäter beteiligt gewesen zu sein.[74] Die Racheakte der deutschen Besatzungsmacht nach dem Tod Heydrichs durch SS, Gestapo, SD und Schutzpolizei führten zu Hunderten Hinrichtungen von Männern und Frauen und zu verschiedenen Massakern an der Zivilbevölkerung. Schon eine offen zur Schau getragene Genugtuung über das Attentat reichte für eine Exekution. Am 10. Juni 1942, sechs Tage nach Heydrichs Tod, wurden alle Einwohner von Lidice, die älter als fünfzehn waren, erschossen, die Frauen in Konzentrationslager deportiert und die Kinder, von ihren Müttern getrennt, ins Ghetto Litzmannstadt und das Vernichtungslager Chelmno gebracht. Einige wenige wurden zur Adoption an deutsche Familien freigegeben.[75] Es

Eduard Ladurner als SS-Unterscharführer, 1942

liegt nahe, dass die Mitglieder der SS-Totenkopfverbände „Prag“ auf die eine oder andere Art und Weise in die sich über den gesamten Zeitraum hinziehenden Verhaftungen und Deportationen der Juden und in die auf das Attentat folgenden „Maßnahmen“ eingebunden waren. Ob Eduard Ladurners Beförderung zum SS-Unterscharführer mit seiner Teilnahme an der Verhaftungsaktion der Attentäter oder darüber hinaus mit den genannten Aktionen der deutschen Besatzungsmacht in Zusammenhang steht, bleibt unklar. Eine persönliche Beteiligung an den oben beschriebenen Maßnahmen der deutschen Besatzungsbehörden kann für ihn nicht nachgewiesen werden.

1942 wurde die 7. SS-Division „Prinz Eugen“ aus Volksdeutschen aus dem Großraum Jugoslawien aufgestellt. Während die Volksdeutschen die Masse der Mannschaften der Division stellten, kamen viele der SS-Unterführer und SS-Führer aus dem Deutschen Reich und bereits bestehenden anderen SS-Divisionen und -Einheiten. Auch die für eine Division notwendigen Spezialisten, wie Sanitäter, Veterinäre, Schlosser und Maschinisten, wurden aus anderen SS-Divisionen gewonnen bzw. im Deutschen Reich ausgebildet.[76] Die Aufstellung der Division war zur Bekämpfung der starken Partisanenverbände erfolgt. Über den gesamten Zeitraum des Einsatzes der 7. SS-Division von Oktober 1942 bis Oktober 1944 war die Verfolgung der Partisanen mit unermesslichem Leid der Zivilbevölkerung verbunden. Es war eine besondere Art von Krieg: Während die Division bei den Versuchen, die Partisanenverbände Titos zu zerschlagen, Dörfer niederbrannte, Geiseln nahm und erschoss sowie zu Tausenden als Partisanen deklarierte Zivilisten ermordete, tobte ein Kampf der verschiedenen Volksgruppen untereinander. Serbische Tschetniks marodierten durch muslimische Dörfer. Kroatische Ustascha-Verbände mordeten die bosnische und serbische Zivilbevölkerung. Die einzige multiethnische Organisation waren Titos Partisanenverbände, zu denen sich auch die noch am Leben befindlichen Juden zu retten versuchten. Im März 1943 wurde Eduard Ladurner als Schirrmeister[77] und SS-Unterscharführer zur 2. SS-Flakabteilung 7 der 7. SS-Division „Prinz Eugen" versetzt. Im Unterschied zu den Partisanenverbänden war die 7. SS-Division „Prinz Eugen" mit schweren Waffen ausgerüstet. Der spätere Divisionskommandeur SS-Brigadeführer Otto Kumm bezeichnete die schwere Artillerieabteilung als „die Faust der Division" und betonte immer wieder deren vernichtende Wirkung.[78] Kurz bevor Eduard Ladurner im März 1943 von den SS-Totenkopfverbänden zur 7. SS-Division wechselte, war er offensichtlich auf Heimaturlaub. Ein Foto vom 22. März 1943 mit einem entsprechenden Vermerk zeigt ihn in der SS-Uniform als Unterscharführer. Von März bis Mai wurde die zweite große Operation der 7. SS-Division „Prinz Eugen" unter dem Decknamen „Schwarz" durchgeführt. Es ging um die Zerschlagung der Partisanenverbände in Westbosnien. Im Anschluss wurden über den Sommer hin Einheiten der Division bei kleineren Aktionen zur Partisanenbekämpfung im Raum Sarajevo eingesetzt. Eduard Ladurner wurde am 25. August 1943 mit dem Kriegsverdienstkreuz (KVK) 2. Klasse mit Schwertern ausgezeichnet und am 9. November 1943 zum SS-Oberscharführer befördert. In den Dokumenten der Archive ist der Grund für die Auszeichnung und Beförderung nicht vermerkt. Hier muss allgemein auf die Auszeichnungs- und Beförderungspraxis der Waffen-SS verwiesen werden. Das KVK 2. Klasse mit Schwertern war von Adolf Hitler für Leistungen von Soldaten gestiftet worden, „die keine Würdigung durch das Eiserne Kreuz" finden konnten. Mit dem KVK 2. Klasse mit Schwertern wurden „besondere Verdienste bei Einsatz unter feindlicher Waffeneinwirkung oder für besondere Verdienste in der militärischen Kriegführung" ausgezeichnet.[79] Wie die Verleihungslisten der 7. SS-Division zeigen, wurden SS-Männer aus allen Einheiten der Division von der „Schlächtereikompanie" bis zu den Panzerjägern bedient.[80] Nach Dieter Pohl war es aber auch eine gängige Auszeichnung bei der Partisanenbekämpfung und bei Aktionen gegen Juden.[81] Welcher persönliche Einsatz Eduard Ladurners zur Verleihung geführt hat, ist nicht zu klären.

Nach der üblichen langwierigen „rassehygienischen" und gesundheitlichen Prüfung des Heiratsgesuchs vom 28. August 1943 durch die entsprechenden SS-Stellen durfte Eduard Ladurner am 16. Februar 1944 seine Verlobte Melanie Kodym in Wien heiraten.

Im letzten Kriegsjahr werden die Zeugnisse über Eduard Ladurners Einsatz in der Waffen-SS ungenau. Formal wurde er am 11. September 1944 nach der Auflösung der SS-Flakabteilung 7 zur Flakabteilung 505 des V. SS-Armeekorps versetzt. Die Flakabteilung 505 blieb bis Ende 1944 in den Aktionen gegen die Tito-Partisanen sowie sowjetische und bulgarische Einheiten abwechselnd der 7. SS-Division „Prinz Eugen" und der 13. SS-Division „Handschar" unterstellt.[82]

Selbst gibt Eduard Ladurner an, der 7. SS-Division „Prinz Eugen" weiter angehört zu haben, aber nach seiner Hochzeit die ganze Zeit bis zu Kriegsende in der Kraftfahrtechnischen Lehranstalt Wien stationiert gewesen zu sein, in der zu dieser Zeit an alternativen Antriebsmotoren gearbeitet wurde. Auf Veranlassung der KTL Wien wurden dafür Häftlinge aus dem KZ Mauthausen in verschiedenen KZ-Außenlagern eingesetzt. Die Arbeits- und Haftbedingungen waren dabei sehr unterschiedlich. Während im KZ-Außenlager St. Aegyd die Bedingungen sehr hart waren, wurden die wenigen Häftlinge in der KTL Wien außergewöhnlich gut behandelt.[83]

Es ist möglich, dass Eduard Ladurner bis Kriegsende in Wien war, denn es war nicht ungewöhnlich, dass Waffen-SS-Männer einer bestimmten Einheit zugeordnet blieben, aber für einen bestimmten Zeitraum an anderer Stelle eingesetzt waren. Auch seine Gefangennahme durch US-Verbände und seine kurze Kriegsgefangenschaft im Gewahrsam der amerikanischen Besatzungsbehörde im Internierungslager Glasenbach bei Salzburg lassen das möglich erscheinen.[84]

Werfen wir trotzdem noch einmal einen abschließenden Blick auf das Schicksal der zwei Einheiten, denen Eduard Ladurner ab 1943 angehörte. Während ein überwiegender Teil der Soldaten der 7. SS-Division „Prinz Eugen" es nicht schaffte, Jugoslawien zu verlassen, und dort von Partisanen in Kriegsgefangenschaft genommen oder von ihnen liquidiert wurde, verließ die Flakabteilung 505 zusammen mit dem V. SS-Armeekorps den Balkanraum Ende 1944. Sie wurde in den letzten Kriegsmonaten an der Oder und dann bei der Kesselschlacht von Halbe südlich von Berlin gegen Einheiten der Roten Armee eingesetzt. Nur wenige Teile konnten sich nach Westen absetzen und gingen dort in amerikanische Gefangenschaft.

Hochzeitsfoto von Melanie Kodym und Eduard Ladurner als SS-Oberscharführer und Mitglied der SS-Division „Prinz Eugen“, 1944

Das Lager Glasenbach in der Nähe von Salzburg war mit ca. zehntausend Insassen das größte Internierungslager der amerikanischen Streitkräfte in Österreich. Hier wie auch in anderen Internierungslagern in Deutschland sammelten die US-Streitkräfte NS-Funktionäre aus allen Bereichen des NS-Apparates, aber auch hohe Mitglieder der deutschen Verwaltung, wie Regierungs- und Landräte, und auch Mitglieder von SA und SS. In Glasenbach besaßen wie in anderen Internierungslagern Lagerkameradschaften, die sich unter den ehemaligen Mitgliedern der Waffen-SS bildeten, einen großen Einfluss. So auch der an anderer Stelle in diesem Buch porträtierte SS-Hauptsturmführer und Ritterkreuzträger Karl Nicolussi-Leck. Aber auch prominente Täter des NS-Regimes waren vorübergehend in Glasenbach interniert. Dem SS-Hauptsturmführer Franz Stangl, ehemaliger Lagerkommandant der Vernichtungslager Treblinka und Sobibor, gelang es in Glasenbach noch, seine Funktion bei der Vernichtung der Juden Europas zu verbergen, sodass er erst später deswegen angeklagt und zu lebenslanger Haft verurteilt wurde. Auch bildete sich aus der SS-Lagerkameradschaft ein Netzwerk, das in der Nachkriegszeit in der NS-Fluchthilfe aktiv war. Im März 1947 kam es gar zu einem Aufstand, bei dem es ehemaligen Mitgliedern der Waffen-SS gelang, aus dem Lager zu fliehen.[85] Eduard Ladurner war zu diesem Zeitpunkt dort schon nicht mehr interniert. Er wurde bereits am 2. Oktober 1945 entlassen. Auch hier half ihm seine wohl überdurchschnittlich gute Ausbildung im kraftfahrtechnischen Bereich. Im Anschluss an die Kriegsgefangenschaft war er zuerst bei den US-Militärbehörden beschäftigt, um danach bis Ende 1948 als persönlicher Fahrer des US-Offiziers Conrad J. Watson zu arbeiten. Watson stellte Eduard Ladurner ein umfassend gutes Zeugnis als Fahrer aus und beschrieb ihn darüber hinaus als einen gewissenhaften und fähigen Mechaniker.[86] Nach dem Ende seiner Tätigkeiten für Conrad J. Watson veranlasste Eduard Ladurner beim Kreisgericht Wels die Scheidung von seiner Frau Melanie Ladurner. Melanie Ladurner hatte während seiner Abwesenheit ein Kind von einem anderen Mann geboren und war nach Württemberg umgezogen. Sie wurde deswegen schuldhaft geschieden.[87] Kurz darauf beantragte Eduard Ladurner die Rückoption für Italien, eine Möglichkeit, die seit Februar 1948 mit nur wenigen Ausnahmen für alle Südtiroler Optanten bestand.[88] Allerdings ging er nicht nach Südtirol zurück, sondern blieb in Österreich. Von Februar 1949 bis Februar 1950 wohnte er in Pinsdorf am Traunsee und arbeitete bei der Straßenverwaltung in Gmunden. Kurze Zeit darauf kehrte er nach Dornbirn zurück, wo er am 24. April 1950 Maria Loho, eine Vertriebene aus Tschechien, heiratete. Im September 1950 wurde seine Tochter Karin geboren. Bis Mai 1952 arbeitete Eduard Ladurner in Dornbirn bei der Firma Zimmermann, einer Verzinkerei, bevor er nach Hattersheim in die Nähe von Frankfurt am Main übersiedelte. Bei den Phrix-Werken, einer Papier- und Zellulosefabrik, legte er Ende 1957 seine Meisterprüfung ab. 1962 kam sein Sohn Klaus zur Welt. Eduard Ladurner starb am 13. März 1986.

Familie Ladurner im Urlaub in Südtirol, Mitte der 1960er-Jahre; in der Mitte Eduard Ladurner und Klaus Ladurner

Eduard und Klaus Ladurner in Südtirol, 1963

Eduard und Klaus Ladurner in Südtirol, 1968

Klaus und Franziska Ladurner, 1997

„Ich wünsche mir, dass es diese schlimmen Dinge bei ihm nicht gab."

Klaus Ladurner, Sohn, und Franziska Ladurner, Enkelin

Klaus, in deiner Fotogalerie im Wohnzimmer hängt ein Bild deines Vaters in SS-Uniform.

Das Bild gehört zum Leben meines Vaters. Es ist nicht zu leugnen, dass er bei der SS war. Das hat jetzt nichts damit zu tun, dass ich darauf stolz wäre. Früher wurden die Leute immer als Soldaten fotografiert. Ich hänge als Bundeswehrsoldat unweit davon und darüber hängt der Opa meiner Frau, ebenfalls in Uniform. Ich würde mich schämen, wenn ich leugnen würde, dass mein Vater bei der SS war. Ich muss es aushalten. Eins meiner Lieblingsfächer in der Schule war Geschichte und wir haben die Zeit des Dritten Reichs, die Nazizeit, durchgenommen. Da fängst du an, dich dafür zu interessieren, was dein Vater damals gemacht hat. Mein Vater und ich hatten durchaus konträre Meinungen darüber, wie das damals war. Als Sohn wird man da berechtigterweise ein bisschen zum Revoluzzer. In der Oberstufe hatte ich Geschichte als Leistungskurs und da ging das weiter. Ich war von der damaligen Zeit unglaublich fasziniert. Und so habe ich meinen Vater mit Fragen konfrontiert. Bevor es in der Schule Thema wurde, hatte es mich eigentlich nicht interessiert.

Wie war das, als in der Schule über SS und Holocaust gesprochen wurde und du an deinen Vater dachtest?

Ich war nicht stolz darauf, dass mein Vater bei der SS gewesen war. Ich habe immer wieder, wenn über das Thema gesprochen wurde, Reaktionen erlebt, wo ich gesagt bekam, da war dein Vater ja ein Kriegsverbrecher. Das ist etwas, das du weder als Kind noch als Erwachsener schön findest. Da übernimmt man automatisch eine gewisse Schutzfunktion, auch wenn man selbst die Dinge sehr kritisch sieht. Aber dadurch, dass ich mich dann viel mit der Nazizeit und dem Holocaust beschäftigt habe, bekam ich Verständnis dafür, dass einer so was sagt. Dabei habe ich festgestellt, dass es da nicht diese eine richtige Meinung, diese eine richtige Sicht gibt. In meinem Bekanntenkreis, in meiner Verwandtschaft, speziell dann natürlich bei meinem Vater, habe ich diesbezüglich ganz unterschiedliche Facetten erlebt. Es wurde ja auch so unglaubliches Leid über die Menschen gebracht, speziell durch die SS, dass ich verstehen konnte, dass erst einmal alle Beteiligten unter einen Generalverdacht gestellt wurden. Ich habe insgesamt dann viel über das Dritte Reich gelesen. Speziell hat mich die Person Hitler fasziniert. Fasziniert in dem Sinne, dass ich mich fragte, wie jemand die Macht haben kann, ein Volk in eine bestimmte Richtung zu bringen, ohne dabei auf echten Widerstand zu stoßen. Auch die Rolle der Industriellen, wie zum Beispiel Krupp, interessierte mich. Ich las Haffners „Anmerkungen zu Hitler" und Fests „Hitler – Eine Biographie".[89] Ich wollte auch wissen, was es mit der SS, mit der Waffen-SS auf sich hatte und ob es da einen Unterschied gab. Es war dann 2008, als ich die Archive anschrieb und auch nach Berlin fuhr. Erst da fand ich heraus, dass mein Vater schon mal verheiratet gewesen war, was er mir nie erzählt hatte. Dort fand ich auch sein Ansuchen um die Genehmigung, als SS-Mann heiraten zu dürfen. Also alles, was du in der Schule nicht glauben konntest, dass das tatsächlich mal so war. Als ich dann „Urteil Kreisgericht Wels" gelesen habe, dachte ich, mein Gott, was hat er angestellt? Dass das dann nachher dieses Scheidungsurteil war, das hat mich sehr beruhigt.

Wie war das für dich, Franziska? Du hast ja deinen Großvater nicht kennengelernt.

Mein Vater hat viel mit uns über unseren Opa und darüber, dass er in der SS war, gesprochen. Schon bevor das Thema in der Schule zur Sprache kam. Auch waren wir regelmäßig in Südtirol bei unserer Verwandtschaft. Da kam bei uns bald die Frage auf, warum der Opa dort weggegangen war. Mit zunehmendem Alter und durch die Schule wurde mein Interesse dann größer. Ich denke aber, dass meine Generation schon früher als die Generation meines Vaters mit Freunden darüber gesprochen hat, wo die Großeltern überall während des Krieges waren. Für mich fühlt es sich so an, als wenn ich meinen Opa gekannt hätte. Wir sind in allen Ferien immer nur in Südtirol gewesen, nie irgendwo anders, und mit der Zeit bekam ich fast das Gefühl, ihm schon mal begegnet zu sein. Papa hat immer sehr liebevoll von ihm erzählt. Dazu kamen die lustigen Geschichten seiner Cousinen und durch das alles entstand so etwas wie eine Beziehung zu ihm.

Klaus, wie war das in diesem Zusammenhang mit deiner Mutter?

Meine Mutter hat bis zu ihrem sechzehnten Lebensjahr im heutigen Tschechien, relativ nahe an der Grenze zu Österreich, gelebt. Als die Russen näher kamen, ist meine Oma mit meiner Mutter und meiner Tante geflohen. Ihnen war klar, dass es keine gute Idee gewesen wäre zu bleiben. Das hat sich auch im Erleben von ihren Freundinnen und Bekannten, die nicht weggegangen sind, bestätigt. Da sind schlimme Sachen passiert. Meine Mutter ist dann in Österreich weiter zur Schule gegangen und hat dort Abitur gemacht und irgendwann meinen Vater kennengelernt. Als ich später während meiner Schulzeit meinen Vater wegen der Kriegsverbrechen und der Judenvernichtung angriff, nahm sie ihn immer in Schutz. Ich hatte in der Schule tolle Lehrer und uns wurde die ganze Bandbreite des Schreckens aufgezeigt. Wenn ich zu Hause gar zu aufmüpfig war, hat sie sich schützend vor ihn gestellt. Sie war eine selbstbewusste Frau und durchaus gleichberechtigt. Sie war zu der Zeit auch selbstständig und hatte ein eigenes Geschäft. Eigentlich war sie der Meinung, dass es mir auch nicht zustand, ihm solche Vorwürfe zu machen. Ihr Vater war bei Ende des Krieges noch beim Volkssturm gewesen. Meine Mutter ist in sehr gut situierten Verhältnissen aufgewachsen. Sie hatten ein Weingut, ein Lebensmittelgeschäft und einen Kohlehandel und durch die Flucht haben sie alles verloren. Die ganze Familie wurde von jetzt auf gleich bettelarm. Für meine Mutter war diese Geschichte zeit ihres Lebens eine Katastrophe und sie konnte den Tschechen das auch niemals verzeihen. Sie war so tief verletzt. Und wenn ich meinen Vater mal härter angegangen bin, hat ihr das nicht gefallen. Ich habe ihm dann die Judenvernichtung vorgeworfen und dass sie das auch gewusst haben. Sie könnten nicht einfach sagen, sie hätten da nichts mitgekriegt. Egal wie nah man dieser Sache war, irgendwann hat jeder irgendwo was gewusst. Das hat mein Vater auch zugegeben. Aber unheimlich viel hat bei ihm irgendwie nicht zusammengepasst. Dass er zum Beispiel die Familie von diesem jüdischen Kind Peter Salvatori in Berlin besuchen wollte. Er hatte den Auftrag, Fahrzeuge bei Mercedes abzuholen, und ging dann in das jüdische Viertel. Ich sag jetzt mal Ghetto, wobei es ja kein echtes Ghetto war, aber wo halt viele Juden gelebt haben. Er hat sich nichts dabei gedacht, dort in seiner SS-Uniform durchzulaufen. Für mich spricht das dafür, dass er in jungen Jahren noch nicht wirklich wusste, was da läuft.

Franziska, hast du selbst auch versucht, zur SS oder zum Dritten Reich zu lesen?

Erst mit Beginn meines Studiums. Das meiste weiß ich über Papa, der viel geforscht und herausgefunden hat. Er hat uns alles erzählt, weil er wollte, dass wir darüber Bescheid wissen. Da fing es eigentlich erst mit dem Lesen für mich an. Natürlich kam auch mir mal der Gedanke, ob der Opa womöglich in mehr verwickelt war, ob es da mehr gab. Auch von Freunden kamen diesbezüglich Fragen, sobald sie wussten, dass mein Opa bei der SS war. Dann habe ich Papa gefragt. Er sagte, soweit er wüsste, nicht. Aber intensive Ängste hatte ich nicht.

Klaus?

Schon meine Antwort „Soweit ich weiß, nicht" sagt eigentlich viel aus. Ich habe meinen Vater in dieser Zeit nicht gekannt. Ich kann verstehen, wenn Menschen schlimme Dinge gerne verdrängen. Ich wünsche mir, dass es diese schlimmen Dinge bei ihm nicht gab. Aber ich kann es natürlich nicht mit absoluter Sicherheit sagen. Ich weiß nicht, ob er es mir erzählt hätte. Wir haben zwar über vieles gesprochen, aber von seiner ersten Ehe hat er auch nie erzählt. Wir sind eigentlich sehr offen miteinander umgegangen. Mein Vater ist gestorben, als ich dreiundzwanzig war. Aber ich glaube, es gibt Dinge, auf die niemand stolz ist, und die würde mein Vater wahrscheinlich auch nicht erzählt haben. Ich weiß nicht, ob ich solche Dinge meinen Kindern erzählen würde. Ich kann dafür die Hand weder für mich noch für meinen Vater ins Feuer legen. Ich weiß noch, wie ich bei der Bundeswehr war und mich das erste Mal damit auseinandergesetzt habe, unter Umständen auf Menschen schießen zu müssen. Du musst dir die Frage stellen, ohne sie wirklich beantworten zu können. Das weißt du erst, wenn es so weit ist. Mich hat das sehr beschäftigt. Für mich hatte ich es so beantwortet, dass ich es in bestimmten Situationen könnte. Aber das waren eher so hehre Gedanken, die man hatte in der Ost-West-Konfrontation, auch die Heimat, die Familie zu verteidigen. Das war kein Problem. Bei anderen Sachen bin ich froh, dass ich das nie beantworten musste.

Wie würdest du deinen Vater als Menschen beschreiben?

Viele Dinge, die für die SS eine Rolle gespielt haben, waren auch für ihn bedeutend. Er war sehr ordnungsliebend. Er war sehr pflichtbewusst. Er war aber vor allen Dingen mir gegenüber sehr liebevoll und fürsorglich. Wenn ich krank war, kam er und hat sich um mich gekümmert. Wenn ich irgendetwas brauchte, hat er es immer möglich gemacht. Er war eine Vertrauensperson, wo man sagen konnte, Blut ist dicker als Wasser. Für ihn war die Familie extrem wichtig und ich glaube, dass es daher kam, dass er seine so früh verloren hat, dass alles auseinandergerissen wurde. Seine Mutter hat er extrem geliebt. Er hatte zu ihr das viel engere Verhältnis als zu seinem Vater. Leider ist sie jung gestorben und er hat sie sehr vermisst. Ihm war wichtig, dass seine Familie ein sicherer Hafen ist. Ich hatte immer das Gefühl, ich kann mit allem zu ihm kommen. Ich war ja auch beim Militär. Er war nie so, wie man sich jemanden mit so einem militärischen Hintergrund vorstellt. Wahrscheinlich hätte er mit vielen Dingen Probleme gehabt, die heute ganz normal sind. Hätte ich statt einer Frau einen Mann nach Hause gebracht, wäre das sicherlich nicht einfach gewesen. Da war er schon in eine bestimmte Richtung eingefahren. Aber für mich war er die wichtigste Person meines Lebens. Abgesehen von meiner eigenen Familie. Ich habe mich an ihm gerieben und wir hatten viele Auseinandersetzungen. Aber ich habe immer gespürt, dass da eine ganz große Liebe, eine Zuneigung ist, die ich nicht kaputt machen konnte.

Wie war das Verhältnis deines Vaters zu deiner Schwester?

Meine Schwester ist zwölf Jahre älter und ich glaube, dass die zwei zueinander ein anderes Verhältnis hatten. Allerdings gilt das auch für sie und meine Mutter. Meine Mutter stand mir persönlich näher als ihr. Vielleicht liegt es daran, dass ich mich für die Familie so verantwortlich fühle. Wobei das keine Leistung von mir ist, das habe ich in meiner DNA.

Hat dein Vater auch von sich aus mit dir das Gespräch über den Zweiten Weltkrieg, die SS und den Holocaust gesucht?

Es liefen damals viele Kriegsfilme im Fernsehen. Mein Vater hat die sich zusammen mit mir angeschaut. Dann haben wir darüber geredet und er fragte mich zum Beispiel, ob ich glauben würde, dass sich das früher so abgespielt habe. Da hat er das Gespräch nicht gemieden. Da war mein Vater ganz anders als mein Onkel. Der Schwager meiner Mutter war Jahrgang 1919 und bei der Wehrmacht gewesen. Er war von Anfang an den ganzen Krieg an der Front. Er konnte so Filme gar nicht sehen und hat immer sofort angefangen zu weinen.

Habt ihr die Fernsehserie „Holocaust – Die Geschichte der Familie Weiß“ gesehen? Das war eine amerikanische Produktion von 1978.

Ja, über diese Geschichten haben wir auch gesprochen. Ich war schon in Dachau gewesen und ich will irgendwann mal gerne nach Auschwitz. Franziska möchte es auch gern. Ich möchte mir unbedingt Auschwitz anschauen. Das hatte ich ihm damals auch gesagt. Er hat erzählt, dass er Filme über den Holocaust in der Gefangenschaft gezeigt bekommen hat. Mein Vater hat gesagt, wenn er die nicht gesehen hätte, hätte er es niemals geglaubt, dass man Menschen wie Vieh zum Ofen transportiert, das hätte er sich niemals vorstellen können. Anfänglich hat man ja gedacht, alles abzustreiten. Etwa mit „Und es gab doch gar nicht so viele Juden“ usw. Irgendwann ging man dazu über, sich der enormen Schuld bewusst zu sein, die man auf sich geladen hat. Mich hat das alles interessiert und so konnte er nur schlecht ausweichen. Aber auch die Verbrechen der Vertreibung wie der Brünner Todesmarsch[90] haben mich interessiert. Ich hatte in der Oberstufe zum Glück eine Geschichtslehrerin, die uns die ganze Bandbreite darstellte. Sie hat dabei nicht ein Unrecht gegen das andere aufgerechnet. Was ich grundsätzlich schrecklich finde. Das eine Unrecht hat mit dem anderen nichts zu tun. Unrecht bleibt immer Unrecht. Die Gespräche mit meinem Vater waren für uns beide interessant. Ich war gut informiert und wir haben dann immer über konkrete Sachen gesprochen. Es gab ja auch die Besuche meiner Mutter in ihrer Heimat. Diese Sudetendeutschentreffen, die ja auch immer in Richtung der Ewiggestrigen gingen. Im Großen und Ganzen wurden bei uns halt alle Themen angesprochen. Ob sie immer wirklich bis ins Letzte diskutiert wurden, kann ich nicht sagen. Aber es gab bei uns keine Tabuthemen.

Hat sich dein Vater antisemitisch geäußert?

Das Einzige, ich weiß gar nicht mehr, in welcher Unterhaltung, das war diese Mär vom internationalen Finanzjudentum. Aber konkret? Nein, er hat nichts gegen Juden gehabt.

Wie würdest du seine politische Haltung nach dem Krieg beschreiben?

Ich glaube, er hat immer die CDU gewählt. Er hat mir mal gesagt, er möchte in keinen Verein mehr eintreten, außer in die Feuerwehr. Er war total enttäuscht, was aus seiner anfänglichen Begeisterung geworden war. Was er später aus seinem Leben gemacht hat und auch die Bundesrepublik, das hat ihm gut gefallen. Er wollte nicht mehr irgendwelche Befehle befolgen. Er wollte sein Leben frei leben.

Welche seiner Geschichten aus dem Krieg sind dir besonders in Erinnerung geblieben?

Die eindrücklichste Geschichte war nach dem Attentat auf Heydrich diese Aktion in Prag. Er war dabei, als die Kirche, in der sich die Attentäter verschanzt hatten, umstellt wurde. Einer seiner Kameraden, ein achtzehnjähriger SS-Mann, wurde dabei aufs Dach eines anliegenden Hauses geschickt, als Scharfschütze. Der Achtzehnjährige hat dabei in einer Wohnung eine goldene Taschenuhr mitgehen lassen. Am nächsten Tag mussten sie antreten. Dann schritt die tschechische Frau die Reihen ab und deutete auf den jungen SS-Mann. Fünf Minuten später musste mein Vater ihn zum Erschießen fahren. Da wurde dieses „Meine Ehre heißt Treue“ und „Auf Diebstahl steht die Todesstrafe“ das erste Mal real für ihn und er hat angefangen, an diesen Dingen zu zweifeln. Also ich glaube, das war das Eindrücklichste, was er mir erzählt hat. Das war für ihn furchtbar.

Hat dein Vater jemals etwas zu den Sühnemaßnahmen nach dem Heydrich-Attentat gesagt?

Nein.

Das heißt, er hat von der Jagd auf die Attentäter erzählt und nichts von der Vernichtung von Lidice? Hat er das nicht mitbekommen?

Doch, das hat er mitbekommen. Darüber haben wir nie gesprochen, aber das hat er mitbekommen. Er hat gesagt, dass die Maßnahmen, die ergriffen wurden, immer vollkommen übers Ziel hinausgeschossen sind, auch in Jugoslawien. Sie hatten natürlich extrem gelitten, wenn da ein Wachposten nachts massakriert wurde, und hatten große Wut. Aber wie dann reagiert wurde, das sprengte jede Verhältnismäßigkeit. Sowohl in Jugoslawien als auch in Prag. Er wusste, dass das passiert ist, und fand es unglaublich. Ich hoffe, dass die Auszeichnung, die er in Jugoslawien bekam, nicht dafür war, dass er irgendwelche Leute erschossen hat.

Gibt es persönliche Erfahrungen mit deinem Vater, die du besonders mit seiner Geschichte in Zusammenhang bringst? Du hast mir mal erzählt, dass er dich nur einmal geschlagen hat.

Das war, als ich nachts abgehauen bin. Ich hatte mir eine Strickleiter gebastelt und war bei einem Freund ein paar Häuser weiter im Garten. Wir waren so zwölf und haben dort im Zelt gesessen. Dann kam ein Gewitter, sodass ich nicht nach Hause konnte. Als es endlich vorbei war, sah ich, dass unser Haus hell erleuchtet war. Er hat sich so aufgeregt, dass ich das einzige Mal in meinem Leben von ihm ordentlich auf die Löffel gekriegt habe. Aber dann ist meine Mutter dazwischengegangen und hat gesagt, jetzt lass den Jungen in Ruhe.

Hattest du Angst vor deinem Vater, wenn du ihm widersprochen oder dich widersetzt hast?

Nein. Wir hatten schon hitzige Debatten, aber da war nie eine lose Hand gewesen.

Welche Anteile von dir bringst du mit deinem Vater in Zusammenhang?

Es ist schwierig, da etwas hervorzuheben. Aber er war in meinem Leben der größte Einfluss.

„Pflicht, Gehorsam, Subordination“. Kannst du diese Begriffe zu ihm in Beziehung setzen?

Pflicht war ihm extrem wichtig. Gehorsam? Also Unterordnung? Das würde ich nicht sagen. Aber ihm war es schon wichtig, dass man funktioniert hat. Er sah es auch lieber, wenn wir unsere Gefechte intern austrugen. Er hätte es nicht gut gefunden, wenn ich ihn vor anderen Leuten bloßgestellt hätte. Das hätte er nicht gemocht. Aber in unseren internen Diskussionen war er sehr belastbar. Da musste ich nie Angst haben. Es war ihm auch wichtig, dass ich ein Pflichtbewusstsein habe. Mein Vater hat zu mir auf dem Sterbebett gesagt, dass ich mich um meine Mutter kümmern sollte. Das war für ihn ganz wichtig und ich habe mich dem auch verpflichtet gefühlt. Ich hätte mir durchaus vorstellen können, später das Haus hier mal zu verlassen. Aber es gibt Dinge im Leben, die verspricht man, und dann sollte man sich daran halten. Das ist für mich, glaube ich, ein Wesenszug, den ich mit Sicherheit von ihm übernommen habe.

„Meine Ehre heißt Treue." Siehst du da deinen Vater?

Mit Sicherheit war das am Anfang etwas für ihn. Er erzählte mir einmal von seiner Musterung. Damals war er noch kein Hitler- und auch kein SS-Fan. Da kam ein SS-Mann und fragte die Rekruten, wer freiwillig zur SS kommen wolle. Keiner hat sich gemeldet. Daraufhin hat der SS-Mann einen Witz erzählt. Er war blond und groß und hatte schöne Zähne. So wie man es sich klassisch vorstellt. Mein Vater hat gelacht und dann war er dabei. Mit der Zeit hatte es für ihn immer weniger Bedeutung. Treue wäre ja Treue zum Führer gewesen und er war schon der Meinung, dass sie eigentlich verführt worden waren.

„Du bist nichts, dein Volk ist alles."

Damit kann ich nichts anfangen.

Hatte der Vater einen Volksbegriff, Südtiroler oder Deutscher, war das für ihn von Bedeutung?

Auch wieder sehr ambivalent. Mein Vater hat zeit seines Lebens Stress gehabt mit dem italienischen Staat. Er war aber in Deutschland in seiner Firma für die ganzen Gastarbeiter zuständig und hat sich herausragend um sie gekümmert. Er hat auch unheimlich gern Italienisch gesprochen, was diese Generation auch perfekt konnte. Er ist später von seinen Chefs als Simultandolmetscher zu irgendwelchen Verhandlungen mitgenommen worden. Aber sobald es staatlich wurde, hat er einem Carabiniere noch nicht mal eine Antwort gegeben. Er hat dann gesagt, er verstehe kein Italienisch, und hat lieber die Strafe bezahlt. Er hat den italienischen Staat in gewisser Weise gehasst. Er hat auch das, was man den Südtirolern angetan hat, nicht nachvollziehen können. Auch das mit den damaligen Freiheitskämpfern, die Italiener nennen sie Terroristen. Aber er hat diese Dinge immer dem italienischen Staat angelastet, niemals dem einzelnen Italiener.

Hast du in deinem Erwachsenenleben Anerkennung oder Kritik von Menschen bekommen, wenn du gesagt hast, der Vater war bei der SS?

Insgesamt eher Kritik. Aber es gab in meinem Bekanntenkreis auch Leute, deren Vater ebenfalls in der SS war und die irgendwie darauf stolz waren. Nicht auf das, was die SS angerichtet hat. Aber das Gefühl war da: „Wir sind die Elite." Das habe ich auch in Südtirol in Gesprächen gehört. „Wir waren ja auch die Besten." Es schien schon klar zu sein, dass von der SS unendliches Unheil verursacht wurde, aber trotzdem schwang mit, dass sie im Prinzip ja tolle Jungs gewesen sind. Dazu passt auch der Spruch von meinem Vater, als er bei einem Besuch meinen Spind bei der Bundeswehr inspizierte, dass ich mit meiner Ordnung in der SS keine Chance gehabt hätte.

Machst du deinem Vater Vorwürfe für die Dinge, die er getan hat?
Da ich nicht weiß, was er möglicherweise getan hat, habe ich ihm nie einen Vorwurf für seine Soldatenzeit gemacht. Er hat sich freiwillig gemeldet. Er hätte auch zur Wehrmacht gehen können, aber ich weiß gar nicht, ob einem das zu dem Zeitpunkt auch wirklich so bewusst war. Wenn ich mir Algund zu dem Zeitpunkt anschaue, die drei Höfe, die es da gab, der wusste nicht viel von dem, was in der großen, weiten Welt passierte. Ich denke, es war am Anfang die Faszination von jungen Kerlen, die was ganz Tolles machen wollten und die der Meinung waren, sie müssten für Deutschland kämpfen. Ich glaube nicht, dass sie wussten, was die SS wirklich war.

Was kann man aus der Geschichte deines Vaters lernen?
Ich bin mittlerweile unsicher, ob wir in Deutschland wirklich etwas daraus gelernt haben. Für meinen Vater war es ein wunderbarer Gedanke, zu wissen, dass sich so was nicht wiederholen wird. Heute wäre er entsetzt. Er dachte, allein durch die Medien, durch die Informationen usw. könne so etwas nicht mehr passieren. Wenn ich diese Aufmärsche sehe, wenn ich mir überlege, dass dreißig Prozent möglicherweise für eine Partei sind, die zumindest in großen Teilen gesichert rechtsextrem ist … Ich denke auch, dass die AfD unsere Medienlandschaft missbraucht und versucht, die Menschen für ihre Ziele zu manipulieren. Das macht mir schon Angst. Die Lehre ist, aufzustehen und zu argumentieren und nicht müde zu werden. Aber es gibt heute keine Sicherheit, dass das nicht mehr passieren kann. Unsere Demokratie ist viel fragiler und empfindlicher, als wir uns das so vorstellen.

Franziska, hast du etwas aus der Geschichte deines Opas gelernt? Und was denkst du und was denken deine Freunde über Politik?
Viele meiner Freunde interessieren sich sehr dafür, wenn ich von Opa erzähle. Sie erzählen dann auch von ihrer Familie und fragen nach Büchern, die ich gelesen habe. Ich habe Freunde, die sind Türken. Die finden es total interessant, dass Opa im Krieg und bei der SS war. Mit denen hätte ich den ganzen

Abend darüber reden können. Was Papa angesprochen hat mit der aktuellen Situation, besorgt uns sehr. Besonders die Freunde aus der Türkei haben gerade Angst und fragen sich, ob sie noch lange in Deutschland bleiben werden.

Dr. Jekyll und Mr. Hyde. Passt das zum Vater?

Ich glaube, es gibt Situationen, die die Menschen zu bestimmten Handlungen veranlassen, und Krieg ist so eine Situation. Ich glaube weniger an die zwei Gesichter von Menschen, sondern eher, dass es eine große Bandbreite bei uns allen gibt und dass wir immer daran arbeiten müssen, uns für die gute Seite zu entscheiden. Jeder von uns könnte im Prinzip ein Mörder sein oder zumindest jemanden anderen töten, wenn die Situation entsprechend wäre. Sich für das Gute entscheiden, darum geht es, oder wie Marcel Reif[91], dessen Vater den Holocaust überlebte, gesagt hat: „Sei ein Mensch."

Würde es dich ängstigen, wenn du etwas rausbekämst, was du noch nicht weißt, was schlimm wäre, etwa dass dein Vater in einem Vernichtungslager war?

Das ist jetzt eine ganz emotionale Geschichte. Ich glaube nicht, dass mein Vater das erlebt hat. Er wäre sonst mit seinem restlichen Leben nicht so klargekommen. Das macht auch etwas mit jemandem. Wenn heute so lapidar gesagt wird, die hätten damals die Befehle verweigern sollen. Ich habe mich immer gefragt, was ich gemacht hätte. Ich glaube, ich hätte geschossen. Ich glaube, ich wäre kein Held gewesen. Aber das Allerschlimmste wäre jetzt für mich, und ich denke da auch an meinen Vater, dass du davor nicht weglaufen kannst. Du kannst versuchen, es zu leugnen. Du kannst es verschweigen, aber du kannst niemals davor weglaufen. Ich bin froh, dass ich das nie entscheiden musste. Ich glaube nicht, dass ich ein Märtyrer gewesen wäre. Ich glaube nicht, dass mein Vater direkt mit Menschenrechtsverbrechen zu tun hatte. Aber für mich wäre es eine Katastrophe, wüsste ich das. Dann wäre mein Bild ein anderes.

Klaus Ladurner, * 1962 in Frankfurt am Main, wohnt seit seiner Geburt in Hattersheim im Rhein-Main-Gebiet, verheiratet, drei Kinder.

Franziska Ladurner, * 1996, wohnt in Wiesbaden, Studium in Brixen/Südtirol, arbeitet als Grundschullehrerin.

Im Zentrum des Mordens entlang der „Straße der SS“

SS-Untersturmführer Martin Trojer

Völkischer Aktivist. Freiwillig zur Waffen-SS. Fluch wird zum Segen, wird zum Fluch. Eine Erkrankung aus Kindheitstagen verhindert den ersten Einsatz an der Front. Weitere Erkrankungen folgen. Statt zur kämpfenden Truppe kommt er zu den SS- und Polizeieinheiten im Generalgouvernement Polen ins Zentrum des Mordens. Drei Jahre an der „Straße der SS“. Drei Jahre im Umfeld und dann direkt in Krakau am Ort von „Schindlers Liste“.

Martin Trojer wurde am 7. August 1919 als zweiter Sohn von Karl Trojer und Elisabeth Trojer geb. Ausserer in Naturns geboren. Sein Bruder Karl Trojer, benannt nach dem Vater, war fast zehn Jahre älter. Martin Trojer wuchs zusammen mit seinen Eltern und seinem Bruder im unweit von Naturns gelegenen Schlanders im Vinschgau auf. Sein Vater war Huf- und Wagenschmied und führte dort einen eigenständigen Betrieb. Elisabeth Trojer arbeitete als Näherin. Martin Trojer besuchte fünf Jahre lang die örtliche Volksschule, bevor er im Anschluss eine Ausbildung als Mechaniker im Betrieb seines Vaters begann. Nach der insgesamt dreijährigen Ausbildung, während der er auch die Führerscheinprüfung ablegte, blieb Martin Trojer im Betrieb seines Vaters. Er engagierte sich ebenso wie sein Bruder Karl frühzeitig im Völkischen Kampfring Südtirols und wurde im Untervinschgau zu einem der führenden jungen Aktivisten. Auf der vom VKS im September 1939 gesammelten Liste mit Freiwilligenmeldungen für die Wehrmacht und Waffen-SS – die ortsgebundenen Listen wurden hierarchisch geführt, also mit den Kreis- und Ortsgruppenleitern am Anfang – stand sein Name für den Untervinschgau an zweiter Stelle.[92] Für die Option für Deutschland benötigte Martin Trojer die Erlaubnis seines Vaters, da er noch nicht das einundzwanzigste Lebensjahr vollendet hatte. Auf dem Annahmeschein und dem Stammbogen der Option wurde er am 3. November 1939 als Freiwilliger für die deutschen Heeresverbände vermerkt. Als weiteren Verwendungswunsch gab er eine Stellung in

Martin Trojer als Jugendlicher

Bayern als Mechaniker an. Am 8. Januar 1940 fuhr Martin Trojer mit einem Sammeltransport nach Innsbruck. Der Militärtransport war einer von drei ausgewiesenen SS-Transporten im Zeitraum von November 1939 bis September 1940. Von den achtundsechzig Südtirolern, die zusammen mit Martin Trojer im Transport fuhren, meldeten sich sechsundfünfzig zur Waffen-SS und zwölf zur Wehrmacht.[93] Wie viele Südtiroler in der Anfangsphase des Krieges wurde Martin Trojer in München in der Kaserne Freimann militärisch innerhalb der SS-Verfügungstruppe ausgebildet und der Kraftfahrstaffel des SS-Regiments „Deutschland" zugeteilt. Nach einer Erkrankung kam Martin Trojer zum SS-Ersatz-Bataillon „Deutschland" in Prag-Rusin. Seit seiner Kindheit machte ihm immer wieder seine Hepatitis-A-Erkrankung zu schaffen, sodass er, obwohl grundsätzlich tauglich für die Waffen-SS gemustert, nicht direkt zur kämpfenden Truppe kam. Auch in Prag-Rusin hatte er gesundheitliche Probleme. Zwischen Januar und Mai 1941 musste Martin Trojer sowohl wegen einer Harnwegsentzündung als auch wegen Problemen mit der Lunge für mehrere Wochen ins SS-Lazarett Prag. Die genauen Über-

Mitglieder der illegalen deutschen Bewegung aus Naturns, Ende der 1930er-Jahre; Martin Trojer vorne mit Zigarette

stellungstermine vom Ersatz-Bataillon zum Kommandoamt der Waffen-SS bzw. dem SS-Führungshauptamt sind nicht vermerkt. Gesichert ist aber, dass er im Februar 1942 in der Kraftfahrstaffel des SS-Führungshauptamts eingesetzt war. Der erste Hinweis auf seine Stationierung im Generalgouvernement Polen datiert vom März 1942. Martin Trojer wurde als Fahrer dem SS-Führer des Oberbauabschnitts Winniza zugewiesen.[94] Nur acht Kilometer nördlich von Winniza befand sich bis kurz nach der Niederlage in Stalingrad Anfang 1943 das Führerhauptquartier „Werwolf" und unweit von Winniza war unter der Regie von Reichsführer-SS Heinrich Himmler die volksdeutsche Modellsiedlung Hegewald erbaut worden. In Winniza selbst lebten im September 1941 beim Einmarsch der deutschen Truppen noch ca. achtzehntausend Juden. Laut einem Befehl des Reichsführers-SS Heinrich Himmler durften sich Juden im Generalgouvernement ab Dezember 1942 nur noch in „Sammellagern in Warschau, Krakau, Radom, Czestochowa und Lublin aufhalten".[95] In mehreren Tötungsaktionen wurde die jüdische Bevölkerung in Winniza bis Sommer 1942 fast vollständig vernichtet.

Martin Trojer führt den „Marsch, um das Deutschtum zu erhalten“ (Originalbeschriftung) an, Ende der 1930er-Jahre.

Winniza lag unweit der Grenze des Generalgouvernements im Bereich des Höheren SS- und Polizeiführers Russland-Süd an der Durchgangsstraße IV (DG IV). Die DG IV oder Rollbahn Süd bzw. „Straße der SS“ war für die Heeresgruppe Süd die wichtigste Verbindungsstraße zwischen der Ostfront und dem Deutschen Reich. Sie führte von Berlin durch das Generalgouvernement über Lemberg und die Ukraine bis nach Rostow am Don. Vor allen Dingen im Generalgouvernement und in der Ukraine war die DG IV Tatort und Friedhof in einem, sie war Teil der Endlösung und der Vernichtung durch Arbeit. Entlang der DG IV waren zeitweise fünfzigtausend Juden und Kriegsgefangene zur Zwangsarbeit eingesetzt.[96] Bereits im Oktober 1941 hatte der SS- und Polizeiführer Friedrich Katzmann begonnen, entlang der DG IV östlich von Lemberg eine Reihe von Arbeitslagern einzurichten. Von Beginn an war die Situation für die Zwangsarbeiter mörderisch. So lautete einer von Katzmanns ersten Befehlen, dass alle schlecht arbeitenden und kranken Juden in den Lagern entlang der DG IV zu töten seien.[97] Im Protokoll der Wannseekonferenz fasste Adolf Eichmann Ende Januar 1942 die Endlösung im Osten mit den Worten zusammen: „Unter entsprechender Leitung sollen im Zuge der Endlösung der Judenfrage die Juden in geeigneter Weise zum Arbeits-

SS-Rottenführer Martin Trojer am Kuban, 1943

einsatz kommen. In großen Arbeitskolonnen […] werden die arbeitsfähigen Juden straßenbauend in diese Gebiete geführt, wobei zweifellos ein Großteil durch natürliche Verminderung ausfallen wird."[98]

Noch immer beim SS- und Polizeiführer im Oberbauabschnitt Winniza stationiert, eröffnete sich Martin Trojer, inzwischen im Rang eines SS-Rottenführers, im Dezember 1942 die Chance, in die SS-Führerränge aufzusteigen, als er zusammen mit achtzehn anderen Südtirolern, u. a. auch Otto Casagrande, vom Leiter der AdO Peter Hofer dem Reichsführer-SS Heinrich Himmler für die SS-Führerlaufbahn empfohlen wurde. Hofers einleitende Worte sollen hier kurz zitiert werden: „Es sind dies Männer, welche sich aus den Reihen der Südtiroler Jugend zu Beginn der Optionszeit und auch späterhin freiwillig zur Waffen-SS meldeten, und die besten Kräfte, welche seit Jahren am Behauptungskampf der Südtiroler Volksgruppe als meine Mitarbeiter und Kameraden führend mitwirkten."[99]

Martin Trojer wurde bis Ende 1944 an verschiedenen Stellen bei den Höheren SS- und Polizeiführern (HSSPF) bzw. den SS- und Polizeiführern (SSPF) eingesetzt. Im Mai 1943 kam er vorübergehend zum Polizeiführer und Kommandierenden der Ordnungspolizei in Krasnodar am Fluss Kuban östlich

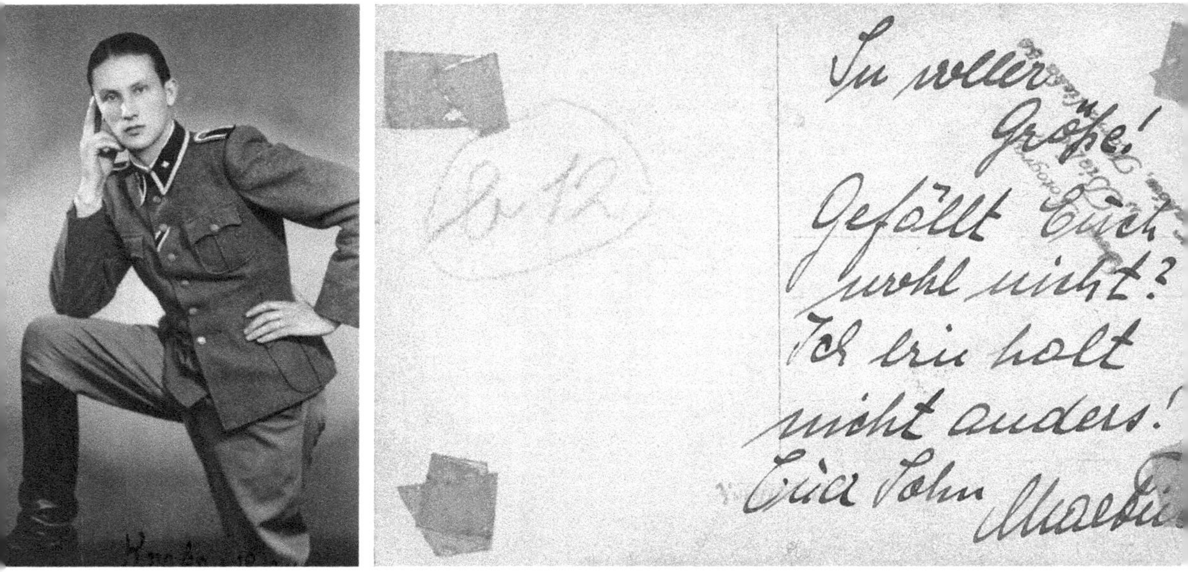

Martin Trojer als SS-Unterscharführer in Krakau, Oktober 1944; Foto und Rückseite: „In voller Größe!"

der Krim, bevor er spätestens ab September 1944 wieder entlang der DG IV verwendet wurde. Im Juni 1943 wurde der vorherige SSPF Galizien Friedrich Katzmann vom SS-Brigadeführer Theobald Thier abgelöst. Thier war vorher als SSPF für den Bereich Kaukasien-Kuban vorgesehen, bevor er nach Lemberg und dann nach Krakau kam.[100] Friedrich Katzmann und Theobald Thier waren in ihren Funktionen als SSPF nur zwei der vielen Mörder unter den HSSPF und SSPF. Während Katzmann zu Kriegsende untertauchen und sich der Strafverfolgung entziehen konnte, wurde Thier 1948 in Krakau zum Tode verurteilt. Ob Martin Trojer schon am Kuban im Umfeld von Thier eingesetzt war und ihn dann nach Lemberg begleitete, bleibt unklar. Spätestens ab September 1944 aber war Theobald Thier am Standort Krakau als SSPF der Vorgesetzte von Martin Trojer.

Die Situation in Krakau während der deutschen Besatzung ist den meisten Menschen durch den Film von Steven Spielberg „Schindlers Liste" aus dem Jahr 1993 bekannt. Das „Judenlager" (Julag) Krakau-Plaszow war das größte zentrale Arbeitslager (ZAL) entlang der DG IV. In der Regel wurden die Julags den SSPF zur relativ freien Verfügung von den HSSPF überlassen, was eine kaum überschaubare Willkür im Umgang mit den Juden zur Folge hatte.

Einbringen der Ernte in der Ukraine während der deutschen Besatzung

Ein Blick zurück: Das Julag Krakau-Plaszow war ab Oktober 1942 auf dem jüdischen Friedhof in Krakau errichtet worden, wobei die Lagerstraße mit Grabsteinen vom jüdischen Friedhof – mit der Schrift nach oben – gepflastert wurde.[101] Während der gesamten deutschen Besatzungszeit hatten größere Massaker an der jüdischen Bevölkerung parallel zu dem schonungslosen Arbeitseinsatz der arbeitsfähigen Juden stattgefunden. Im März 1943 begann die Vernichtung des Krakauer Ghettos. Ca. achttausend überlebende Juden kamen aus dem Ghetto ins Lager Plaszow, das mit zehntausend Insassen und von der Größe her mit den anderen Konzentrationslagern im Reich vergleichbar war.[102] Während der sogenannten Aktion Erntefest im November 1943, bei der u. a. in den Lagern in Majdanek, Lublin und Trawniki Massenerschießungen stattfanden, erreichte die Erschießung der Krakauer Juden in Krakau-Plaszow ihren Höhepunkt. Die seit September 1943 geplante Übernahme der Julags ins KZ-System wurde Anfang 1944 umgesetzt, wobei Krakau-Plaszow eine dominierende Stellung bekam. Es wurde ein SS-Totenkopf-Wachsturmbann aufgebaut und Plaszow erhielt den offiziellen Status eines KZs. Mit dem Heranrücken der Roten Armee begannen die Auflösung der Lager und die Todesmärsche nach Westen, wobei die meisten Häftlinge des KZs Krakau-Plaszow in die KZs Mauthausen und Stutthof kamen. Im September 1944 begann der Versuch der SS, die Spuren der Massenvernichtung zu verwischen. Auch im KZ Krakau-Plaszow wurden die Massengräber geöffnet und in den folgenden Wochen die Leichen der Ermordeten verbrannt. Am 19. Oktober schickt Martin Trojer, inzwischen SS-Unterscharführer und mit dem Eisernen Kreuz 2. Klasse ausgezeichnet, seinen Eltern ein Bild in aufreizender Pose und Uniform. Auf der Vorderseite der Fotografie steht das Datum und auf der Rückseite vermerkt er: „Ich weiß, was ihr denkt. Aber ich bin, wer ich bin." Die Bedeutung der Widmung gibt Rätsel auf, wirkt aber in Anbetracht der mörderischen Umstände in Krakau genauso wie das gleichzeitig eingereichte Heiratsgesuch vom 24. November 1944 verstörend. Auch in dieser letzten Phase des Krieges ließ es sich die SS-Bürokratie nicht nehmen, die übliche langwierige rassehygienische und gesundheitliche Prüfung des Heiratsgesuchs vorzunehmen. Inzwischen zum SS-Untersturmführer befördert, heiratete Martin Trojer, noch immer beim HSSPF Ost in Krakau stationiert, die Witwe Irmgard Winkelmann aus Berlin. Der genaue Heiratstermin ist nicht mehr festzustellen.

Im Januar 1945 wurde der Rest der Häftlinge aus Krakau-Plaszow nach Auschwitz, Groß-Rosen, Brünnlitz oder Buchenwald in Marsch gesetzt.[103] Die SS-Mannschaften wurden abgezogen. SS-Brigadeführer Thier hatte noch einen kurzen Einsatz beim HSSPF Nordsee.

Wo Martin Trojer die letzten Monate des Krieges verbrachte, ist unbekannt. Nach Ende des Krieges war er zuerst in Berlin und versteckte sich bei seiner Frau Irmgard. Seine SS-Blutgruppen-Tätowierung brannte er mit ihrer Hilfe aus. Die Narben fielen nicht weiter auf, weil er seit seiner Kindheit aufgrund eines Unfalls Verbrennungsmale an anderen Stellen des Körpers hatte. Wann genau er nach Südtirol zurückkehrte, bleibt unklar. Wie alle Südtiroler SS-Offiziere wurde auch Martin Trojer 1948 von der Rückoption ausgeschlossen. Als sich die Situation in Südtirol für die von der Rückoption ausgeschlossenen Südtiroler in den 1950er-Jahren entspannte, kehrte Martin Trojer nach Schlanders zurück. Seine Ehe mit Irmgard Winkelmann war geschieden worden. In Schlanders baute er zusammen mit seinem Bruder Karl eine eigene mittelständische Firma für landwirtschaftliche Maschinen auf.

Karl Trojer war wie Martin Trojer ebenfalls im VKS aktiv gewesen. 1943 war er nach der Ausbildung beim SS-Gebirgsjäger-Ersatz-Bataillon 6 in Hallein zur 6. SS-Gebirgs-Division „Nord" versetzt worden. Anders als Martin Trojer, der nie in Gefangenschaft geriet, wurde Karl Trojer nach seiner Rückkehr als SS-Mann denunziert, offensichtlich von einem Dableiber. Er kam in Italien

Martin Trojer (rechts) als SS-Untersturmführer an der Durchgangsstraße IV, „Straße der SS“ genannt, undatiert

in alliierte Gefangenschaft, aus der er nach Aussagen seines Sohnes als „gebrochener Mann“ zurückkehrte.

1957 heiratete Martin Trojer noch einmal. 1958 kam seine Tochter Giulia zur Welt. Auch die zweite Ehe endete mit einer Trennung. Martin Trojer wurde nie wegen seines Einsatzes bei den SS-Einheiten an der DG IV belangt. Inwieweit er konkret an den dortigen Morden beteiligt war, bleibt im Unklaren. Martin Trojer starb am 23. Mai 1980 im Alter von sechzig Jahren.

Martin Trojer und Tochter Giulia, Anfang der 1960er-Jahre

Familie Trojer in Venedig, Anfang der 1960er-Jahre

„Mit ihm zu leben, war katastrophal, wie ein Gefängnis."

Giulia Trojer, Tochter

Du hast 2015 in New York ein autobiografisches Buch mit dem Titel „SS Daughter" auf Englisch veröffentlicht. Warum hast du diese Überschrift gewählt?

Mir kam es so vor, als ob man über viele Jahre über die SS nicht wirklich sprechen durfte. In unserer Schule, in der Volksschule und in der Mittelschule, hatten wir nichts davon gehört. Niemand hat darüber gesprochen. Meine Erfahrung mit meinem Vater war sehr extrem. Als ich meine Geschichte 2014 aufschrieb, war das der Titel, der mir in meinen Gedanken dauernd erschienen ist. Da habe ich gesagt, das Buch muss so heißen. Dass mein Vater bei der SS gewesen war, wusste ich schon in meiner Kindheit. Meine Großmutter und Großtante mütterlicherseits waren Zwillinge und haben öfters über meinen Vater gesprochen. Wenn sie zu Besuch kamen, fielen Wörter wie „Nazis" und „SS" und dass mein Vater auch ein Nazi sei. Es waren aber keine wirklichen Gespräche, sondern eher Bruchstücke oder einzelne Sätze und Kommentare. Erst mit der Zeit ist mir bewusst geworden, was SS bedeutet. Während des Sechstagekrieges 1967 in Nahost saß mein Vater mittags zur Essenszeit immer stöhnend in unserem Wohnzimmer und redete über die Juden. Dass man sie damals alle hätte umbringen sollen. Dass es ein Fehler war, nicht alle umgebracht zu haben. Dass die Juden wieder alles zerstören würden. Als ich das hörte, dachte ich mir, von was redet der denn da? Es gab in unserer Kindheit in Südtirol keine Juden, auch nicht in meiner Schule, jeder war katholisch. Da fing ich an nachzudenken, was das denn bedeuten soll. Meine Cousinen gingen zu einem Zahnarzt in Meran, Dr. Singer. Er war Jude. Als mein Vater das mitbekam, regte er sich schrecklich auf. Zu einem jüdischen Doktor oder Zahnarzt sollte man überhaupt niemals gehen. Manchmal, wenn er wütend war, sprach er davon, dass ich damals hätte in Russland sein sollen und hätte hungern müssen wie sie. Dann erzählte er von einem seiner Kameraden, der vor Hunger Pilze gesucht und gegessen hatte. Der Freund ist dann gestorben und mein Vater hat überlebt, weil er nicht mitgegessen hat. Einmal hat er erzählt, dass er Fahrer bei der SS war. Er hat davon gesprochen, dass der Winter in Russland so hart war, dass er öfters Frauen von der Straße mitnehmen musste, deren Babys in ihren Armen erfroren waren. Aber mehr erfuhr ich darüber von ihm nicht. Es war auch nie ein Gespräch, es war immer eine Predigt. Er hat mir praktisch einen Vortrag gehalten. Meine Mutter hat, als sie mal wieder auf Besuch kam, zu mir über die ermordeten Juden gesprochen und die Zahl sechs Millionen genannt. Die Zahl sechs Millionen ging mir nicht mehr aus dem Kopf. Meine Mutter sagte auch, dass mein Vater eben verrückt sei und dass der Krieg wahrscheinlich auch eine Rolle gespielt hat, warum er sich so verrückt benahm. Alle haben immer gesagt, mein Vater sei wie eine Naturkatastrophe. Man wüsste nie, wann die Flut kommt. Aber über die Zusammenhänge, den Krieg und die SS hat auch meine Mutter nie wirklich gesprochen. Sie war viel jünger als mein Vater und hat ihn erst in den 1950er-Jahren kennengelernt. Also niemand hat wirklich mit mir über den Krieg geredet. Auch mein Onkel Karl nicht. Er war zehn Jahre älter als mein Vater und hatte ein ganz anderes Temperament. Er war ein ruhiger und viel ausgeglichenerer Mann, obwohl er auch bei der SS gewesen war. Aber auch er hat mit seiner Frau und seinen sechs Kindern nie darüber gesprochen. Falls jemand wirklich mal angefangen hat, vom Krieg zu sprechen, wurde immer gesagt, das war so schlimm, darüber spricht man nicht mehr. Über meinen Vater wurde durchaus gesprochen. Aber nicht über ihn als jungen Mann oder seine Zeit vor dem Krieg, sondern danach und dass er gemein und gefährlich sein konnte. Deshalb ist auch keiner in unser Haus gekommen, auch meine Cousinen und mein Onkel und meine Tante nicht. Die haben nie einen Schritt in unser Haus gemacht.

Hatten sie Angst vor deinem Vater?

Ja, sie hatten Angst.

Hattest du auch Angst vor deinem Vater?

Mein Vater hat mich schon geschlagen. Doch geschlagen zu werden, war nicht das Schlimmste. Das Schlimmste war die Angst. Ich versuchte immer herauszufinden, welche Laune er hatte und wie er sich benehmen würde. Wenn seine Stimmung gut war, konnte ich mich normal bewegen. Dann wieder war es besser, mich zu verstecken und nicht in seine Nähe zu kommen. Wenn er schlechte Laune hatte, hat er geschrien und gebrüllt. Ich war ja die Einzige, die damals mit ihm gelebt hat. Ich und unser Hund, ein Boxer, den er in Deutschland gekauft hat. Meine Mutter verließ uns, als ich fünf war. Seitdem schlief ich mit meinem Vater zusammen im Ehebett. Eigentlich hatte ich ein eigenes Zimmer. Er sprach oft darüber, es mir richtig einrichten zu wollen, hat das dann aber nie gemacht. Er brauchte mich wohl, um mit sich selbst klarzukommen. Ich war auch die Einzige, die nicht wegrennen konnte. Seine Arbeiter wussten alle, wie schwierig er war. Aber sie konnten nach der Arbeit nach Hause gehen. Die haben ja nicht mit ihm gelebt und mein Onkel auch nicht. Keiner hat mit ihm leben müssen, außer mir. Seitdem meine Mutter weggelaufen war, habe ich schon als Kind für ihn gekocht, habe geputzt, gewaschen und gebügelt. Wenn ihm etwas nicht gepasst hat, hat er mich beschimpft und Sachen nach mir geworfen. Manchmal war es die dreckige Wäsche, manchmal das Essen. In Südtirol sagt man ja „Vati" oder „Vater", das durfte ich nicht sagen. Ich musste ihn „Papi" nennen und musste hochdeutsch mit ihm sprechen. Mit jedem anderen hat er Südtiroler Dialekt gesprochen, ich auch, aber mit ihm musste ich hochdeutsch reden. Und wenn ich da irgendwas falsch gesagt habe, sonntags am Frühstückstisch, wurde die ganze Tischdecke mit allem, was auf dem Tisch stand, einfach runtergeschmissen und ich habe mich dann entschuldigen müssen. Ich wusste nie, warum ich mich entschuldigen musste, aber ich tat es. So wie er sich benahm, denkt man als Kind, da muss ich ja was falsch gemacht haben. Ich hatte immer das Gefühl, dass ich nicht nein sagen durfte. Damals hatte er einen Sportwagen und fuhr mit mir oft durch die Gegend. Ich saß dann neben ihm, als wenn ich seine Frau gewesen wäre, und er legte mir seine Hand innen auf den Oberschenkel. Ich wurde wütend, aber ich durfte nicht sagen, dass er das nicht machen sollte. Wenn ich versucht habe, etwas zur Seite zu rücken, hat er noch fester zugegriffen. Dann sagte er Sachen wie: Ihr Weiber seid ja alle hysterisch. Einmal in einer scharfen Kurve am Berg sagte er, dass er uns am besten mit dem Auto in die Tiefe stürzen sollte, dass wir dann tot wären und dann alles vorbei wäre. Ich war ja noch ein Kind, noch nicht einmal in der Pubertät. Er hat auch Nacktfotografien von mir und einer Freundin gemacht. Sie war aus Deutschland und kam zu Besuch mit ihren Eltern. Wir hatten eine Pension und es schien mir, dass mein Vater die meisten Gäste aus dem Krieg kannte, dass das auch Nazis waren. Ich erinnere mich noch daran, wie ich voller Angst im Bett lag, wenn er betrunken nach Hause kam und er sich nackt neben mich ins Bett legte und onanierte. Also, es gab keinen Geschlechtsverkehr, aber ich fühlte mich missbraucht. Es waren öfter auch Frauen da, die nahmen dann meinen Platz im Ehebett ein, aber keine für lange, sie haben viel gewechselt. Wenn eine da war, durfte ich für solche Fälle in meinem provisorisch eingerichteten Zimmer schlafen. Meistens waren es deutsche Frauen, manche hofften, dass etwas Festes daraus würde, aber ehrlich gesagt war mir das als Kind egal, denn wenn er Frauen hatte, war er nicht mit mir beschäftigt. Wenn er mich fragte, was ich mal werden wollte, wenn ich groß bin, und ich Lehrerin geantwortet habe, ist er ausgerastet. Er rief, wer will denn schon ein Scheißlehrer sein, Lehrer sind alles Kommunisten. Oder wenn ich antwortete, vielleicht Krankenschwester, dann regte er sich auf, was das für ein Unsinn wäre, die ganze Zeit mit Kranken zusammen zu sein. Alle meine Ideen waren scheiße, man musste mit seinen Vorstellungen einverstanden sein.

Du hast erzählt, dass viele Angst vor deinem Vater gehabt haben. Hast du mal mitbekommen, dass es zwischen ihm und anderen körperliche Auseinandersetzungen gab?

Zwischen ihm und meinem Onkel gab es öfter Streit. Als Kind wachte ich oft mitten in der Nacht auf, und wenn mein Vater nicht da war, bekam ich allein im Haus Angst. Dann bin ich raus und zur Wohnung meines Onkels gelaufen. Die war zwar direkt neben uns und eigentlich hätte ich nur über den Balkon klettern müssen, aber mein Vater wollte das nicht und hatte deswegen einen Stacheldraht gezogen. Bei Tante Maria und Onkel Karl habe ich mich sicher gefühlt, nicht geliebt, aber sicher. Wenn ich nachts bei ihnen klopfte, hat sich meine Tante immer aufgeregt. Aber mein Onkel hat mich in Schutz genommen. Wenn dann mein Vater spät nach Hause kam und mich bei seinem Bruder fand, haben die sich zum Teil furchtbar gestritten. Einmal in der Küche dachte ich, dass sie sich jetzt umbringen würden. Beide hatten Flaschen in der Hand und haben sie sich beinahe gegenseitig auf den Kopf gehauen. Ich wollte, als ich vierzehn war, dass er mich rausschmeißt, und habe meinen Vater direkt provoziert. Ich hatte schon alle meine Koffer gepackt, und als er dann kam, sagte ich, dass ich gehen würde, dass ich nicht mehr bei ihm leben könnte. Das war dann das Erdbeben: Er hat meine Koffer genommen und alles über den Balkon geschmissen. Ich dachte, dass er mich vielleicht diesmal umbringen würde. Dann kam Onkel Karl zu meiner Rettung und hat ihn angeschrien und auf dem Balkon war ein großes Gebrüll.

Von deinem Vater gibt es eine Fotografie, die ihn in SS-Uniform in aufreizender Pose zeigt, aus Krakau, Oktober 1944. Was löst es in dir aus?

Ich denke, was für eine Arroganz und Überheblichkeit, ohne Empathie, ohne Mitgefühl.

Wie war das für dich, als du die Kurzbiografie gelesen hast?

Ich wusste vorher, dass er in Russland oder der Ukraine und Polen gewesen war. Aber ich wusste nicht, was da zu dieser Zeit los war. Erst als ich die Kurzbiografie las, wurde mir bewusst, dass er in der Mitte des schrecklichen Genozids gewesen war. Und ich könnte mir vorstellen, und das ist so schwer für mich, dass er da vielleicht wie auf dem Bild dastand und zuschaute und da noch stolz darauf war.

Im September 1944 war mit der Verbrennung der Leichen aus den Massengräbern begonnen worden.

Sie wollten alles vertuschen. Du meinst, er hat das auch gesehen?

Ein SS-Mann, der damals in Krakau beim SS- und Polizeiführer eingesetzt war, hat das mitbekommen müssen. Das würde ich sagen. Wie ist das, wenn du das Bild vor Augen hast und an ihn denkst, wie er in deiner Kindheit war?

Mein Vater war sehr extrem. Er konnte auch sehr nett sein, er hatte immer Freundschaften und hat alle eingeladen. Er hat Gitarre gespielt und alle unterhalten und dann wurde getrunken und gesungen und es waren immer Frauen da. Viele dachten, dass er der tollste Mann wäre, den sie jemals kennengelernt haben. Er war sehr großzügig. Er hat alles bezahlt, auch bei mir. Ich hatte oft die neuesten Kleider. Aber dann musste ich auch immer ein Handtäschchen tragen und Handschuhe anziehen und einen netten Hut. Dabei war ich doch eigentlich ein Wildfang. Da war wieder der Zwang, ich musste wie ein kleines Fräulein aussehen. Wegen meinen Haaren gab es immer ein Theater. Ich sollte eine schöne Frisur haben. Aber welches Kind will denn dauernd zum Friseur gehen? Gleichzeitig sollte für ihn eine Frau natürlich sein, kochen können, kein Make-up tragen. Ich hatte auch keine Mutter, die dabei hätte helfen können. Mit sechs Jahren habe ich alles selbst gemacht.

Woher hatte dein Vater das Geld?

Mein Vater und sein Bruder übernahmen nach dem Zweiten Weltkrieg die kleine Mechanikerwerkstatt ihres Vaters. In Südtirol gibt es viele Bergbauern. Da geht es steil rauf. Viele Traktoren sind bei der Arbeit am Hang umgekippt und manchmal gab es tödliche Unfälle. Mein Vater war dann die treibende Kraft, neue Maschinen zu entwickeln, die viel niedriger sind und auch in sehr steilen Gebieten gut funktionieren. Die haben sie auch exportiert nach Österreich und in die Schweiz, aber vor allen Dingen haben sie die viel in Südtirol und Italien verkauft.

Wenn du „Pflicht, Gehorsam, Unterordnung" hörst, siehst du da deinen Vater?

Ja, auf jeden Fall. Er hat die Worte auch benutzt. Eine Frau muss sich unterordnen. Und auch seine Arbeiter, die mussten sich alle unterordnen. Es gibt Pflichten, ich hatte tägliche Pflichten.

Bei der SS stand auf dem Koppelschloss: „Meine Ehre heißt Treue".

Nur der Hund ist treu.

„Du bist nichts, dein Volk ist alles."

Nein, das war immer komisch für mich. Dazugehören wollte er nicht wirklich und er hat sich selbst und auch mich isoliert. Immer gab er mir das Gefühl, dass wir etwas Besseres sind. Für ihn taugten die meisten Restaurants im Dorf nichts und mit den Menschen dort wollte er nichts zu tun haben. Um richtig gut essen zu können, mussten es dann später die Bauernhöfe sein. Er war sehr für natürliche Kost aus biologischem Anbau und gegen Ärzte. Er hat immer gesagt, dass die Ärzte einen krank machen. Ich musste immer besondere Sachen machen. Ich durfte nicht mit meinen Freunden in die Musikschule gehen und habe stattdessen Privatunterricht bekommen. Ich habe mich nie als etwas Besseres gefühlt. Ich wusste, was zu Hause war. Mit ihm zu leben, war katastrophal, wie ein Gefängnis. Aber die anderen dachten, dass ich ein tolles und privilegiertes Leben führte, mit Privatunterricht und Urlaub.

Du selbst bist dann in der Pubertät endgültig von zu Hause weg.

Ich bin mit vierzehn bei ihm ausgezogen, aber in Schlanders geblieben. Bald kam die Mutter einer Freundin zu mir und überredete mich zurückzugehen. Sie sagte, dass mein Vater seit meinem Auszug und dem Tod unseres Hundes traurig und alleine sei. Ich bin dann zurückgegangen, denn er hat mir leidgetan. Zu Hause sagte ich zu ihm, dass ich es noch einmal mit ihm versuchen wollte. Das war schon zu viel. Er regte sich furchtbar auf, dass es eine Unverschämtheit wäre, so etwas zu ihm zu sagen. Da wusste ich, ich hätte nie zurückkommen sollen. Ich blieb auch nur für eine kurze Zeit. Den Sommer reiste ich per Anhalter nach München und wollte von dort weiter nach Amsterdam und Kopenhagen. Mein Vater gab mir sogar Geld für die Reise. Ich nahm damals schon Haschisch und LSD und hatte auch einiges bei mir. An einer Autobahnraststätte wurde ich von der Polizei verhaftet und ins Gefängnis nach München gebracht. Dort lebte damals eine Tante von mir und die holte mich raus. Ich hatte solche Angst vor meinem Vater, dass meine Tante mir ein Flugticket kaufte, damit ich in die USA zu meiner Mutter konnte. Es wurde in den nächsten Monaten ein einziges chaotisches Hin und Her. Ich war mal in Schlanders bei meinem Vater und dann wieder bei meiner Mutter in den USA. Sie hatte inzwischen meine Schwester Katja geboren. Ich war fünfzehn und dachte, dass ich nun endlich meine Familie gefunden hätte. Sie war so mit dem Baby beschäftigt, dass sie mich gar nicht in die Schule schickte. Ihr Mann hat viel Marihuana geraucht und ich habe mitgeraucht. Aber die Ehe lief nicht gut. Meine Mutter nahm dann mich und meine Schwester Katja zu meiner Großmutter nach Australien mit, wo wir eine Zeit lang blieben, dann aber kehrten wir nach Washington zurück. Dort hat mich meine Mutter dann auf eine Schule geschickt. Es war eine deutsche Schule, mit lauter Diplomatenkindern. Ich habe das nicht mehr geschafft. Ich konnte nicht mehr denken und Mathematik, Chemie und das alles lernen. Ich kam dann auf eine amerikanische Highschool in Virginia. Das ging eigentlich ganz gut. Aber es war schon zu spät für mich. Ich nahm zu viele Drogen und trank zu viel Alkohol. Bei meiner Mutter konnte ich nicht mehr bleiben. Ich schlief dann bei irgendwelchen Leuten. Ich war total verloren und bin dann wieder aus den USA weg und zurück zu meinem Vater. Es hatte sich nichts geändert und ich ging nach Amsterdam und fing dort an, Heroin zu nehmen. Heroin war für mich wie eine Schutzdecke, da kam man nicht mehr an mich heran: Sicherheit, keine Minderwertigkeitskomplexe, keine Sorgen, keine Ängste, nichts. Für meinen Vater war Alkohol seine Medizin. Er nannte es Weinmedizin. Für mich war es das Heroin.

Wann ist dein Vater gestorben?

Am 23. Mai 1980. Ich hatte damals wenig Kontakt zu ihm. Als ich 1978 schwanger war, hatten wir Streit und er warf mich die Treppe runter. Ich ging dann mit meinem Freund nach Berlin. Wir waren beide heroinabhängig und lebten vom Sozialamt. Aber durch die Schwangerschaft fand ich die Kraft, mit den Drogen aufzuhören. 1979 war mein Vater noch zum ersten Mal in seinem Leben auf eine lange Reise gegangen, mit Freunden nach Südamerika. Sie besuchten da wohl Bekannte aus der Kriegszeit. Nach seiner Reise rief mich eine Cousine an und sagte, dass es ihm nicht gut ging. Ich bin dann zurück zu meinem Vater, der da schon die Diagnose Leberzirrhose hatte. Ich bin bei ihm mit meinem fünfzehn Monate alten Sohn eingezogen und habe meinen Vater praktisch gepflegt. Bis zu seinem Tod war er zu Hause. Wir hatten eine Krankenschwester, die ihn rund um die Uhr betreute. Es war sehr schwierig für mich, und da fing ich wieder mit dem Heroin an. Mein Vater wurde durch die Krankheit noch bösartiger. Er beschimpfte mich, dass ich meinem Sohn, er heißt Daniel, einen jüdischen Namen gegeben habe. Einmal stand er in der Küche mit einem Messer und da dachte ich, dass er auf mich losgehen würde. Aber er hatte die Kraft nicht mehr, er war zu schwach. Ein Mann, vor dem ich solche Angst gehabt hatte, aber den ich auch geliebt habe, und dann konnte er nicht mehr. Das war irgendwie eine Erlösung. Ich habe mir seinen Tod gewünscht und hatte doch auch Schuldgefühle. Ich habe dann immer mehr Heroin genommen, Tag und Nacht. Ich wusste, wo mein Vater sein Geld hatte, und nahm mir, was ich brauchte. Als er dann tot war, war mir alles egal. Von mir aus hätten sie ihn in seinem Schlafanzug beerdigen können. Ich wollte auch keinen offenen Sarg und wollte überhaupt nicht, dass da irgendjemand was erzählt. Trotzdem war da meine Liebe zu ihm. Mein Vater war die einzige Person in meinem Leben, die immer da war. Meine Mutter war nicht da.

Wie war deine Mutter?

Die Familie ihres Großvaters hatte Geld. Sie stammten aus Berlin. Ihr eigener Vater war ein Frauenheld und Lebemann. Er lebte dann später in Italien. Beim Tanken an der Tankstelle meines Vaters haben sie sich kennengelernt. Mein Vater hatte ja neben der Fabrik mehrere Häuser, auch eine Bar, eine Pension und eine Tankstelle. Meine Mutter war sechzehn Jahre jünger als mein Vater. Sie mochte sicherlich den Lebensstil meines Vaters und dass er schon ein erfahrener Mann war. Aber es war furchtbar, wie er sich zu ihr verhalten hat.

Gab es denn überhaupt jemand, mit dem er sich gut verstanden hat?
Manchmal waren alte Kameraden da. Beim Wein sprachen sie dann öfters über die Vergangenheit und über die Juden, dass das alles hätte anders gehen sollen. Wenn sie den Krieg gewonnen hätten, dann gäbe es keine Juden mehr. Es gab auch mal einen Brief, den ich leider nicht mehr habe. Da ging es um Hitler und „Mein Kampf" und wie alles schiefgegangen ist am Ende und wie traurig und schlimm das war, dass es nicht geklappt hat. Es gab Freunde in der Bar und in der Pension, aber Freunde kommen und gehen, man ist ja nicht immer zusammen. Da war er sehr nett. Aber wenn man immer bei ihm war, war es schwierig. Wenn er Streit mit meiner Mutter hatte, drohte er ihr, sie von seinen Arbeitern rauswerfen zu lassen, wenn sie nicht bis zu einer bestimmten Uhrzeit ihre Sachen gepackt hätte. Kaum war sie mit mir bei der Tante in München angekommen, stand er wieder vor der Tür und wollte, dass sie zurückkommt. Manchmal stand er mitten in der Nacht vor dem Fenster und schrie unsere Namen. Da hat meine Mutter gesagt, München ist nicht weit genug weg, ich muss nach Amerika.

Du bist nach dem Tod deines Vaters wieder heroinsüchtig geworden.
Mein Vater hatte kein Testament, ich war die einzige Tochter. Ich habe dann alles geerbt.

Innerhalb von drei Jahren habe ich alles total versaut. Bei der Beerdigung meines Vaters hatte ich meine Mutter noch gebeten, zurückzukommen und mir zu helfen. Es war ja alles da. Aber sie wollte nicht. Ich war dann alleine mit der Fabrik mit dreißig Arbeitern und dem ganzen Besitz. Ich habe altgedienten Arbeitern Teile der Firma überschrieben, seiner Sekretärin Teile vom Besitz gelassen, ich habe alles andere durchgebracht. 1981 wurde ich noch einmal schwanger. Ich dachte, ich würde es wieder schaffen aufzuhören, wenn ich schwanger wäre. Ich hatte solche Angst um meinen zweiten Sohn Pascal. Aber es ging dann doch alles gut.

Wie hast du es letztendlich geschafft, mit dem Heroin aufzuhören?
1982 kam meine Mutter zu Weihnachten zu Besuch. Ich habe mit meinen zwei Kindern in einem Hotel gewohnt und es ging immer nur um die Drogen. Sie bekam das alles mit und hat mich kurze Zeit darauf beim Gericht für unzurechnungsfähig erklären lassen. Sie nahm meine beiden Söhne im Februar 1983 mit in die USA. Mir hat sie gesagt, dass ich nachkommen könnte, wenn ich wollte, dass sie mich aber nicht mitnehmen würde. Ich sollte alleine

die Kraft aufbringen. Ich flog dann in die USA und lebte bei meiner Mutter und ihrem neuen Mann. Es war schrecklich. Ich war ja auch immer noch im Heroinentzug. Ihr Mann war ein Frauenheld und es war schlimm. Ich will jetzt gar nicht sagen, was alles passiert ist. Aber auf der anderen Seite hat er zwei Jahre lang für meine Kinder gesorgt, bis ich sie wieder nehmen konnte. Über eine Freundin meiner Mutter war ich in eine Selbsthilfegruppe gekommen. Ich lebte in einer kleinen Wohngemeinschaft. Wir waren ehemalige Süchtige und sind alle zu den Sitzungen gegangen. Das war der Anfang für mich.

Wenn man deine Geschichte hört und den Titel deines Buches „SS Daughter" vor Augen hat, dann drängt sich der Gedanke auf, dass dein Vater und seine SS-Geschichte dein ganzes Leben beeinflusst haben.

Durch meinen Vater habe ich die Fähigkeit entwickelt, Teile meines Selbst abzuspalten. In NYC habe ich dann im Escortservice gearbeitet und konnte so meine Kinder und mich finanzieren. Ich musste den Schulabschluss nachholen und wollte studieren. Ich war nicht imstande, eine Beziehung zu haben, konnte mit keinem Mann sexuell zusammenleben, das ging nur, wenn es ein Fremder war. Ich konnte nie Liebe und Sexualität verbinden. Ein guter Freund, ein Vietnamveteran, drängte mich dazu, eine Therapie anzufangen. Das habe ich dann gemacht. Ja, das ist alles das Resultat von dieser Geschichte.

Dein Buch hast du 2014 anonym verfasst. Jetzt, zehn Jahre danach, sprichst du offen und unter deinem echten Namen.

Damals hatte ich noch nicht genug Kraft. Heute denke ich, dass die Leute ruhig meine Geschichte wissen sollen. Es wird Zeit, dass wir uns trauen, über unsere Verletzungen zu sprechen.

---

* 1958, verließ Südtirol 1983 und lebt seitdem in New York, wo sie eine private Psychotherapiepraxis aufgebaut hat. Sie hat zwei Söhne und ein Enkelkind.

Rufach-Schüler, Freiwilliger und Obmann des Frontkämpferverbandes

SS-Sturmmann Hans Steiner

Über die SS-Division „Hitlerjugend" wurde gesagt, dass sie die ideologisch fanatischste aller SS-Divisionen gewesen sei. Ihre Mitglieder setzten sich aus der Hitlerjugend zusammen, waren ihre ganze Jugend nationalsozialistisch erzogen worden und kannten nichts anderes. Für einen Südtiroler, der mit fünfzehn Jahren in die Reichsschule für Volksdeutsche nach Rufach kam, gilt Ähnliches. Als jüngerer Bruder die Vorbilder der Jugend in den Krieg ziehen sehen, von Abenteuern und Pflichterfüllung träumen und dann nach Rufach kommen. Männer in SS-Uniform als Lehrer. Selbst schon überzeugt und jeden Zweifel im weiteren Schulverlauf verlieren. Einhundertprozentig werden.

Johann „Hans" Steiner kam am 19. Februar 1925 als Sohn von Karl und Ida Steiner geb. Saxl in Neumarkt zur Welt. 1918 und 1919 waren bereits seine Geschwister Karl und Berta geboren worden. Ein weiteres Geschwisterkind verstarb kurz nach der Geburt und ein anderes mit sieben Jahren, sodass Hans das mit Abstand jüngste Kind seiner Eltern blieb. Seine Eltern unterhielten den Gasthof Steiner in Neumarkt. Die Tochter Berta half im Gasthof und besuchte ein Jahr eine Hauswirtschaftsschule in Turin. Der Vater ging oft auf die Jagd, die Mutter führte den Gasthof, und die Familie war so gut situiert, dass sie die beiden Söhne auf die höhere Schule schicken konnten. Während Karl zu den Augustinern nach Neustift ging, kam Hans im Sommer 1937 zu den Franziskanern ins Internat nach Meran. Seine Briefe[104] zeichnen das Bild eines Buben, der noch ganz in der vorgegebenen Tradition der Eltern und des katholischen Umfeldes verharrte, aber auch einen gewissen Eigensinn hatte. So schreibt er einerseits, dass er das Beten nie vergisst und dass es ihm hilft, mit der Trennung von zu Hause und der „Heimat" in Neumarkt klarzukommen. Er „opfert" die Kommunion und die heilige Messe für die Eltern, übt fleißig Violine mit seinem Violinlehrer, tritt mit dem Chor auf und badet einmal die Woche. Andererseits bittet er anfangs auch die

Hans Steiner in Rufach auf seinem ersten Bild in Uniform, 1940

Eltern, ihn von der Schule zu nehmen, da das „Studieren" nichts für ihn sei, und er will lieber als „Specklehrling beim Bonatti oder beim Rossi" im Heimatort untergebracht werden, als weiter aufs Internat zu gehen. Seine Lehrer berichten in ihren Rückmeldungen an die Eltern über ihn, dass „Hans brav ist, ein recht anhänglicher Bub, der manches verspricht", und ein Vierteljahr später heißt es: „Mit Hans muss man lachen, ist ein interessanter Kerl. Wir sind zufrieden mit ihm." Im Sommer 1938 endet sein Internatsaufenthalt in Meran. Die nächsten zwei Jahre bis 1940 sind nicht dokumentiert. Es gibt nur wenige Hinweise, die aber darauf hindeuten, dass Hans Steiner sich in dieser Zeit zu einem überzeugten Anhänger der deutschen Bewegung in Südtirol entwickelt hat. Offensichtlich wurde er in der Deutschen Jugend aktiv, in der er der Anführer eines fünf „Kameraden" starken „Jungbundes" war. Auch die Stimmung unter den jungen Männern in Neumarkt war eindeutig. Seit Ende 1939 meldeten sie sich freiwillig für den Dienst in der Wehrmacht und der Waffen-SS, so auch sein Bruder Karl. Karl diente dann ab Ende 1940 bei den Brandenburgern, einer Spezialeinheit der Wehrmacht, in der viele weitere Südtiroler waren. Im August 1940 optierte sein Vater Karl Steiner mit seiner

Familie Steiner: Mutter Ida geb. Saxl und Vater Karl Steiner mit den Kindern Hans, Berta und Karl, Anfang der 1940er-Jahre

Frau und Hans Steiner für Deutschland. Zu Hans Steiner wurde in der Abschlussmeldung vermerkt, dass seine Abreise am 23. Oktober 1940 in ein „Schülerheim" nach Rufach im Elsass freigegeben wurde.[105] Bei der Suche nach einem neuen Siedlungsgebiet für die Südtiroler war 1940 auch Elsass-Lothringen ins Gespräch gekommen. Noch während Südtiroler Delegationen das potenzielle Siedlungsgebiet Burgund besuchten, wurde die Gründung einer Reichsschule für Volksdeutsche für Jungen in Rufach und für Mädchen in Achern/Illenau geplant.[106]

Im Oktober 1940 brachte ein Sonderzug die ersten 450 Südtiroler Jungen nach Rufach. Wie sich ein ehemaliger Schüler erinnert, stammten die meisten aus den Jahrgängen 1923 bis 1931. Militärische Erziehung, Krieg, Wehrmacht und Waffen-SS waren in der Schule allgegenwärtig. Die Erzieher, die Zugführer genannt wurden, waren Mitglieder der Waffen-SS und traten in der Schule in Uniform auf. Es fanden Feierlichkeiten der SS und der Deutschen Polizei statt, an denen Südtiroler Schüler mitwirkten, und SS-Offiziere des SS-Ergänzungsamtes hielten Werbevorträge. In den Briefen Hans Steiners an seine Eltern zeichnet sich die besondere Stimmung in Rufach ab. Auch er selbst klingt vom ersten Brief an wie verwandelt, und nur wenig erinnert an den Buben bei den Franziskanern in Meran. Offensichtlich war die Schule ein perfekter Ort zur Herausbildung nationalsozialistischer Kader. Das Ineinandergreifen von Fürsorge, Drill und Indoktrination wird in seinen Briefen sichtbar. Hans Steiner schreibt, wie sie auf dem Weg nach Rufach beim Zwischenstopp in Innsbruck von der dortigen Hitlerjugend abgeholt und betreut wurden. Er berichtet vom guten Essen und dass er in Rufach einen Füllfederhalter als Weihnachtsgeschenk bekommen hat. Stolz schreibt er von einem Buchgeschenk von Außenminister von Ribbentrop, vom Frühsport der über vierhundert Buben und von den „fantastischen" Schuhen, wie sie seine Eltern „seit Jahrzehnten nicht mehr gesehen haben", die er zu seiner Uniform erhalten hat. Er spielt auch in Rufach weiter Geige und tritt bei Aufführungen an den Tiroler Abenden auf. Was sich wie die Beschreibung eines Pfadfinderlagers liest, bekommt durch seine Berichte von Heldengedenkfeiern, den Ausflügen zur Maginot-Linie und zu anderen Schlachtorten aus dem Ersten Weltkrieg und durch seine Erinnerungen an die Spuren der Kämpfe des Zweiten Weltkrieges einen anderen Unterton. „Die Reise war sehr schön, speziell im Kriegsgebiet. Als wir über den Rhein fuhren, sahen wir große gesprengte Brücken. Also das war pfundig anzusehen." Und wenige Monate später: „Auf dieser Erhöhung fielen [...] über 60.000 Deutsche und Franzosen [...] ein echter Blutberg." Und am 26. November heißt es: „Heute erhielten wir die traurige Nachricht vom Tode des größten deutschen Lufthelden der jetzigen Zeit, nämlich von Oberstleutnant Mölders[107]. 115 feindliche ‚Störche' hat er abgeschossen, das ist eine Leistung, was? Bei der morgigen Flaggenparade werden wir seiner gedenken." Die Briefe enden mit „Heil Hitler". Hin und wieder schreibt er über den „Endsieg, der nicht mehr ferne" sei, und wünscht sich, „Gott strafe England". Dass Hans Steiner in Rufach trotz seiner, wie er den Eltern verspricht, regelmäßigen Kirchgänge voll und ganz in der nationalsozialistischen Erziehungswelt angekommen ist, wird an vielen Stellen deutlich. Er war Ende 1940 zum Jungmann-Zugführer ernannt worden. Einen Südtiroler aus dem Unterland, der offensichtlich mit dem Schliff und der durchaus harten Ausbildung nicht klarkam, kommentiert Hans mit den Worten: „Einer will gerne unserem Unterland Schande machen. Braucht aber keine Sorgen zu haben, er ist unter meiner Zucht." Im Februar und März 1942 halfen die Rufacher Schüler, eine neue Reichsschule für Volksdeutsche in Vilshofen in Bayern aufzubauen, wobei sich Hans Steiner zurück in die vertraute Zeit in Rufach wünscht. Im Ton der Briefe wird mit der Zeit seine

Hans Steiner als Jungmann-Zugführer in Rufach 1941, erste Reihe links außen

Radikalisierung immer deutlicher, und so schreibt er kurz vor Ende des Schuljahres am 20. März 1942: „Ja, ja, es wird jetzt nicht mehr lange dauern und die Bolschewiken werden wieder Schlag auf Schlag erhalten. Oh. Wie gerne tät ich dabei sein, um dieses Volk zu vernichten.“ Obwohl die Kriegswirklichkeit ihre ersten Fühler auch nach Rufach ausstreckt – im dortigen Reservelazarett waren einhundertfünfzig Verletzte, „von diesen können einhundertdreißig nicht mehr gehen, weil sie erfrorene Füße haben“ –, schreibt er am 1. April des gleichen Jahres, dass „dieses Jahr wieder ein großes Jahr des Sieges sein [wird]“.

Der ehemalige Südtiroler Schüler Peter Aichner, Jahrgang 1931, erinnert sich daran, dass die Schulleitung möglichst viele Rufacher Schüler für die Waffen-SS zu gewinnen versuchte. Diese Erwartung wurde erfüllt. Über den Juli 1942 und das folgende Unterrichtsjahr verkündete der Anstaltsleiter Emil Billing stolz, dass alle Abgänger des Oberschulzuges sich freiwillig zur Wehrmacht und Waffen-SS gemeldet hätten, so auch Hans Steiner. Am 13. März 1943 vermerkte die Amtliche Deutsche Ein- und Rückwanderungsstelle (ADERSt), dass er, inzwischen wieder in Südtirol, als Freiwilliger der Waffen-SS für den nächsten militärischen Sammeltransport vorgesehen war. Zusammen mit seinen Neumarkter Kameraden Josef Antonelli, Hermann Stimpfl und Alois Langes kam er wie die meisten Südtiroler der zweiten Rekrutierungswelle ab

Mai 1943 nach Hallein bei Salzburg zum SS-Gebirgsjäger-Ausbildungs- und Ersatz-Bataillon 6.[108] Für Hans Steiner ist in seinem Wehrstammbuch unter Befähigungsnachweis (beruflich, technisch, sportlich) Schwimmen, Radfahren, Bergsteigen und als religiöses Bekenntnis römisch-katholisch vermerkt. Der Aufenthalt in Hallein ist kurz. Schon im Juni 1943 wird Hans Steiner nach Finnland verlegt. Sein erster Brief aus Finnland vom 26. Juni erzählt von der langen Anreise durch das Deutsche Reich, über Posen und Insterburg in Ostpreußen bis an den Bestimmungsort im hohen Norden. Der Brief erfuhr eine der sporadischen Kontrollen der Feldpostprüfstelle des Oberkommandos der Wehrmacht und einige Ortsangaben wurden geschwärzt. Für den Südtiroler Hans Steiner war der Wechsel von den ihm vertrauten Dolomiten zur Ostsee beeindruckend: „Acht Stunden nicht ganz waren wir auf hoher See und kommt einem dies zum ersten Mal etwas komisch vor. Wo das Auge sieht, ist gleich wohin, sieht man nichts als Wasser, Wasser."

Als Hans Steiner zusammen mit Hermann Stimpfl und Josef Antonelli im Juni von Hallein zur SS-Division „Nord" verlegt wurde, war diese, wie schon bei Gottfried Frizzi beschrieben, im Raum Kiestinki im Stellungskrieg gegen die Rote Armee eingesetzt.[109] Auch in Finnland wurde die Ausbildung der neu hinzugekommenen SS-Männer hinter der Front fortgesetzt: „Die Ausbildung hat natürlich ihren strengen Fortgang und wir haben schon die Hälfte hinter uns." Interessant ist seine Bemerkung: „Was sonstige Ausbildung auf geistigem Wege anbelangt, werde ich Euch dann mündlich darüber einmal berichten. Jedenfalls ist der Hansl auf diesem Wege nicht überall gut einverstanden." Offensichtlich war Hans Steiner zu diesem Zeitpunkt durchaus im Widerspruch. Einerseits war er von der Waffen-SS begeistert. Andererseits war er noch Katholik und hatte wie auch andere Südtiroler hin und wieder seine Probleme mit dem antiklerikalen Ton der Waffen-SS. Während der nächsten Monate in Finnland schreibt Hans Steiner weiterhin regelmäßig Briefe. Außer dass er sich nach seinen Geschwistern und den Eltern erkundigt und sich manchmal Päckchen mit Südtiroler Verpflegung mit Äpfeln, Marmelade und Speck sowie italienische Zigaretten wünscht – er hatte schon in Rufach zu rauchen begonnen –, drehen sich die Briefe immer wieder um dieselben Themenkreise.[110] Es geht um die Waffen-SS, um die Situation in Südtirol und um Durchhalteparolen im Krieg. Am 2. Juli 1943 schreibt er von seiner Hoffnung, bald direkt in die Kämpfe eingreifen zu können: „Bekomme jetzt nämlich meine ganze Ausbildung, und nachher hoffe ich halt, dass mein großer Wunsch endlich mal Wirklichkeit wird. In einiger Zeit

Bei der SS-Division „Nord“ in Karelien; Hans Steiner in der ersten Reihe als Dritter von links, Oktober 1943

kann ich mich dann auch Soldat der Waffen-SS nennen und mit Stolz und Freude meinen grauen Ehrenrock tragen. Über mein Befinden kann ich Euch wohl nur das eine schreiben, es ist einzig. Es sind in unserer lieben Heimat über die Waffen-SS so manche Gerüchte herumgelaufen, die ich Euch heute schon alle als falsch erklären kann.“ Voller Stolz berichtet er seinen Eltern, dass die Vorausbildung in Rufach so gut gewesen sei, dass er des Öfteren von Unteroffizieren gefragt werde, ob er schon gedient habe. Hans Steiner schreibt zunehmend davon, dass die SS gar nicht so sei, wie sie in der Heimat dargestellt worden ist. Und am 22. September heißt es: „Wir haben jetzt alle nur den einen Wunsch, möglichst bald mit den Waffen in der Hand unser liebes, über alles geliebte Vaterland zu schützen. Heil unserem über alles geliebten Führer!“ Und Ende Oktober: „Ich muss schon sagen, dass es mich immer weniger reut, zur SS gegangen zu sein. Ich kann nur nicht verstehen, warum früher in unserem Landl immer so dagegen propagandiert wurde.“ Vergleichbare Aussagen und Postulate Hans Steiners ziehen sich durch alle Briefe bis zu seiner Gefangenschaft Anfang 1945 und können hier nicht alle zitiert werden. Abschließend soll diesbezüglich nur noch auf zwei Äußerungen in Briefen verwiesen werden. Im November 1943 schreibt er: „Freue mich, dass meine Schwester bald Mutti wird […]. Gibt es mal einen SS-Mann?“ Und im Mai 1944: „Ein junger Bursche wie ich gehört in den Kampf. Dann erst kann man sich als Soldat des Führers rechnen. Das Krachen und Schießen muss

SS-Sturmmann Hans Steiner, 1944

einem etwas Alltägliches werden." Hans Steiner war bereit, ein Soldat des Führers zu sein, und er kannte den möglichen Preis. So hatte er seinen Eltern vom Tod des Neumarkter Ritterkreuzträgers Franz Hillebrand geschrieben. Dass es in Südtirol noch immer eine große Anzahl unabkömmlich gestellte junge Männer gab, Söhne der „Großkopfeten", die anders als er nicht bei der kämpfenden Truppe waren, erfüllte ihn mit einer großen Wut: „Die Zeiten, wo man den Herren in den A… kriechen muss, sind aus!" Und über das Einrücken eines bisher unabkömmlich Gestellten heißt es im Februar 1944: „Dass es den Herrn Millionärssohn erwischt hat, freut Pepi [Josef Antonelli] und mich wohl am meisten, denn solche Herren glaubten wohl immer, frei zu kommen, zumindest solange wir Krieg haben […] sie können nun, ob sie wollen oder nicht, die Schnauze genauso in den Dreck stecken wie jeder Stallbursche auch […] der hat lange genug eine ruhige Kugel und Drückebergerei getrieben." Bei seinen Äußerungen und Fragen zu Südtirol betont er immer wieder, wie sehr er sich freut, wenn er eine Bozner Zeitung oder die Heimatzeitung geschickt bekommt. Er erkundigt sich über andere Neumarkter an der Front, fragt seine Eltern etwa, was die „Kanone Trenker"[111] so macht, und schreibt über dessen Verwundung im Juli 1943 in einem Brief an seine Freundin und spätere Frau Marianne Pichler: „Und Trenker? Der Kerl scheint aber ziemlich zugerichtet worden zu sein, und ich kann mir schon denken, dass er

Hans Steiner in Winterausrüstung auf Skiern in Karelien, Anfang 1944

nicht mehr einen gar so guten Humor besitzt." Südtirol ist nach wie vor der heimatliche Bezugspunkt für Hans Steiner und er wünscht sich nun, da die „walsche Herrschaft weg ist", möglichst auch in Südtirol oder Italien eingesetzt zu werden. Zu Weihnachten 1943 weiß er seinen Eltern zu empfehlen: „Schlicht und einfach, aber immer noch dem altgermanischen Brauch gemäß. Entzündet das Licht, das uns im kommenden Jahr endlich den ersehnten Endsieg darstellen soll." Kurz nach Weihnachten geht es Anfang 1944 für Hans Steiner endlich zum ersehnten Einsatz in der vorderen Kampflinie. Inzwischen hat er recht gut Skifahren gelernt und sehnt sich weiter nach direkter Feindberührung. Es gibt zwar regen Artilleriebeschuss, aber von den „Scheißrussen" merkt er nicht sonderlich viel. Anfang 1944 – Hans Steiner feiert im Februar seinen neunzehnten Geburtstag – zeichnet sich in den Briefen eine zaghafte Veränderung ab. Die martialischen Wünsche nach dem Endsieg und der obligatorische Gruß „Heil Hitler" am Ende der Briefe werden zunehmend von „Euer kleiner Hans" verdrängt. Der letzte Brief, den er mit „Heil Hitler" unterschreibt, datiert vom Februar 1944.

Bis Mitte 1944 verändert sich der Frontverlauf in Finnland de facto nicht. Eingegraben, die zuerst mäßigen, dann ab Frühling 1944 zunehmenden Angriffe der Roten Armee abwehrend, verblieb die 6. SS-Gebirgs-Division „Nord" die ganze Zeit in ihren Stellungen an der finnisch-russischen Grenze.

Die Späh- und Stoßtruppunternehmen und gelegentlichen Scharmützel mit der Roten Armee fanden bei extremen Temperatur- und Wetterwechseln statt. Die Sommer waren von den langen, taghellen Nächten und den in den Sumpfgebieten in Schwärmen auftretenden Stechmücken geprägt, in den früh einsetzenden Wintern mit metertiefem Schnee, eisigen Temperaturen und nur wenigen Stunden Sonnenlicht war ein Fortkommen nur auf Skiern möglich. Von alledem schreibt auch Hans Steiner in seinen Briefen. Im Juni 1944 erhielt er seinen ersten Fronturlaub. Es fiel ihm dann nach drei Wochen Heimaturlaub sichtlich schwer, sich wieder von Neumarkt zu lösen. Allerdings kam er aufgrund der veränderten Frontlagen nicht nach Finnland zurück. Mit der Landung der Alliierten in der Normandie und dem Angriff der Roten Armee auf die Heeresgruppe Mitte zeichnete sich der Rückzug der 6. SS-Gebirgs-Division „Nord“ zusammen mit anderen deutschen Verbänden aus Finnland ab.

Zusammen mit seinen Freunden Antonelli und Stimpfl kam Hans Steiner im Sommer 1944 auf den SS-Truppenübungsplatz „Böhmen“, wo er zum Panzergrenadier ausgebildet wurde. Von dort schreibt er noch direkt unter dem Eindruck des Attentats vom 20. Juli auf Adolf Hitler: „Wir müssen nun endlich zum letzten schweren Schlag die Hand erheben. Der Sieg muss und wird unser sein, das haben wir wieder an dem misslungenen und feigen Attentat auf unseren geliebten Führer gesehen. Verzaget nie so wie wir, denn solange Deutschland einen Adolf Hitler hat, kann es nie verloren sein.“ Im August 1944 wurde er mit dem 2. Bataillon des SS-Panzer-Grenadier-Regiments 3 „Deutschland“ nach Frankreich verlegt. Bereits im April 1944 war die 2. SS-Panzer-Division „Das Reich“, zu der das Regiment „Deutschland“ gehörte, aus der Ostfront herausgelöst und zur Neuaufstellung nach Frankreich verlegt worden. Bereits kurz nach der Landung der Alliierten in der Normandie führte die Division wegen des wachsenden französischen Widerstands der „Maquis“ verschiedene Sühnemaßnahmen an der französischen Zivilbevölkerung durch. Die bekanntesten Massaker waren die vom 9. und 10. Juni in Tulle und in Oradour-sur-Glane mit Hunderten von toten Kindern, Frauen und Männern. Seit der Landung der Alliierten in der Normandie befand sich die Division in schweren und verlustreichen Rückzugsgefechten mit der US-Armee und war dringend auf Nachersatz angewiesen. Der Eisenbahntransport hin zum Standort der 2. SS-Division, in dem sich Hans Steiner und auch Hermann Stimpfl befanden, wurde unterwegs von amerikanischen Jagdfliegern angegriffen, die bei den SS-Einheiten zahlreiche Opfer forderten.

Sommer 1944 in Stettin; in der Mitte Hans Steiner mit der Ziehharmonika

Von den Eindrücken seiner Fahrt quer durch das Reichsgebiet in die Eifel schreibt Hans Steiner am 10. September seinen Eltern: „Also ich kann Euch nur sagen, was die armen Menschen hier oben mitmachen müssen, hat bestimmt so mancher Frontsoldat noch nicht erlebt. Beinah kein ganzes Haus mehr ist zu sehen. Frauen stehen mit ihren Kindern allein da, der Mann meistens an der Front. Ja, wenn dies noch länger so weitergehen sollte, dann weiß ich wohl nicht, was mit unseren Städten los sein wird [...] als wir mit der Eisenbahn gefahren sind, haben uns die Flieger wohl so angegriffen wie noch nie. Ich muss zugestehen, dass ich den Ofen beinah hab ausgehen sehen." Auch dieser Brief war von der Feldpostprüfstelle geöffnet worden, aber bis auf einzelne Ortsangaben wurde nicht weiter geschwärzt. Drei Tage später schreibt er: „Jeden Tag 8 bis 9mal Alarm und etwas abwerfen tun die auch immer, dabei sind die Hunde auch noch so gemein und stürzen sich direkt auf einfache Menschen mit Bordwaffen. Gestern jedoch kamen ganz unverhofft unsere Jäger dazwischen und haben 4 davon runtergeholt. Das hat wohl wirklich Spaß gemacht, das kann ich Euch sagen." Ab dem 16. September war Hans Steiner im SS-Panzer-Grenadier-Regiment 3 „Deutschland" in der Eifel gegen US-Verbände eingesetzt. Die SS-Einheiten erlitten vor allem wegen der nicht vorhandenen Unterstützung durch die deutsche Luftwaffe hohe Verluste und Hans Steiner überlebte als einer der wenigen seines Zuges.

Nach diesen Kämpfen deutet sich eine Änderung seiner Gemütsverfassung an: „Meine liebste Mami, ich kann Dir nur sagen, dass ich mich gefreut habe wie ein kleines Kind, als man mich von der Stellung herausgeholt hat und man mir sagte, dass ich nach hinten zu den Granatwerfern käme. Hier haben wir schöne Bunker. Da sind 13 Mann darin, davon bin ich noch einer der ältesten. Wir haben sogar schon [einige] vom Jahrgang 1927 hier. Sei 1000mal lieb gegrüßt und geküsst von Deinem kleinen Hansl." Ende Oktober wird das SS-Regiment „Deutschland" zur Auffrischung ins Sauerland verlegt und auf die bevorstehende Ardennenoffensive vorbereitet. Noch einmal wird Hans Steiner bei einer Gastfamilie untergebracht, in der er sich „beinahe wie zu Hause" fühlt und die „Mutter vom Hause [...] viel Ähnlichkeit mit Mami selbst [hat]" und zu ihm ist, „als wäre [er] ihr eigener Sohn". Es ist der letzte Brief Hans Steiners aus dem Krieg. „So geht es mir halt als Soldat. Einmal da, einmal dort, muss aber schon ehrlich sagen, dass ich mich noch überall wohlgefunden habe und wenn es auch noch so beschissen war [...] es sind [...] die Ami-Flieger diejenigen, die uns alles kaputt schmeißen. Na, aber wartet nur ab, es wird auch für diese Hunde die Zeit kommen und dass wir dann aber gründlich zuschlagen werden, dass könnt ihr wohl annehmen." Nach dem fast trotzigen Wunsch nach Vergeltung folgt noch einmal ein letzter Blick auf Südtirol. „Wie ist denn sonst die Lage in Neumarkt? Moral des Volkes? [...] Was ist mit Vater? Ist der auch schon beim Volkssturm? Er hatte wohl recht, dass wir die ‚alte Garde' wirklich noch brauchen. Euch küsst 1000mal recht lieb Euer kleiner Hansl." Die Ardennenoffensive war nach anfänglichen Erfolgen für die deutschen Verbände ein Desaster. Sie hatten der amerikanischen Luftwaffe nichts entgegenzusetzen und litten darüber hinaus unter mangelnder Ausrüstung und Treibstoffknappheit. Trotz erbitterten Widerstands drohte auch das SS-Regiment „Deutschland" immer wieder eingekesselt zu werden und konnte sich nur unter hohen Verlusten befreien und weiter zurückziehen. Am 27. Dezember 1944 ging Hans Steiner, inzwischen zum SS-Sturmmann befördert, in amerikanische Kriegsgefangenschaft. Am 13. Januar 1945 erhielt er für seine Teilnahme an den Kämpfen das Eiserne Kreuz 2. Klasse. Ob die Führung des Regiments zu diesem Zeitpunkt von seiner Gefangennahme wusste oder ihn für tot hielt, ist nicht zu klären.

Aus seinem ersten Brief aus der Gefangenschaft vom 4. Februar 1945, kurz vor seinem zwanzigsten Geburtstag, spricht eine Erleichterung, den Kämpfen entronnen zu sein, die an seine Freude erinnert, als er im Oktober 1944 aus der ersten Kampflinie herausgelöst worden war. „Ich kann Euch nur sagen,

Heimaturlaub in Südtirol; in der Mitte sitzend Marianne Pichler und Hans Steiner mit der Ziehharmonika, Sommer 1944

liebe Eltern, dass ich von mehr als Glück reden kann, in Gefangenschaft gekommen zu sein. Was ich erlebt habe im Kriege, wird mir wohl zur ewigen Erinnerung bleiben, und ein Wunsch wäre, dass der Krieg so bald wie möglich zu Ende ginge."

Hans Steiner war in den nächsten vierundzwanzig Monaten in verschiedenen Gefangenenlagern in Frankreich. Im Absender aller seiner Briefe war als Dienstrang Gefreiter vermerkt. Vielleicht war es ihm gelungen, seine Mitgliedschaft in der Waffen-SS zu verbergen. Aus all seinen Briefen spricht der Wunsch nach einem baldigen Ende des Krieges. Nach der deutschen Kapitulation ab Mai 1945 hofft er auf seine baldige Entlassung. Im Oktober 1946 bittet er seine Eltern, eine Bescheinigung zu besorgen, dass er italienischer Staatsbürger sei, da diese von den Franzosen früher entlassen würden. Am 4. Februar 1947 war es dann so weit und Hans Steiner konnte nach Neumarkt zurückkehren. Auch sein Bruder Karl hatte den Krieg überlebt.

In den Nachkriegsjahren arbeitete Hans Steiner in der Obstbranche als Vertreter von Spritzmitteln. Er heiratete Marianne Pichler und zusammen bekamen sie in den 1950er-Jahren vier Kinder: Margit, Franz, Herbert und Karl-Anton. Hans Steiner war viele Jahre Obmann des Südtiroler Kriegsopfer- und Frontkämpferverbandes (SKFV). Er starb am 28. September 1987 mit zweiundsechzig Jahren.

Hildegard Casagrande, Tochter Margit, Vater Hans, Sohn Franz, Mutter Marianne und Sohn Herbert Steiner anlässlich eines Besuches von Otto Casagrande in Südtirol, 1959

Die Familie Steiner auf einem Ausflug; von links Marianne, ein unbekannter Junge, dann Franz, Margit auf dem Schoß von Hans Steiner und Sohn Herbert im Wagen, 1956

Die drei ältesten Enkelbuben Andreas, Martin und Michael mit Oma Marianne Steiner, Weihnachten 1982

Marianne Steiner, Enkel Martin Robatscher und Hans Steiner anlässlich der Erstkommunion, 1983

„Vater hat meinem jüngsten Bruder den Deutschen Gruß beigebracht.“

Franz Steiner, Sohn

Wann hast du das erste Mal bewusst wahrgenommen, dass dein Vater bei der Waffen-SS war?

Ich weiß es nicht mehr genau, aber ich glaube, ich war vierzehn, als ich verstanden habe, dass mein Vater nicht ein normaler Wehrmachtssoldat, sondern bei der Waffen-SS war. Ich konnte mir da noch nicht vorstellen, was das bedeutet. In der Schule wurden wir dann in Geschichte unterrichtet und haben den Werdegang des Weltkrieges und der Nazizeit durchgenommen. Ich war ungefähr sechzehn, als ich angefangen habe, mich damit auseinanderzusetzen. Ich hatte da schon mit meinem Vater Probleme, der immer noch dieselbe Einstellung besaß und sie auch ganz offen propagierte. Für ihn waren grundsätzlich die Amerikaner an allem schuld. Ging es um den Krieg, war nie das Hitler-Regime schuld, sondern sie alle wurden verraten und verkauft. Mein Vater ist von seiner Meinung niemals abgegangen, weswegen ich mit ihm auch oft übers Kreuz gekommen bin. Schuld waren immer entweder die Juden oder die Amerikaner. Ich habe mir dann als Jugendlicher gesagt, dass die Geschichtszeugnisse nicht alle falsch sein können. Für ihn war das alles verlogen und erfunden. Ich denke, dass er diese Einstellung von seiner Ausbildung in der Hitlerjugend und aus Rufach hatte, dass ihm das so eingetrichtert worden ist. Er war überzeugt, dass das Übel aller Welt von den Juden kommt. Die Juden beherrschen alles und sind überall drinnen. Für ihn war es so.

Hast du den Schrecken der Vernichtungslager mit deinem Vater in Verbindung gebracht?

Nein, nicht direkt, denn ich hatte schon mitgekriegt, dass er zwar bei der SS war, aber an der Front und nicht in einer Sonderheit. Er war ja auch mit seiner Einheit in Finnland und dort haben sie normal Krieg geführt. Vielleicht war die SS besser geschult, besser eingeschossen und fanatischer. Aber nicht, dass er ein Mörder gewesen wäre. Deswegen habe ich damit kein größeres Problem gehabt. Aber seine Einstellung zu Juden und zu Amerikanern usw. war natürlich krass.

Unsere Väter haben Anfang der 1980er-Jahre über den Nationalsozialismus und das Dritte Reich gestritten.

Meine Mutter hat mir erzählt, dass sie darüber gestritten hatten. Im Endergebnis haben unsere Mütter vermittelt, dass die Väter über das Thema Nazikriegszeit usw. nicht mehr diskutierten. Sie wollten die alte Freundschaft bewahren und an weiterem Streit über die Vergangenheit wäre sie womöglich zerbrochen. Dein Vater war für mich wie ein Ersatzvater. Ich habe ihn sehr gemocht und er mich wahrscheinlich auch. Was ich ihm in Bezug auf die Nazizeit einfach gutschreibe, ist, dass er viel weitsichtiger als mein Vater war. Dein Vater hat sich selbst eingestanden, dass sie verkauft worden sind und dass er Scheiße gebaut hat. Mein Vater hingegen hat es nie zugegeben. Er hat sich partout immer noch daran festgehalten, dass das nicht wahr sein durfte, dass die Juden an allem schuld gewesen sind, dass sie die Juden eigentlich alle hätten fertigmachen sollen, denn dann gäbe es heute ein Deutsches Reich und es würde allen gut gehen. Dein Vater hat seine Geschichten erzählt, dass er sich als SS-Offizier bei den Partisanen aufgehalten und durchgeschlagen hat. Er hat die Sache realistisch gesehen. Für mich stand er über den Dingen.

Hast du das Autoritäre und die SS-Vergangenheit deines Vaters als Kind und Jugendlicher in deinem Leben gespürt?

Autorität ja, aber ich bin nie geschlagen worden, außer einmal. Da hatte ich etwas ausgefressen und meine Mutter hat das dem Vater gesagt. Da hieß es ganz traditionell Hosen runter und mir wurde der Hintern versohlt. Aber das war sicher gerechtfertigt, auch wenn ich mich nicht erinnere, was der Grund war. Als ich etwas älter wurde, habe ich lange Haare gehabt und das war für ihn eine Katastrophe. Es kam dann so weit, dass er gesagt hat, entweder du schneidest dir die Haare oder du gehst. Als ich geantwortet habe, dass ich dann gehen würde, kam halt die Mami und hat mich überredet zu bleiben. Für sie wäre sonst die Welt zusammengebrochen, und da habe ich mir für meine Mutter die Haare abgeschnitten. Meinem Vater habe ich das eine sehr lange Zeit nicht verziehen. Als er dann, zwei Jahre bevor er gestorben ist, krank wurde, hat er sich geändert. Da hat er zu mir gesagt, er hätte durch ein

Schlüsselloch rüber zum Herrgott geschaut, und dann konnte er auch zeigen, dass er stolz auf uns war. Mir hatte er das vorher nie gezeigt. Obwohl ich gehört habe, dass er vor seinen Kollegen immer positiv von mir gesprochen hat. Da hat er wohl großgetan mit seinem Ältesten, der ja auf der Oberschule war und studiert hat. Aber als er krank wurde, ist er, wie gesagt, auf mich zugegangen und wir waren ein Glaserl Wein beim Enzo trinken und er hat gesagt, dass es fein ist, dass wir beieinander sind. Das war alles andere als selbstverständlich. Noch bei meiner Hochzeit hatte er seinen stummen Protest gegen meine Frau Christine dadurch ausgedrückt, dass er ganz gegen sein sonstiges Auftreten unrasiert war. Ich habe es gar nicht bemerkt, aber Freunde haben mich darauf aufmerksam gemacht. Überhaupt hatte er mit Christine Probleme. Sie war sehr kritisch und hat ihre Meinung gesagt, wenn sie etwas nicht in Ordnung fand. Das hat ihm gar nicht gepasst und er wollte nicht, dass ich sie mit zwanzig heirate. Aber auch mit Christine hat er sich dann am Ende ausgesöhnt. Wir hatten da schon drei Kinder und lebten in einem eigenen Haus und da war er stolz drauf.

Anfang der 1970er-Jahre war Kaugummi bei euch verboten.

Kaugummi kauen war amerikanisch und deswegen war das für ihn undenkbar, obwohl wir alle gerne gekaut hätten. Wir haben dann heimlich hinter seinem Rücken gekaut.

Kannst du die Begriffe „Pflicht, Gehorsam, Subordination" mit deinem Vater in Verbindung bringen?

Als Familienvater war er sicher nicht so. Aber natürlich war er der Chef, auch wenn wir in der Kindheit das nicht so wahrgenommen haben. Wenn ich mir heute die alten Filme ansehe, wird es deutlich. Da ist zu sehen, wie wir nach Truden hinaufgegangen sind und „Plent", also Polenta, gekocht haben. Unser Vater ging zuerst ins Dorf zu seinen Ex-SS-Kollegen. Mittags ist er dann angetrunken, mit einem „Schmirber" also, hinaufgekommen. Wir haben alle auf ihn gewartet und die Mami bringt ihm zu essen und er ist der Signore. Für mich war er schon ein guter Vater, außer bei den Themen, wo wir uns gestritten haben, da hat er nichts zugegeben.

Ich wollte dir aber auch noch sagen, dass das, was du mit deinem Vater erlebt hast, also „Pflicht, Gehorsam, Unterordnung", dein Vater mir gegenüber, Gott sei Dank, überhaupt nicht gezeigt hat. Für mich war er ein Freigeist.

Ja, mein Bruder sagt das auch. Mit mir war es wohl so schlimm, weil ich immer widersprochen und oft nicht gehorcht habe.
Wie hat sich die Idealisierung des Nationalsozialismus in den Handlungen deines Vaters gezeigt?

Mein Vater hat zum Beispiel meinem jüngsten Bruder den Deutschen Gruß beigebracht. Wenn wir nach Bozen zu unserer Tante sind, sie war auch so eine Patriotin, hat mein Bruder die anwesenden Erwachsenen mit dem Hitlergruß gegrüßt. Das Gleiche hat er meinem ältesten Sohn beigebracht und hat mit Stolz zugeschaut, wenn der mit dem Deutschen Gruß im Schwimmbad aufgetreten ist. Dann haben alle gelacht, wir auch. Uns war der Hintergrund gar nicht bewusst und meinem Sohn sowieso nicht. Aber das ist schon krass, wenn man das bedenkt.

Alle haben gelacht?

Ja, alle haben mit Lachen auf den kleinen blonden Kerl reagiert, der zwar nichts sagte, aber den Deutschen Gruß, den Hitlergruß, zeigte.

Gibt es noch weitere Dinge, wo sich das Autoritäre deines Vaters gezeigt hat?

Eigentlich nicht, ich war ja mit siebzehn schon oft bei Christine in Margreid und nicht viel zu Hause. Wenn es dann spät wurde und meine Mutter sich Sorgen gemacht hat, kam mein Vater mit dem Auto gefahren und hat mich abgeholt und nach Hause gebracht. Aber da hat er nicht mit mir geschimpft, sondern mich einfach für meine Mutter nach Hause geholt. Mit Ausnahme dieser Sache mit den Haaren war er nicht sonderlich autoritär.

Auf dem Koppelschloss der SS stand: „Meine Ehre heißt Treue". Hat das zu deinem Vater gepasst?

Treue gegenüber dem System?

Gegenüber Südtirol, gegenüber den Freunden, Treue als Begriff.

Ja, die Prinzipien, die er gehabt hat, wie Treue und Verantwortung, die waren nicht umzuwerfen. Also da ist er dazu gestanden, hundertprozentig.

Was ist mit „Du bist nichts, dein Volk ist alles"?

Nein, könnte ich nicht sagen.

Hast du mit deinen Kindern über deinen Vater und seine SS-Vergangenheit gesprochen?

Nein.

Und mit deinen Geschwistern?

Nein, wir haben erst durch deine Initiative darüber gesprochen. Erst dann kam ja raus, dass meine Brüder dachten, dass der Vater normaler Wehrmachtssoldat war, dass er seine Pflicht getan hat, weil er halt einberufen wurde. Meine Schwester hat schon gewusst, dass er bei der Waffen-SS war, aber es irgendwie auch nicht konkret wahrhaben wollen. Zu Hause wurde ja auch ganz wenig darüber gesprochen, und wenn, dann nur lustige Anekdoten, wie sie sich am Ende als Frauen verkleideten, damit sie nicht als Soldaten erkannt wurden. Oder wie er in Finnland Skifahren gelernt hat. Wie wenn der Krieg halt nur so ein Spaß gewesen wäre. Aber Rufach und die dortige Ausbildung ist immer mit Stolz erwähnt worden. Wenn die Rufacher, wie die Ehemaligen sich nannten, sich zugeprostet haben, wurden als Erkennungszeichen und als Zeichen der Erinnerung die Finger vom Glas weggespreizt und die Ellbogen hochgehalten.

Du warst selbst Offizier beim italienischen Militär.

Damit du zur Offiziersausbildung in Italien kommst, musst du einen Brief oder eine Empfehlung von einem Politiker haben. Damals war ein Freund meines Vaters, auch ein ehemaliger Rufacher, im römischen Parlament. Mein Vater hat das dann über seinen Freund organisiert und ich bin zur Offiziersschule gekommen. Da war er schon stolz drauf, dass sein Sohn Offizier ist, obwohl das italienische Heer nicht den besten Namen hatte.

Wie war das überhaupt bei ihm mit den Italienern oder den „Walschen", wie man in Südtirol gesagt hat?

Da hatte er eine relativ offene Seite und ein recht gutes Verhältnis zu den Angestellten auf der Post oder am Finanzamt. Aber die italienischen Faschisten gab es noch überall und da hat er wieder ein anderes Gesicht gezeigt, obwohl die eigentlich wie die Nazis waren.

Machst du deinem Vater im Nachhinein Vorwürfe, dass er damals so mitmarschiert ist?

Nein, ich kann ihn verstehen. Ich weiß nicht, was ich getan hätte, in der damaligen Zeit.

Zum einen waren die Informationen, die sie hatten, sehr einseitig. Zum anderen war der Druck vom italienischen Faschismus erheblich. Man durfte nicht mehr deutsch reden, und wenn man sich den Faschisten nicht unterordnen wollte, musste man gehen. Dass sie sich da vom Deutschen Reich angezogen gefühlt haben, ist mehr als verständlich. Aber natürlich hat es wahrscheinlich auch mit seinem Charakter zu tun. Mein Vater war vielleicht eher jemand, der sich da leichter hat mitreißen lassen. Sich selbstkritisch zu hinterfragen, war nicht seine Art.

Welche politischen Positionen hatte dein Vater nach dem Krieg?

Er war ein hundertprozentiger Anhänger der Südtiroler Volkspartei. Das war damals eine andere Zeit und da gehörte es sich so und das war so richtig. Für ihn gab es nichts anderes. Er war überzeugt, dass nur so unsere Identität und unsere Selbstbestimmung in gewissem Sinne verteidigt werden konnten.

Erkennst du in dir deinen Vater?

Was das Verantwortungs- und Pflichtbewusstsein betrifft, bin ich ihm schon ähnlich. Ich bin halt eher ein verschlossener Typ, während mein Vater da offener war und reden konnte. Was man von mir sonst nicht sagen kann. Ich bin da vielleicht meiner Mutter ähnlicher.

Sie war sehr ruhig, aber ich muss sagen, die Mami habe ich erst kennengelernt, als der Vater gestorben war. Vorher war sie ihm total untergeordnet und nur für ihn da. Wie es halt früher war, aber für mich war sie trotzdem eine große Frau.

Bei unseren Besuchen haben wir als Jugendliche mit Staunen festgestellt, wie deine Mutter funktionieren musste. Für uns war das undenkbar, unglaublich.

Wenn er mit dem Auto nach Hause kam, hat er schon auf dem Weg von Weitem gehupt! Früher war die Marienstraße eine Schotterstraße voller Löcher und da hat man schon gehört, da kommt er angefahren. Dann hat er noch gehupt und die Mami ist runtergelaufen und hat ihm das Garagentor aufgemacht. Nach seinem Tod habe ich mir anfangs wirklich Sorgen um sie gemacht. Ich habe sie fast jeden Tag besucht und dann war ich sprachlos: Sie hatte ja eine eigene Meinung und die hat sie auch gesagt und sich beschwert, wenn ihr was nicht passte. Vorher gab es nur die Meinung vom Vater. Trotzdem war sie eine große Frau, denn sie hat mit feinem Gefühl immer die Familie gesteuert und vieles ausgeglichen, sonst hätte es sicherlich mehr Probleme gegeben. Über unsere Mutter hat unser Vater auch nie etwas kommen lassen, wenn jemand da was gesagt hat, dann ist er auf die Palme gegangen.

Deine Mutter war ja auch in der deutschen Bewegung aktiv.

Ja, da weiß ich eigentlich nicht viel. Sie war bei einem Sportfest in Berlin und hat immer nur das Positive, das Freundschaftliche mit den Mädchen und die Ordnung, die geherrscht hat, erwähnt. Also, es hat mit Nationalsozialismus eigentlich wenig zu tun.

Was hast du aus der Geschichte deines Vaters gelernt?

Gelernt? Gelernt habe ich, dass der Mensch eigentlich aus der Geschichte nichts lernt. Wenn wir schauen, was heute alles passiert und was noch passieren könnte, dann habe ich verstanden, dass der Mensch gar nichts daraus lernt. Ich glaube, dass auch heute noch Vergleichbares wie damals passieren könnte. Sogar bei uns in Europa. Es gibt wieder einen Rechtsruck, und wie weit werden wir noch nach rechts gehen? Im Prinzip müssen wir dankbar sein, dass wir bisher das Glück hatten, in einer Zeit zu leben, in der wir persönlich keinen Krieg mitgemacht haben.

Der bulgarisch-französische Schriftsteller und Philosoph Tzvetan Todorov hat sinngemäß gesagt: „Wenn wir an ihrer Stelle gewesen wären, hätten wir werden können wie sie."

Das stimmt sicher.

---

* 1953, wohnt in Neumarkt, pensionierter freiberuflicher Heizungs- und Energietechniker. Ehrenamtlich in vielen Vereinen tätig, verheiratet, vier Kinder und sechs Enkelkinder.

„Letztlich sind alle normale Soldaten gewesen.“

Martin Robatscher, Enkel

Martin, du hast einen eigenen Blick auf deinen Opa und seine Entscheidung, zur Waffen-SS zu gehen.

Mein Opa war in meine Oma Marianne verliebt, und da er zwei Jahre jünger war als sie, wollte er ihr beweisen, dass er wie die Älteren auch ein gestandener deutscher Soldat ist. Schon fast fanatisch unterstrich er das durch seine Aussagen und Taten, auch in seinen Briefen. Eine wichtige Rolle spielte auch sein Bruder Karl, der bei den Brandenburgern diente. Onkel Karl war sieben Jahre älter, ist relativ früh eingerückt und war überzeugter Soldat, für den Kameradschaft und Soldatentum im Vordergrund standen. Er ist auch nach dem Krieg in der ganzen Haltung eher ein unterhaltsamer Kumpeltyp gewesen. Das war der Opa schon auch, aber bei ihm ist es, sicher bedingt durch Rufach, ein bisschen in eine schärfere Richtung gegangen. Er war eine Führungspersönlichkeit, und das auch schon damals als Vierzehn-, Fünfzehnjähriger.

Wann wurde dir bewusst, dass der Opa bei der SS war?

Ich war elf Jahre alt, als er starb, und da hat mir der Begriff „SS“ noch nichts gesagt. Ich habe gewusst, dass er im Krieg und in Gefangenschaft war. Ich hatte schon als Kind mitbekommen, dass er sehr viel auf die Ehrung der Gefallenen hielt. In meiner Oberschulzeit und auch später war ich viel bei der Oma. Sie hatte eine Blechbüchse voller Fotografien, die gänzlich unsortiert waren. Ich habe mir oft die Fotos angeschaut. Da waren Bilder in Zivil und in Uniform, Bilder von Panzern und da waren Postkarten aus Karelien und auf manchen stand SS-Gebirgs-Division „Nord“ und das ist mir aufgefallen. Ich habe bald verstanden, dass es zwei verschiedene Sachen gegeben haben muss, einmal Konzentrationslager und dann die militärische Einheit, die draußen war. Ich habe mir dann ein Buch gekauft – „Kampf unter dem Nordlicht“[112] – und dachte, dass ich da vielleicht meinen Opa finde. Dann fing ich an, die Oma zu fragen, und sie hat von Dingen gesprochen, an die ich mich schon aus meiner Kindheit erinnerte: Karelien, Rufach und Südtiroler Kriegsopfer- und Frontkämpferverband. Auf der Todesanzeige von Opa stand „Kaufmann und Rufacher". Das hat sich mir eingeprägt. Mit den Themen Rufach und Waffen-SS habe ich mich aus Zufall weiter auseinandergesetzt. Ich war ein junger Außendienstmitarbeiter bei einer Firma in Österreich und fuhr mit einem älteren Kollegen im Auto nach Nordtirol. Da fingen wir halt an, über seinen Vater und meinen Großvater und den Krieg zu reden. Er hat erzählt, dass sein Vater noch die Katakombenschule besuchen musste, und da habe ich gesagt, dass der Opa in Rufach war. Wie aus heiterem Himmel hat der Kollege sich total aufgeregt und gesagt, dass die Rufacher die ärgsten Nazis waren. Ich bin erschrocken und habe gedacht, wie redet der über meinen Großvater, und habe versucht, ihn zu verteidigen. Der Kollege hat sich aber nur noch mehr aufgeregt und gesagt, dass man die eigentlich hätte alle an die Wand stellen müssen. Da sagte ich dann nichts mehr, weil ich mir einfach mein Bild vom Opa nicht kaputt machen lassen wollte. Was ich mir heute auch noch nicht lasse. Da ist es mit meiner Recherche dann richtig losgegangen. Ich wollte wissen, was mit Rufach war, habe meine Oma befragt und sie hat erzählt, was sie wusste. Nach ihrem Tod 2013 wurde mein Interesse noch intensiver und ich fing an, aufzuschreiben, was die Oma erzählt hat. Ich schrieb an die Deutsche Dienststelle, ehemals Wehrmachtsauskunftstelle (WASt), und nach Innsbruck und habe geschaut, wer alles in Rufach war. Als ich etwas später die ganzen Briefe bekam, habe ich die Feldpostnummern überprüft, da waren Hallein, Karelien und da war plötzlich eine neue Feldpostnummer von einer der Eliteeinheiten, der 2. SS-Panzer-Division „Das Reich". Da fiel mir Oradour-sur-Glane ein, wie sie die Menschen in die Kirche getrieben haben, und ich fragte mich, ob mein Opa womöglich dabei war. Ich war schon erleichtert, als ich feststellte, dass das zeitlich nicht zusammenpasste. Als ich herausfand, dass das 2. Bataillon 1944 fast total aufgerieben wurde und er als einer von wenigen überlebt hat, war ich doppelt froh. Einmal, dass er bei gewissen Aktionen nicht dabei war, und dann, dass er überlebt hat. Sonst gäbe es mich ja nicht. So bin ich zum Thema Waffen-SS gekommen. Ich hatte lange gedacht, dass bei der Wehrmacht die Besseren, die Braven und bei der Waffen-SS die Schlimmen waren. Dann ist mir klar geworden, dass das nicht sein kann. Sicher wird die SS-Führung in eine gewisse Richtung gewesen sein, aber im Endeffekt sind alle normale Soldaten gewesen, der eine wie der andere. Es waren ja noch Buben, die endlich wieder richtig deutsch sein wollten, was auch verständlich ist bei der ganzen Geschichte Südtirols.

Natürlich muss man schauen, woran der Einzelne beteiligt war, aber eine saubere Trennung zwischen Konzentrationslager und kämpfender Truppe gab es bei der SS nicht.

Mich wühlt die extreme Schwarz-Weiß-Malerei, die pauschale Verurteilung, die teilweise betrieben wird, sehr auf. Ich sehe immer den Menschen, der irgendwo geboren wird, der aufwächst und der da hinkommt oder sich dahin meldet. Weil ich seine Stiefel nicht angehabt habe, würde ich es mir nie erlauben, ein Urteil zu fällen. Ich kann mich informieren, wie es gewesen ist, aber ich würde die Leute nie verurteilen für etwas, was sie getan haben, obwohl ich schon gewisse Fragen an sie hätte, auch wenn ich wahrscheinlich keine Antwort bekäme. Das tut mir weh, wenn ich höre, dass das alles Verbrecher gewesen sein sollen. Na gut, das ist leider der Zeitgeist. Man ist nie nur Täter und nie nur Opfer. Das gibt es im Krieg nicht. Und ich bin mir sicher, wenn mein Opa sich hätte entscheiden müssen, ob er zur Wachmannschaft eines Konzentrationslagers oder an die Ostfront kommt, dann hätte er die Ostfront genommen. Nach dem Krieg hat er einmal gesagt, dass es 1943 seine heilige Pflicht war einzurücken, da bereits zwei Brüder von der Oma gefallen waren.

Die Oma war damals auch in der illegalen Deutschen Jugend aktiv.

Die Oma hat es immer als Verbotszeit beschrieben. Da gibt es ja auch das Bild von ihr und deinem Vater, dem Onkel Otto, oben beim „Gstoager"[113] auf der Wiese. In ihren jungen Jahren war sie sehr aktiv. Sie hat mit den jungen Mädels viel Sport betrieben und sie wurde sogar als eine der wenigen jungen Frauen aus dem Unterland für einen Wettkampf in Berlin ausgewählt. Das war wohl 1940. Über die Zeit zwischen dem 8. September 1943, als Italien von der deutschen Wehrmacht besetzt wurde, und der Kapitulation am 8. Mai 1945 hat sie gesagt, dass das die schönste Zeit ihrer Jugend war. Der Tod ihrer Brüder hat sie bis an ihr Lebensende stark mitgenommen. Sie hat beim Heldengrab zeit ihres Lebens immer die Kerzen spendiert. Die vom Frontkämpferverband haben der Oma dafür gedankt und sie hat mit einer Selbstverständlichkeit gesagt, dass sie das ihren Brüdern schuldig wäre. Sonst war die Oma eher still und hat von sich aus wenig geredet. Einmal erzählte ich ihr, dass ich sie in Bezug auf die damalige Situation gut verstehe und ich bestimmt wie sie gehandelt hätte. Da hat sie im Zusammenhang mit der Judengeschichte gesagt, dass es das mit den Juden nicht gebraucht hätte. Ich habe es so empfunden, als ob ihr die Frauen und Kinder leidgetan haben. Einmal haben wir eine Dokumentation über die Engländer und Churchill gesehen, über den die Oma so geschimpft hat, wie ich es von ihr noch nie gehört hatte. Ich musste gar den Fernseher ausschalten. Die Oma hat dem Opa in Anwesenheit anderer nie widersprochen, um seine Position nicht zu schwächen, aber unter vier Augen wird sie ihm schon ihre Meinung gesagt haben.

Hast du gewusst, dass dein Opa deinem Cousin und deinem Onkel den Hitlergruß beigebracht hat?

Ich habe so etwas gehört, kann mich aber selbst nicht mehr daran erinnern. Aber bei meiner Erstkommunion haben wir ein Foto im Garten gemacht. Ich hatte einen Steireranzug an und habe eine neue Uhr bekommen und wir haben uns nicht nur gerade, sondern schneidig und stramm aufgestellt. Oder beim Laubenfest, da habe ich Opa und einem seiner Kameraden, der auch bei der Waffen-SS gewesen war, geholfen. Da haben sie mir so ein weißes Schiffchen, dass sie vom Fleischlieferanten bekommen hatten, aufgesetzt und so lange daran herumgemacht, bis es für sie gepasst hat. Es hat sie wohl an die Hitlerjugend erinnert.

Dein Onkel Franz erzählt, dass für deinen Opa die Amerikaner und auch die Juden an allem Übel auf der Welt schuld waren.

Ich weiß nicht, was er über die Juden gesagt hat. Aber wenn er mich heute sehen würde, mit den Jeanshosen, das würde ihm nicht gefallen, denn für ihn musste ein junger Knabe Lederhosen tragen. Jeanshosen waren für ihn wie Kaugummi kauen. Mittlerweile würde er komplett verrücktspielen, mit den ganzen Anglizismen. Im Haus Unterland hat der alte Baron Longo einmal eine Gruppe, die verantwortlich war, als Team bezeichnet. Meine Güte, was hat sich der Opa da aufgeregt!

Dein Opa war ja sehr jung, als er in den Krieg ging.

Ich habe mal gelesen, wie ein älterer Veteran der Waffen-SS gesagt hat, dass die ab 1925 Geborenen nie einen Sieg erlebt haben. Die waren alle entweder auf dem Rückzug oder haben auf die Haube gekriegt. Ich glaube, dass der Opa speziell in der Ardennenoffensive Schlimmes erlebt hat und dass er da froh gewesen ist, dass es vorbei war. Er konnte das vielleicht nicht öffentlich zugeben, aber tief in sich drin war er froh.

Erinnerst du dich an Geschichten vom Soldatentum und vom Krieg, die er erzählt hat?

Der Opa hat bis Mitte der 1980er-Jahre vor Weihnachten immer eine große Kerze auf die Fensterbank gestellt. Die war für einen Soldaten, Walter Reder, einen österreichischen SS-Sturmbannführer, der wegen Marzabotto[114] noch im Gefängnis saß. Ich habe Briefe der Frontkämpfer aus dem Unterland gelesen, die ihm geschrieben haben, dass sie hoffen, dass er heimkommt. Der Opa hat ihm die Kerze angezündet, das ist mir in Erinnerung geblieben und dann hat er auf einmal die Kerze weggetan und gesagt, dass es die nicht mehr braucht. Das war zwei Jahre vor seinem Tod.

Die Solidarität von deinem Opa hat auch Männern gegolten, die bei so was wie Marzabotto dabei waren.

Wobei die Geschichte unterschiedlich erzählt wurde.

Soldatisch, wenn wir von dem reden wollen, gibt es eine lustige Episode. Da war 1986 ein Fußball-WM-Finale, Argentinien gegen Deutschland, das ich mit dem Opa geschaut habe. Die Deutschen waren bald im Rückstand und ich habe gesagt, wie traurig das sei und dass man doch schon aufgeben könnte nach dem 2:0. Da hat er gesagt, dass wir nicht verzagen dürften, und als es dann 2:2 stand, dass man immer weiterkämpfen und bis zum Schluss durchhalten muss. Dass der Hoeneß mit einem Kopfverband das Spiel verwundet gespielt und auch noch ein Kopfballtor gemacht hat, das imponierte ihm, das war eben die soldatische Tugend. Du kannst verlieren, aber du musst erhobenen Hauptes bis zum Ende kämpfen. Es gibt aber auch ein paar ungute Geschichten, wo die soldatische Haltung zum Tragen gekommen ist. Die Oma hatte eine Frühstückspension und hatte kleine Portionen mit Marmelade, von denen wir Burschen uns welche genommen haben. Der Opa hat uns erwischt, aufgestellt und uns einen Vortrag über Diebstahl gehalten. Das habe ich nie vergessen, so gewaltig war das. Ich habe das Glück gehabt, dass ich als Kind lange Zeit mit der Oma und dem Opa aufgewachsen bin, denn meine Eltern mussten beide arbeiten. Ich durfte nachmittags mit meinen Großeltern ins Schwimmbad. Ein- oder zweimal die Woche habe ich ein Eis gekriegt, während meine ganzen anderen Freunde halt jeden Tag eins gekriegt haben. Also habe ich den Opa gefragt, ob ich ein Eis haben könnte, aber da ich den Tag davor Eis bekommen hatte, kaufte er mir keins. Sie sind dann schwimmen gegangen und ich habe in seine Brieftasche geschaut, da waren ein paar Münzen drin, aber ich habe mich nicht getraut, etwas zu nehmen. Später hat er mich zu sich zitiert und mir vorgehalten, dass ich ihn bestohlen hätte. Da half auch meine Beteuerung nicht, nichts genommen zu haben. Er hat mich der Lüge bezichtigt und war so vorwurfsvoll, dass es mir richtig schlecht ging. Aber bald darauf habe ich wieder ein Eis bekommen und er war ganz liebevoll. Ich hatte keine Angst, dass er mir körperlich etwas antut, aber schon seine Haltung und dass ich ihn enttäuscht hatte, war schlimm genug. Oder beim Essen, da war er wirklich sehr streng. Das fällt mir jedes Mal ein, wenn ich mit meinen Kindern esse. Dann denke ich oft, es wäre schon gut, wenn sie mal so eine richtige Zucht kriegen, ein wenig zumindest. Oma hatte eine schöne Kristallflasche und meinem Cousin ist sie hingefallen und kaputt gegangen. Da hat unser Opa ihn als ungeschickt und narrisch beschimpft. Er hat ihn sowieso nicht immer fair behandelt, und wenn sich mein Cousin irgendwo den Fuß verletzt hat, wurde er vom Opa als „tschoppet“[115] bezeichnet und das tut mir oft heute noch weh. Einmal waren wir beim „Gstoager“ essen und wir Buben wollten die Höhle finden, wo dein Vater, der Onkel Otto, sich versteckt hatte. Mein Cousin trug einen Schmuck, ich weiß nicht, ob es ein Armband oder was anderes war. Dein Vater und mein Opa haben es gesehen und dann hat der Opa laut gefragt, ob mein Cousin jetzt etwa langsam feminin wäre. Meine Tante ist dann gegangen. Eben: Hart wie Kruppstahl, zäh wie Leder und flink wie die Windhunde,[116] das hatte er drin gehabt, und wenn ich mich verletzt habe, habe ich mich nicht getraut zu weinen vor dem Opa, da war er schon scharf, ein Blick von ihm und man hat gewusst, jetzt muss man aufpassen. Andererseits, wenn wir Indianerkriege gespielt haben, ist er eher gegen Waffen gewesen und hat mit uns geschimpft. Mein Onkel hat die Silberbüchse nachgebaut, und als wir das dann auch machen wollten, hat mein Opa gesagt, nein, das braucht es nicht, seid froh, dass ihr so etwas nicht erleben musstet, und spielt etwas anderes.

Du hast ja viele Cousins und Cousinen, aber du bist derjenige, der emotional am engsten beim Opa ist.

Seit meine Großeltern gestorben sind, ist nicht ein Tag vergangen, an dem ich nicht an beide gedacht habe. Mein Opa hatte schon als Kind Ziehharmonika und Geige gespielt, und als ich dann begann, Ziehharmonika zu spielen, hat mein Opa mir seine geschenkt. Er hat mir beim Spielen recht andächtig zugeschaut und gesagt, Respekt, mach weiter so. Kurz vor seinem Tod kam er ins Krankenhaus und ich hatte so ein ungutes Gefühl. Ich war damals elf Jahre alt und bin abgehauen und habe mich versteckt. Ich habe gewartet, geweint und mir gedacht, dass es nicht gut ausgeht. Am Montag habe ich dann im Musikunterricht auf seiner Ziehharmonika gespielt und genau in dieser Zeit ist er gestorben. Ich weiß nicht, was es ist, Opa ist irgendwie noch bis heute ein Held für mich, nicht weil er bei der Waffen-SS war, sondern weil er trotz allem, was er erlebt hatte, eine Familie gegründet und etwas aufgebaut hat. Das ist es, was mir imponiert. Auch wie er mit uns umgegangen ist, obwohl er oft nicht korrekt, sondern streng gewesen ist, ist er einfach ein Held für mich. Ich kann nicht anders, trotz all seiner Makel. Je länger ich mich mit ihm auseinandersetze, umso menschlicher wird er mir. Das ist ganz tief drin und ich denke mir heute noch, was er sagen würde, wenn ich etwas mache. Nach seinem Tod hockte ich stundenlang vor der Ziehharmonika und habe vor mich hin geschaut.

Wir leben in der Erinnerung an unsere Väter und Großväter zwischen Liebe und Schuld.

Ich habe das Gefühl, dass unsere Zeit nur darauf aus ist, sie als Verbrecher darzustellen, und dass ich das nicht mit mir machen lasse, bei allen Fehlern, die sie gehabt haben. Manche erlauben sich ein Urteil, ohne die Zeit zu kennen, jeder hat seine Geschichte. Ich würde mir das nie erlauben, ich weiß ja nicht, was die mitgemacht haben. Oder viele, die heute sagen, das waren ja Deppen, wie konnten die freiwillig gehen oder wie konnten die für Deutschland optieren. Die sind damals instrumentalisiert, die sind ausgenutzt worden und haben im guten Glauben gehandelt, für sich selber, für das Land Südtirol und für ihre Familien ein besseres Leben zu erstreiten.

Es gibt aber auch heute Jugendliche, die den Krieg und das Soldatentum verherrlichen.

Im gewissen Alter, so mit siebzehn, achtzehn Jahren, ist das recht ausgeprägt. Meine Erfahrung ist, dass sich das einfach legt, und ich bin in dem Alter auch schärfer gewesen. Wahrscheinlich hätte ich das Gleiche getan, wenn ich damals gelebt hätte. Ich sehe nicht, dass die jungen Burschen heute ein Problem sind. Man muss aufklären, man muss immer sagen, was Sache ist, aber mit der Zeit werden sie das ablegen. Man muss viel lesen, sich informieren und alles hinterfragen. Aber wenn ein junger Bursche heute die Bilder von damals sieht, wie die aufmarschiert sind und sogar die Großeltern dabei waren, der ganze Machtapparat, dann hat das schon einen gewissen Reiz. Ob das heute in mir einen Stolz hervorruft? So würde ich die Episode nicht beurteilen. Ich halte öfter Ansprachen und dann sage ich, dass die Leute, die damals ihren Dienst geleistet haben, die zurückkamen und vor dem Nichts standen und die dann in den Dörfern das gesellschaftliche Leben wieder aufgebaut haben, dass denen ein ehrendes Gedenken gebührt. Nicht weil sie damals im Krieg die super Soldaten waren, sondern weil sie trotz der ganzen Erfahrungen, die sie gemacht haben, sich selber treu geblieben sind. Sie haben alles wieder aufgebaut und die Basis für unseren heutigen Wohlstand geschaffen. Es ist falsch zu sagen, dass sie die besten Soldaten waren, gleich falsch ist es auch, dass alles Verbrecher waren. Nur Weiß und Schwarz gibt es bei keinem Menschen, sondern lauter Zwischentöne.

„Pflicht, Gehorsam und Subordination" – passt das zu deinem Opa?

Ja, kein Jammern, keine Klagen. Was zu tun ist, ist zu tun, hat die Oma auch gesagt.

Und Gehorsam, wenn der Opa sagt, jetzt machst du das so und so?

Ja.

Unterordnung?

Ja, die drei Begriffe, die du nennst, wenn du die richtig dosierst und interpretierst, dann sind sie für mich sinnvolle Werte, wenn man das so sagen kann. Wenn du sie stur mit der Brechstange durchsetzt, geht das heute nicht mehr, deswegen muss man die richtige Mischung finden. Es kann nicht mehr funktionieren wie damals, aber ohne Regeln geht es auch nicht.

„Meine Ehre heißt Treue"?

Ja, passt. Das passt besser zu Opa als „Gott mit uns". Logisch, wenn man heute hört: „Meine Ehre heißt Treue", dann assoziiert man Waffen-SS. Aber die Worte alleine? Treue ist etwas, was sehr selten geworden ist.

„Du bist nichts, dein Volk ist alles"?

Ich sehe einen anderen Spruch: „Wenig hervortreten, viel leisten, mehr sein als scheinen."

Das war auch ein Wahlspruch von Heinrich Himmler.

Das ist auch auf dem Napola[117]-Messer. Bei den ganzen Instagram Geschichten, da denke ich mir oft, es wäre doch gescheiter: Mehr Sein als Schein oder weniger Worte, mehr Taten. Der Opa hatte als langjähriger Obmann des Südtiroler Kriegsopfer- und Frontkämpferverbandes einen gewissen Stellenwert im Dorf und ist doch nie ganz nach vorne gegangen. Mir hat ein ehemaliger Kamerad vom Opa mal gesagt, als ich Schützenhauptmann war, ich sei wie der Opa. Der sei auch immer vorausgegangen, er ist halt immer der Chef gewesen.

Wie war seine politische Haltung nach dem Krieg?

Zwei Jahre vor seinem Tod, 1985, vor den Gemeinderatswahlen in Neumarkt, waren wir alle zu Hause versammelt. Der Opa ist auf seinem Platz gehockt und hat gesagt: „Ihr wisst schon, wen ihr morgen zu wählen habt." Ende der Diskussion.

Weißt du, ob dein Opa mal seine Kinder geschlagen hat?

Meine Mutter hat gesagt, dass sie von Opa mit neunzehn Jahren noch eine Ohrfeige gekriegt hat, weil sie zu spät heimgekommen ist. Meine Mutter Margit hat sich auch nicht schminken dürfen. Sie hat mir mal erzählt, als mein Opa sie in Margreid bei meinem Onkel Franz und meiner Tante Christine abgeholt hat, dass er gesagt hat, wenn die Tante den Franz schon verzogen hat, dann muss sie die Margit nicht auch noch verziehen.

Was hast du aus der Geschichte deines Opas gelernt?

Ich habe daraus gelernt, zu Werten zu stehen und dass man Dinge hinterfragen soll. Ein gewisses Maß an Pflichtbewusstsein, Disziplin und Aufrichtigkeit ist richtig und wichtig und gewisse Wertevorstellungen der damaligen Zeit, richtig interpretiert und dosiert, sind absolut wichtig, um heute ein integres Leben zu führen. In diesem Sinne ist er in einer gewissen Art und Weise ein Vorbild für mich, unabhängig von dem historischen Kontext.

Und wenn du auf die hässlichen Seiten schaust?

Die ganzen negativen Verhaltensweisen, die er hatte, sind für mich eine Lehre, das so nicht zu machen. Man muss mehr kommunizieren und über Dinge reden, die einen beschäftigen, vielleicht auch bedrücken. Viel ist damals passiert, weil nicht über die eigenen Gefühle, über die eigenen Dinge gesprochen wurde. Das war ein Tabu und das darf es nicht sein. Aber eine gewisse Haltung, die gehört dazu, und in der Hinsicht ist mein Opa ein Vorbild. Gleichzeitig ist er auch ein Vorbild, wie man gewisse Sachen nicht machen soll.

---

* 1976, verheiratet und Vater von zwei Töchtern. Gelernter Handelskaufmann und als Verkäufer von Wärme- und Gesundheitsprodukten tätig. Langjährige ehrenamtliche Tätigkeit in Vereinen wie dem Südtiroler Schützenbund.

Noch in den 80ern besorgt, in Italien als SS-Mann wiedererkannt zu werden

SS-Untersturmführer Otto Casagrande

Giori. Gasperi Sover. Pomarollo. Crepaz. Folladori. Die Namen seiner Vorfahren waren durchweg italienisch. Der fehlende Vater und die früh verstorbene Mutter hinterließen eine offene Wunde. Südtirol war seine Heimat. Er wollte dazugehören und ging vielleicht deswegen mit voran. Er wurde politischer Aktivist, Führer der illegalen Deutschen Jugend im Unterland, SS-Freiwilliger und im letzten Kriegsjahr endlich Leutnant der Waffen-SS. Nach dem Krieg leistete er geflohenen Nationalsozialisten Fluchthilfe in Südtirol. Vom ehemaligen Gauleiter Hartmann Lauterbacher rekrutiert, arbeitete er zwei Jahre für den deutschen Auslandsgeheimdienst. Auch nach dem Krieg blieben Südtirol und die SS neben seiner Familie die zentralen Bezugspunkte in seinem Leben.

Otto Casagrande wurde am 28. November 1919 in Leifers bei Bozen als uneheliches Kind von Josefa Casagrande geboren.[118] Er sollte seinem Vater nie begegnen, der als Offizier in der italienischen Armee diente und Valle hieß. Seine Großeltern Simon und Rachel Casagrande geb. Folladori lebten in Neumarkt, verweigerten allerdings in seinen ersten Kindheitsjahren jeden Kontakt zu ihm. 1926 wurde er in die italienische Grundschule in Neumarkt eingeschult. Im Anschluss daran wechselte Otto Casagrande auf ein von Nonnen geführtes Internat nach Meran und danach auf die kaufmännische Oberschule „Luigi Negrelli", die er durchaus mit Erfolg besuchte. 1935 erkrankte seine Mutter an Tuberkulose. Sie brauchte Pflege und konnte das Schulgeld nicht länger bezahlen. Otto Casagrande verließ daraufhin die Schule, wurde in einem Kolonialwarenladen in Neumarkt angestellt und kaufmännisch ausgebildet. Am 6. Januar 1938 starb seine Mutter. Da sein Vater als unbekannt eingetragen war und beide Großeltern verstorben waren, galt er offiziell als Waisenkind.

Noch während seiner Ausbildung und der letzten Lebensjahre seiner Mutter wurde Otto Casagrande in der Jugendorganisation des Völkischen

Otto Casagrande mit seiner Mutter Josefina, 1920

Kampfrings Südtirols aktiv und nahm regelmäßig an illegalen Treffen und Schulungen teil. 1938 war er bereits innerhalb der Jugendbewegung aufgestiegen, sodass er das Unterland bei einer geheimen Führertagung in Salurn vertrat. Auf der vom VKS im September 1939 zusammengestellten Liste mit Freiwilligenmeldungen für die deutsche Wehrmacht und Waffen-SS wurde er dann nach dem Kreisgruppenleiter Walter Pernter als Ortskommandant bzw. Ortsgruppenleiter von Neumarkt geführt.[119] Kurz darauf, am 8. Juni 1939, nahm er an einer Demonstration während der Fronleichnamsprozession in Neumarkt teil. Zusammen mit seinem engen Freund Roland Bonatti und anderen Freiwilligen trat er dort in der von den italienischen Behörden verbotenen Südtiroler Tracht mit weißen Stutzen und Sarner auf. Die Carabinieri bestellten die jungen Männer um Otto Casagrande am nächsten Tag in die Kaserne ein und verhörten sie. Zu diesem Zeitpunkt war Otto Casagrande bereits fester Bestandteil der Jugendorganisation des VKS im Ort und gehörte zur örtlichen Gruppe von jungen Männern und Frauen, die ein Zeitzeuge die „Fanatischen" nannte.

Nachdem Otto Casagrande im Oktober 1939 seinen Abwanderungsantrag gestellt hatte, meldete er sich zusammen mit einigen Freunden für den am

Klosterschule Meran; Otto Casagrande in der vorletzten Reihe in der Mitte, etwa 1930

14. November 1939 abgehenden ersten Militärtransport der Südtiroler Freiwilligen nach Deutschland. Von den insgesamt neunundsechzig Männern hatten sich sechsundsechzig zur SS und Polizei und drei zur Wehrmacht gemeldet.[120] Noch kurz vor der Abfahrt wurde ein Foto aufgenommen, das ihn zusammen mit anderen Freiwilligen aus Neumarkt zeigt, darunter der Ritterkreuzträger Franz Hillebrand und der Kreisgruppenleiter Walter Pernter. Während der Transport ungehindert abfahren konnte, wurde Otto Casagrande hingegen die Ausreise verweigert. Sein Name war mit der Begründung, dass er italienischer Abstammung sei, von der Liste gestrichen worden. Er ging daraufhin schwarz über die Grenze nach Österreich. Am 22. Dezember erhielt die AdO eine Postkarte, in der er seine erfolgreiche Ankunft in Innsbruck meldete. Diese war mit „Trenker" unterzeichnet, der alle mit „Kampfheil" grüßte. Otto Casagrande wurde aufgrund seiner großen Begeisterung für die Filme von Luis Trenker seit seiner Jugend und auch noch während des Krieges „Trenker" genannt.

Wie viele andere Freiwillige wurde er im Hotel Weißes Lamm in Innsbruck untergebracht, wo er am 18. Dezember 1939 die Einbürgerungsurkunde ausgehändigt bekam. Die erste Musterung durch das deutsche Wehrkommando erfolgte am 21. Dezember 1939. Ein Foto vom Februar 1940 zeigt ihn dann in Polizeiuniform. Ab 2. März 1940 wechselte er zur Waffen-SS, wo er beim SS-Regiment „Deutschland" in München-Freimann ausgebildet wurde.[121]

Im Mai 1940 kam er zusammen mit weiteren Rekruten des SS-Ersatzregiments „Deutschland" an die Westfront nach Frankreich. Dort wurde er als Kradmelder der 9. Kompanie im 3. Bataillon zugeteilt. Otto Casagrande unterschied sich wegen seiner geringen Größe und seines „italienischen" Aussehens von den anderen SS-Männern. Ein SS-Veteran erinnerte sich an ihn mit den Worten: „Ja, das ist klar, dass er bei der Kompanie als Kradmelder war. Er war so ein kleiner schwarzer Stopp, aber schicker Kradfahrer."[122] Im Mai 1940 war das SS-Regiment „Deutschland" nur in wenige Kämpfe verwickelt und hauptsächlich zu Aufräum- und Sicherungsaufgaben eingesetzt.[123] Der nach der französischen Kapitulation am 25. Juni 1940 erfolgte Einsatz in Holland fand im Rahmen der Besatzungsaufgaben statt. Während des Winterquartiers der Division in Vesoul in der Bourgogne-Franche-Compté erhielt Otto Casagrande vom 12. bis zum 23. Februar 1941 seinen ersten Urlaub. Er verbrachte ihn wie auch fast alle noch folgenden Urlaube im Gasthaus Steiner in Neumarkt in Südtirol, dem alten Treffpunkt der dortigen Aktivisten.

Im April 1941 nahm die Division am Krieg in Jugoslawien teil. In den donauschwäbischen Siedlungsgebieten Jugoslawiens wurden Wehrmacht und Waffen-SS begeistert empfangen. Otto Casagrande schwärmte noch ein gutes Jahr danach in einem Brief von der guten Bewirtung bei den Volksdeutschen. Bereits in den ersten Tagen der Kämpfe fiel am 11. April 1941 Otto Casagrandes ehemaliger Kompanieführer und zu diesem Zeitpunkt Regimentsadjutant SS-Hauptsturmführer Rohde. Die auf Rohdes Tod folgenden Geisel- und Sühneerschießungen wurden ebenso vom Regiment ausgeführt wie die in den nächsten Tagen eingerichteten Standgerichte, bei denen wegen „Freischärlerei bzw. unbefugtem Waffenbesitz" die sofort zu vollstreckende Todesstrafe verhängt wurde. Die Hinrichtungen wurden fast alle beim Stab des 2. und 3. Bataillons des Regiments „Deutschland" durchgeführt. Bis 28. April blieb das Regiment „Deutschland" im Großraum Groß-Betschkerek, wo unter seiner Kontrolle die ersten Übergriffe gegen Juden, wie Sühnezahlungen, Einführung der Judensterne und Ghettoisierung, stattfanden.[124]

Führertagung der geheimen Jugendbewegung Südtirols; Erster von links Willy Acherer, in der Mitte Luis Malojer, Zweiter von rechts Otto Casagrande, 1938

Beim Überfall auf die Sowjetunion im Juni 1941 war die SS-Division „Reich", zu dem das SS-Regiment „Deutschland" gehörte, in der Heeresgruppe Mitte eingesetzt. Auffällig ist in diesem Zusammenhang ein Befehl des Generalkommandos des XXXXVI. Panzerkorps, wo in scharfem Ton die Division dazu aufgefordert wurde, die sofortigen Gefangenenerschießungen zu unterlassen, da so die Vernehmung der sowjetischen Politkommissare verunmöglicht wurde. Offensichtlich hatte sich besonders die SS-Division „Reich" hier hervorgetan.[125] Der erste schwere Kampfeinsatz des SS-Regiments „Deutschland" erfolgte dann hinter Smolensk in Jelnja, wo es den deutschen Verbänden nur mit Mühe gelang, den sowjetischen Widerstand zu brechen.

Während der danach bei Smolensk durchgeführten Ruhephase zur Auffrischung fuhr Otto Casagrande mit seinem Beiwagenmotorrad während eines Spähtrupps am 16. September 1941 auf eine Mine und wurde dabei verwundet. Es folgten Aufenthalte in einer Reihe von Kriegslazaretten, zuletzt fern der Ostfront in Lothringen. Mit dem Tag seiner Verwundung wurde er zum SS-Sturmmann befördert. Nach dem langen Lazarettaufenthalt wurde er im Dezember 1941 „kriegsverwendungsfähig" (Abkürzung: kv) zur Genesendenkompanie E-SS „Deutschland" nach Prag überstellt. Bevor er dort wieder in die SS-Verbände eingegliedert wurde, konnte er einen mehrwöchigen Urlaub in Österreich und Südtirol verbringen. Nach der Wiedereingliederung in Prag traf er am 1. März 1942 zusammen mit anderen SS-Rekruten bei seinem durch die schweren Kämpfe bei Rshew stark dezimierten Regiment ein. Dabei wurden die Reste des SS-Regiments „Deutschland" unter dem Namen ihres Regimentskommandeurs als „Kampfgruppe Harmel" eingesetzt. Die Kämpfe im russischen Winter 1941/42 wurden zwangsläufig auf dem Rücken der russischen Zivilbevölkerung ausgetragen, die Häuser und Dörfer vernichtet.[126]

Am 24. Mai 1942 schrieb Otto Casagrande, inzwischen SS-Rottenführer, von der Ostfront an seinen Jugendfreund Franz Pichler aus Neumarkt, der zu diesem Zeitpunkt in der Nähe von Breslau zum Flugzeugführer ausgebildet wurde. Der Brief ist ein beispielhaftes Zeugnis eines zweiundzwanzigjährigen Soldaten, der sich voll und ganz der Landser-Mentalität verschrieben hat. Es geht um Frauen und Alkohol, um Waffen und Tod, um den Aufstieg in den militärischen Rängen und den Sieg über die Proleten und um Ansiedlungsfantasien auf der Krim oder im Ural, ganz nach den Südtirolplänen der deutschen Führung.

Im Sommer 1942 bildeten dann die überlebenden Mitglieder der Kampfgruppen zusammen mit jungen neuen Rekruten die neu aufgestellte SS-Division, die Ende des Jahres in 2. SS-Panzer-Grenadier-Division „Das Reich" umbenannt wurde. Otto Casagrande kam als Kradmelder diesmal zur 6. Kompanie. Im Dezember 1942 eröffnete sich ihm die Chance, in die SS-Führerränge aufzusteigen, als er zusammen mit achtzehn anderen Südtirolern vom Leiter der AdO Peter Hofer dem Reichsführer-SS Heinrich Himmler für die SS-Führerlaufbahn empfohlen wurde.[127] Kurz darauf wurde im Januar 1943 die SS-Division „Das Reich" als Teil des neuen SS-Panzerkorps an die Ostfront in den Raum Charkow verlegt, um den Südabschnitt der Heeresgruppe B zu verstärken, wo nach der zu erwartenden baldigen Vernichtung der deutschen Verbände in Stalingrad ein sowjetischer Durchbruch drohte. Hier fungierte Otto Casagrande als Dolmetscher für die SS-Verbände im Kontakt mit sich zurückziehenden italienische Einheiten.

Anfang 1943 nahm er an verschiedenen Stoßtruppunternehmen östlich von Charkow teil, wobei er, inzwischen zum SS-Unterscharführer befördert, schwer verwundet und vorübergehend frontuntauglich wurde. Infolge der Empfehlung für die SS-Führerlaufbahn und seiner Verwundung wurde Otto Casagrande Ende November 1943 an der SS-Junkerschule in Bad Tölz in den

Otto Casagrande (links) und Fritz Kieser in der Ausbildung beim SS-Regiment „Deutschland“ in München, Anfang 1940

4. Lehrgang für versehrte SS-Führerbewerber z.V. aufgenommen. Seine Beförderung zum SS-Standartenoberjunker d. Reserve (Oberfähnrich) fand im Anschluss an den Lehrgang am 12. März 1944 statt. Für die Ernennung zum SS-Untersturmführer war eine anschließende Tätigkeit in einer SS-Dienststelle nötig, die Otto Casagrande ab April beim SS-Gebirgsjäger-Ausbildungs- und Ersatz-Bataillon 6 in Hallein in der Nähe von Salzburg erbrachte. Das Bataillon diente als Alarmeinheit für die Führerunterkunft und den Bereich des Obersalzberges und zur Ausbildung in der Panzernahbekämpfung und im Nahkampf. Darüber hinaus stellte es die Wachmannschaften für das Außenlager des Konzentrationslagers Dachau in Hallein. Zwischen Dachau und Hallein fanden regelmäßig Gefangenentransporte statt. So auch am 9. und 10. Juni 1944 während der Dienstzeit Otto Casagrandes.[128]

Die seit der Besetzung Italiens durch deutsche Verbände im September 1943 geplante Aufstellung von italienischen SS-Einheiten führte viele Südtiroler aufgrund ihrer italienischen Sprachkenntnisse als Ausbilder nach Italien. So auch Otto Casagrande, der ab August 1944, inzwischen zum SS-Untersturmführer befördert, als persönlicher Adjutant des SS-Sturmbannführers Alois Thaler bei den Ersatz- und Ausbildungseinheiten der italienischen Waffen-SS-Brigaden eingesetzt wurde. Otto Casagrande trug das Eiserne Kreuz 2. Klasse, das Infanterie-Sturmabzeichen, die Ostmedaille und das Verwundetenabzeichen in Schwarz. Die geplante Aufgabe der Einheiten, nämlich für die italienische Waffen-SS Personalersatz zu rekrutieren und auszubilden, wurde bald durch die Bekämpfung von Partisanen und die drakonische Verfolgung von Deserteuren verdrängt. In Rodengo Saiano wurde Otto Casagrande mit der Führung eines deutschen Sicherheitszuges betraut, der hauptsächlich aus Südtirolern bestand.[129] Je näher das Ende des Krieges rückte, desto härter wurden die Maßnahmen der deutschen Stabsführung. Die Folterungen und Hinrichtungen häuften sich, wobei Thaler in Anwesenheit seiner Offiziere persönlich Verhöre und Folterungen durchführte.[130] Ende April war durch das Vordringen amerikanischer Verbände die Situation für die SS-Einheiten in Rodengo Saiano unhaltbar geworden. Nachdem sie einen weiteren Aufstandsversuch blutig niedergeschlagen hatten, versuchten sie sich vergeblich geschlossen nach Norden abzusetzen. Da am Lago d'Iseo der Weg von Partisaneneinheiten versperrt wurde, lösten sie sich auf. Nur wenigen gelang die Flucht nach Norden, so wie Otto Casagrande, der sich nach Südtirol durchschlagen konnte. Wie viele Südtiroler SS-Männer versteckte er sich in den Bergen. In seiner Höhle in der Nähe Neumarkts wurde

Porträtfoto von Otto Casagrande, Cremona, Herbst 1944

er von Freunden mit Lebensmitteln versorgt. Nach einer Schießerei mit amerikanischen Soldaten verließ er sein Versteck[131] und floh nach Innsbruck, wo er sich bei den französischen Militärbehörden als Obergefreiter der Wehrmacht ausgab. Offensichtlich überprüften diese seine Blutgruppentätowierung nicht, sodass er seine SS-Mitgliedschaft verbergen konnte. Ohne Plan für seine nächste Zukunft kehrte Otto Casagrande nach seiner baldigen Entlassung nach Südtirol zurück. Am 23. Januar 1946 stellte er sich in Bozen der US-Armee. Nach einigen Tagen unter der Aufsicht des amerikanischen Nachrichtendienstes der Armee, des Counter Intelligence Corps (CIC), wurde er im Februar 1946 ins Kriegsgefangenenlager Rimini verlegt. Es scheint kein Zufall zu sein, dass sein „Arrest Report" vom CIC-Agenten Joseph Luongo angefertigt wurde.[132] Luongo war speziell mit der Anwerbung von führenden SS-Offizieren für das CIC beauftragt und beschäftigte sich auch mit dem ehemaligen Gauleiter von Süd-Hannover-Braunschweig, Hartmann Lauterbacher.[133] Dieser sollte später mit Otto Casagrande zusammen für die Organisation Gehlen, den damaligen deutschen Geheimdienst, tätig werden. In Rimini wird er in der „Prisoner of War Form" wieder als SS-Untersturmführer in der Funktion eines Adjutanten beim „Befehlshaber der Waffen-SS

Italien" geführt. Seine Zugehörigkeit zu den von Thaler geführten Einheiten versuchte Otto Casagrande zu verbergen. In dem größten alliierten Lager in Italien wurde Otto Casagrande im innersten Kreis des Lagers bei den als besonders „widerspenstig" betrachteten Mitgliedern der bewaffneten Verbände des Deutschen Reichs interniert. In diesem Bereich des Lagers wurden neben SS-Offizieren, wie z. B. Walter Rauff, der direkt an der Ermordung der Juden beteiligt war,[134] auch hohe Funktionäre des NS-Staates, wie z. B. der stellvertretende Reichsjugendführer und spätere Gauleiter von Süd-Hannover-Braunschweig Hartmann Lauterbacher, gefangen gehalten. Daher war Rimini für viele der jungen Internierten eine Verlängerung der deutschen Ordnung, gar ein Ort der nationalistischen Schulung.[135] Südtiroler konnten in Rimini Kontakt zur Heimat halten, so auch Otto Casagrande.[136] Als er 1946 aus Rimini entlassen wurde, ging er wieder nach Südtirol, wo er sich bis Ende 1950 mit Gelegenheits- und Hilfsarbeiten über Wasser hielt. In dieser Zeit nahm er an mindestens einer prominenten Aktion der Südtiroler Fluchthilfe teil. Zusammen mit anderen alten Kameraden aus Südtirol verhalf er dem ehemaligen Gauleiter Hartmann Lauterbacher zur Flucht aus dem Gefangenenlager Le Fraschette in Italien.[137] Aufgrund seines Aufstiegs in die SS-Führerränge wurde er 1948 von der Rückoption ausgeschlossen,[138] sodass für ihn, ohne Besitz und ohne Familie, jede Hoffnung endete, in Südtirol wieder Fuß zu fassen. Wie so viele Nationalsozialisten und SS-Offiziere wollte er sich auf den Weg nach Lateinamerika machen, als er in Genua von einem Bekannten überzeugt wurde, sich für den amerikanischen Geheimdienst CIC anwerben zu lassen. Wer genau dieser Bekannte war, ist unbekannt. Aber aus den BND-Unterlagen wird deutlich, dass Otto Casagrande von Hartmann Lauterbacher, der die Nummer V-6300 hatte, als dessen erster Mitarbeiter mit der Nummer V-6301 für die Organisation Gehlen, die Vorläuferorganisation des BND, angeworben wurde. Mitte 1951 gründete er eine eigene Deckfirma in Wiesbaden: O. Casagrande Import-Export. Seine Tätigkeit beim Geheimdienst wurde ebenso wie bei Hartmann Lauterbacher mit „Aufklärung in Bezug auf die kommunistische Jugendorganisation ‚FDJ'", die verboten worden war, vermerkt.[139] Im September 1951 lernte er nach einem Treffen mit Lauterbacher seine spätere Ehefrau, die Kriegswitwe Hildegard Neder, kennen, die er 1952 heiratete. Die beiden entstammten völlig verschiedenen Milieus. Hildegard Neder kam aus der katholischen Jugend. Ihr Vater war Anti-Nazi, glühender Christ und Mitglied der katholischen Arbeiterbewegung. Für die Heirat trat Otto Casagrande wieder in die katholische Kirche ein und nahm eine geregelte Arbeit bei der Oberfinanzdirektion in Frankfurt am Main auf. 1953 besuchte Hartmann Lauterbacher die neuen Eheleute in ihrer gemeinsamen Wohnung. Nach einem ernsten Gespräch[140] wurde Otto Casagrande offiziell am 1. August 1953 beim Geheimdienst abgeschaltet. 1954 und 1956 wurden seine zwei Söhne Roland und Thomas geboren. Bis zu seinem Renteneintritt Ende 1980 blieb Otto Casagrande bei der Oberfinanzdirektion in Frankfurt. Die folgenden Jahre lebte er in Frankfurt und fuhr regelmäßig mindestens einmal im Jahr nach Südtirol in den Urlaub.

Erst 1989 sollte die SS-Vergangenheit noch einmal für kurze Zeit mit Macht in sein Leben treten. Eugen S., der zusammen mit Otto Casagrande bei der 6. bzw. 9. Kompanie des SS-Regiments Deutschland gedient hatte, gelang es, ihn über die Deutsche Dienststelle (WASt) ausfindig zu machen. Nach einigen Briefwechseln und gegenseitigen Besuchen wurde Otto Casagrande von Eugen S. zu einem Veteranentreffen der 9. SS-Kompanie in Ernst an der Mosel eingeladen. Dort starb er am 24. April 1990 in der Nacht vor dem offiziellen Beginn des Treffens am Tagungsort an einem Herzversagen. Die am nächsten Tag anreisenden ihm persönlich bekannten Mitglieder der Kompanie hatte er nicht mehr wiedergesehen.

Roland, Otto und Thomas Casagrande, 1957

Die Südtiroler Simon Wege, Otto Casagrande und Karl Steiner auf einem Treffen des Verbandes der Heimkehrer, Kriegsgefangenen und Vermisstenangehörigen Deutschlands (VdH) in Köln, 1959

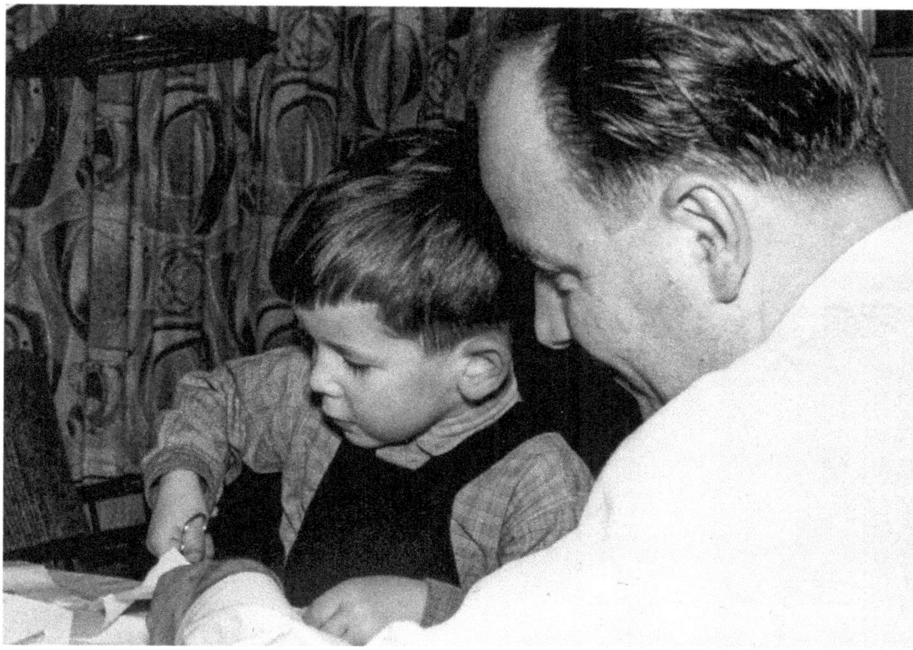

Thomas und Vater Otto Casagrande, 1959

Roland und Thomas Casagrande, Urlaub in Reutte in Tirol, 1963

Familie Casagrande im Urlaub in Reutte, 1963

Otto und Thomas Casagrande beim täglichen Schachspiel, 1969

„Hätten wir damals gelebt, wäre ich bei der Waffen-SS und du bei den Partisanen gewesen."

Roland Casagrande, Sohn

Erinnerst du dich noch? Unser Vater hatte so einen SS-Bildband. Er hat ihn mit mir angeschaut. Da war u. a. „Papa Hausser"[141], der Kommandant der SS-Division „Das Reich".

Daran kann ich mich nicht erinnern. Ich weiß auch nicht, ob ich dir wirklich viel helfen kann, denn du hast dich ja ganz anders mit dieser Sache befasst und ich mich überhaupt nicht.

Das Einzige, was mich daran interessierte, war, als ich anfing, die Modelle und Figuren zu basteln. Da habe ich mich natürlich dann auch informiert und hatte Bücher mit den SS-Divisionen und -Abzeichen. Aber speziell was unseren Vater angeht, da hat mich das Thema eigentlich nie interessiert.

Die Modelle mit den Waffen-SS-Soldaten und den Panzern stehen bei dir in einer Vitrine.

Nein, das sind Wehrmachtsmodelle.

Aber die haben doch SS-Runen usw.

Ja, das kannst du dir ja aussuchen. Bei den Bausätzen gab es Bögen mit allen möglichen Abzeichen, Orden, SS-Runen usw. Das Material gab es in verschiedenen Ausführungen. Da gab es Uniformen von der Wehrmacht und von der SS, mit Mützen mit dem Totenkopf. Da hast du dich entscheiden können, ob du Wehrmachts- oder SS-Einheiten aus den Modellen machst. Es gab auch Kollegen, die sich mit dem Zweiten Weltkrieg beschäftigten, und von denen lieh ich mir Bücher aus. Da ging es um Generaloberst Mölders und die Jagdflieger. Die Kollegen bauten auch Modelle und wir haben uns dann ausgetauscht. Das hat mich schon interessiert.

Erinnerst du dich an unseren Vater im Zusammenhang mit der Waffen-SS?

Der Vater hat so einige Geschichten erzählt. Wie sie Panzer in Brand geschossen haben. Wie sie dann warteten, bis der erste rauskam, den sie dann abschossen. Der zweite hatte meistens eine Chance rauszukommen. Vier waren insgesamt drin. Den dritten hat man wieder erwischt und so. Und dann die Geschichte, wo er in der Hütte war, in der immer eine Kanone bereitlag, falls einer reinkommt.

Wann, würdest du sagen, hast du gewusst, dass der Vater bei der Waffen-SS war?

Gute Frage. Vielleicht hat die Mutter es erzählt. Oder auch aus irgendwelchen Gesprächen. Ich habe ja erst nach seinem Tod mit den Modellen angefangen.

Erinnerst du dich an Momente mit unserem Vater, wo es persönliche Konflikte gab? Wo du Angst empfunden hast? Wie er dir die Uhr beibringen wollte oder wie er dich zum Friseur geschickt hat zum Haareschneiden? Oder wie er uns die Fingernägel geschnitten hat, und wenn man da gezuckt hat, dann hat man fast eine geflammt bekommen?

Ja, der Friseur war ein Meilenstein in meinem Leben. An die Uhr erinnere ich mich … an die Fingernägel erinnere ich mich nicht. Ich habe das mit der Uhr halt nicht kapiert. Vielleicht habe ich da auch Angst gehabt. Ich war ja noch ein Kind. Ja, für mich wäre damals eine digitale Uhr die Rettung gewesen. Aber wie gesagt, ich kann über unseren Vater eigentlich nichts Negatives sagen. Natürlich wurde es schwierig, wenn wir nicht schnell genug waren, wenn wir nicht pariert haben. Aber für mich war er ein liebender Vater. Ich denke, er hätte für uns alles getan, für seine Familie, für seine Kinder. Ich kann mich auch nicht erinnern, dass er mich geschlagen hat. Vielleicht mal eine hinter die Ohren, aber so richtig habe ich sie nie bekommen.

Erinnerst du dich noch dran, dass ich sie bekommen habe?

Ja, nur alleine die Geschichte mit dem Fernglas. Wie er dir hinterhergerannt ist und gerufen hat: „Du Luder, ich bring dich um."

Beinahe wäre damals wegen mir das Fernglas kaputt gegangen. Da bin ich den Berg hoch und sozusagen um mein Leben gerannt. Aber als er mich dann nicht einholen konnte, fing er an zu lachen und hat mir nichts getan. Aber bei anderen Gelegenheiten war es schlimm.

Im Spessart hatten wir einen Bogen und haben aufeinander geschossen. Du kannst dich ja noch erinnern. Er hat „Sofort aufhören!" gerufen und natürlich haben wir sofort aufgehört. Er kam angerannt und hat den Bogen übers Knie zerbrochen. Unsere Mutter hat seinen Jähzorn nicht verstanden. In jüngeren Jahren war ich als Erwachsener auch jähzornig. Das hatte ich von ihm.

Du hast ja „Schindlers Liste" gesehen. Fragst du dich, ob der Vater das auch mitbekommen hat?

Nein, ich kann mir nicht vorstellen, dass unser Vater in einem Vernichtungslager war, wo Juden vergast oder erschossen wurden. Das kann ich mir nicht vorstellen.

Unser Vater war 1944 ein paar Wochen in einem Außenlager von Dachau. Vielleicht auch kurz in Dachau selbst.

Da ändert sich nichts in meiner Einstellung zu ihm. Er ist ja auch nicht mehr da. Das kommt natürlich auch noch dazu. Was soll ich ihn im Nachhinein für etwas verurteilen, das er vielleicht gar nicht getan hat? Meine Erinnerungen an unseren Vater sind überwiegend positiv. Natürlich gab es Dinge, die du angesprochen hast, die ich nie vergessen werde. Aber da sind keine brutalen Prügeleien von ihm oder Züchtigungen, sondern solche Sachen wie jetzt zum Beispiel mit dem Friseur vor dem Schulabschluss. Das werde ich nie vergessen … aber ich würde es ihm verzeihen, wenn er heute noch da wäre.

Seine letzten Worte an mich waren: „Pflicht, Gehorsam, Subordination." Würdest du darin den Vater erkennen?

Nein, das höre ich zum ersten Mal. Damit kann ich nichts anfangen.

Wenn du jetzt „Waffen-SS" hörst, was denkst du dann?

Faszinierend. Mir ist klar, wenn wir damals gelebt hätten, wäre ich bei der Waffen-SS gewesen und du bei den Partisanen, beim Untergrund. So würde ich das sagen. Also ich in der damaligen Zeit, ich wäre mit wehenden Fahnen dabei gewesen.

Durchaus, wenn ich damals schon ein bisschen älter gewesen wäre – denn als Kind wäre ich womöglich auch da gelandet.
Nein, ich meine schon später als Erwachsene. Wenn ich damals dreißig gewesen wäre, wäre ich bei der SS und du bei den Partisanen gewesen. Denn auf mich übt es eine Faszination aus. Natürlich nicht diese Ausschweifungen mit diesem Holocaust und den Erschießungen. Das war vollkommen krank, aber wie soll ich sagen, das Auftreten, das Aussehen. Also das wäre es für mich gewesen. Ich wäre hundertprozentig dabei gewesen. Egal ob mit sechzehn oder mit vierzig. Ich wäre dabei gewesen. Klar!

Gibt es Dinge von unserem Vater, die für dich ein Stück weit vorbildhaft sind?
Ich weiß, dass er mit allem für uns da gewesen wäre. Die Mutter hat immer gesagt, wenn ich auch hätte studieren wollen, da hätte der Vater noch Zeitungen ausgetragen, bevor er zur Arbeit ist. Also da muss ich sagen, Vater hat einhundert Prozent für die Familie gestanden. Daran ändern auch die Ausrutscher nichts, die ich ihm allemal verzeihe.

Für mich waren in unserem Vater zwei Seiten, wie zwei Herzen in seiner Brust.
Das sehe ich genauso. Er war wie Dr. Jekyll und Mr. Hyde. Ich erinnere mich, wie jemand auf unseren Nussbaum geklettert ist und Nüsse runterschütteln wollte. Unser Vater ist raus und ich musste dazwischengehen, sonst hätte er den Mann umgebracht. Ich sagte, das sind doch nur Scheißnüsse. Natürlich hätte der Mann das nicht gedurft. Aber wegen so einer Bagatelle ist er völlig ausgerastet. Ja, es waren zwei verschiedene Personen in ihm.

Erinnerst du dich daran, dass er in den 1980er-Jahren nicht an die Stelle in Italien zurückwollte, wo er die letzten Monate des Krieges eingesetzt war?
Ja, das habe ich mitbekommen. Da hatte er Angst, dass ihn nach all den Jahren noch jemand erkennen könnte.

Und wenn du an die Erschießungen und „scharfen Verhöre" denkst, die damals dort stattfanden und die ich in meinem Buch „Südtiroler in der Waffen-SS" beschreibe?

Ja, wenn du das jetzt so sagst, muss ich sagen, das ist mir egal. Denn es ist vorbei, der Vater ist nicht mehr da. Es ist Geschichte.

---

* 1954, Offsetdrucker, Rentner, lebt in Frankfurt am Main.

Mein Vater und ich

Eine Tagebuchnotiz …

„Ascona/Locarno, den 19. Oktober 1994.

Ich habe eben Elie Wiesels ‚Die Nacht zu begraben, Elischa' gelesen. Ich sitze auf dem Monte di Sasso gegenüber der Basilika und bin verstummt.

Eigentlich waren all die Jahre seit meiner Kindheit geprägt von der Auseinandersetzung mit ihm. Es hat nie aufgehört. Seit seinem Tod ist es nur offener geworden. Als hätte mich sein ‚Am-Leben-Sein', meine Liebe zu ihm, von Fragen abgehalten. Seit seinem Tod bin ich fähig, über die SS, den Zweiten Weltkrieg, den Holocaust zu lesen. Erst jetzt weiß ich genug, um wirklich Fragen zu stellen. Nicht allgemeine wie: Was hast du gewusst? Sondern konkrete: Wo war dein Regiment zu Oradour 1944? Hatte die Division ‚Das Reich', hatte dein Regiment ‚Deutschland', hattest du von den dortigen Mordtaten deiner Kameraden nichts gewusst? Ich möchte ihn fragen, was er nach seiner Verwundung 1944 gemacht hat, warum er gerade dann zum Sturmführer ernannt worden war. Ob seine Geschichte von einem anderen SS-Mann, der nach seiner Verwundung zum Wachdienst im KZ abkommandiert war, nicht seine eigene Geschichte ist. Die Erinnerungen an Erzähltes, Geschichten vom Morgengrauen und dem Nahkampf Mann gegen Mann mit dem Messer, die Schnapsfabrik, die ihnen den Mut lieferte für ein besonders tapferes Gefecht, mischen sich mit wirren Bildern, Gesprächsfetzen anlässlich eines Fernsehfilms über die Hinterhältigkeit der Partisanen, deren Verbrechen und die Notwendigkeit, hart auch gegen Zivilisten vorzugehen, denn Partisanen waren ja Zivilisten. An einem Geburtstag meiner Großmutter sagte er, nichts gegen andere Rassen zu haben, dass er aber gegen die Vermischung sei, man paare ja schließlich auch nicht Pinscher und Schäferhunde. Seine Äußerungen, die Bilder meines Vaters in Uniform nach seiner Verwundung mit erst fünfundzwanzig Jahren und traurigem Blick oder dem Blick eines KZ-Wärters? hinterlassen Gefühle von Ohnmacht.

Ich sollte versuchen, in Berlin eine Antwort zu finden."

... und eine Begegnung

Bereits Anfang des Jahres 1994, ich hatte noch nicht mit meiner Spurensuche begonnen, war ich auf einer Geburtstagsfeier dem deutsch-jüdischen Historiker Dan Diner begegnet. Ich hatte schon viel von ihm gehört und gelesen und war froh, ihn persönlich kennenzulernen. Er fragte nach der Herkunft meines Familiennamens, und ich erzählte von meinem Vater und von Südtirol. Als er weitere Fragen stellte, wurde mir bewusst, dass ich außer der Tatsache, dass mein Vater im SS-Regiment „Deutschland" und der SS-Division „Das Reich" gedient hatte, keine genaueren Auskünfte geben konnte, ja noch nicht einmal seinen Dienstrang kannte.

Ich war beschämt. Mir gegenüber saß ein Jude und Historiker, und ich, als Sohn eines SS-Mannes und als politisch interessierter Mensch, musste mir eingestehen, keine detaillierten Aussagen über das Leben meines Vaters während der Zeit des Zweiten Weltkrieges und der Schoah machen zu können. Ich hatte immer gedacht, meinen Vater gut gekannt zu haben. Aber wer war mein Vater, dass er ausgerechnet auf einem SS-Treffen starb?

Spurensuche

Vier Jahre zuvor, in den frühen Morgenstunden des 24. April 1990, hatte ich die Nachricht vom Tod meines Vaters auf einem Veteranentreffen erhalten. Es ist nicht leicht, meine widerstreitenden Gefühle von damals zu beschreiben: Ich war schockiert und hätte nie gedacht, dass mein Vater so plötzlich nicht mehr da sein könnte, ohne Abschied. Vieles hatte ich nicht gesagt, gefragt, Dinge, die ich nun mit mir allein ausmachen musste, da ich sie aufgeschoben hatte auf einen Zeitpunkt, den es nicht mehr geben würde. Ich war traurig, weil ich, trotz allem, was war, meinen Vater geliebt habe, und ich war wütend auf seine Kameraden, die ihn dazu gebracht hatten, am SS-Veteranentreffen teilzunehmen. Ich machte sie für seinen Tod verantwortlich. Zusammen mit meinem Bruder fuhr ich an jenem Tag nach Ernst an die

Mosel, um unsere Mutter abzuholen. Auf der ganzen Fahrt hatte ich versucht, mir die SS-Kameraden meines Vaters und das dortige Treffen vorzustellen, hatte mir geschworen, sobald ich irgendwelche Zeichen längst vergangener Tage, Orden oder Bilder sehen würde, ihnen meine Wut entgegenzuschleudern. Nichts von alledem, nirgendwo ein Hakenkreuz, auch kein Rudolf-Hess-Bild, stattdessen eine Gruppe älterer Herren, bieder und mühsam nach Worten ringend bei dem Versuch, ihr Beileid zum Tod meines Vaters auszudrücken. Das Angebot, später mit dem Kompaniechef zu sprechen, schlug ich aus. Ich war abgestoßen von ihrer Biederkeit, fühlte mich fremd und wollte mit ihnen nichts zu tun haben. Ich konnte mir zu diesem Zeitpunkt noch nicht vorstellen, welche Reise mit dem Tod meines Vaters auch für mich begonnen hatte.

Einige Wochen vor dem Treffen hatte sich das Verhalten meines Vaters auffällig verändert. Ich fand ihn über Divisions- und Regimentsgeschichten gebeugt und er war kaum in der Lage, sich von den wiederentdeckten Erinnerungen zu trennen. Als ich wieder einmal seine innere Abwesenheit bemerkte und dagegen protestierte, dass er nicht nur mich und meine Frau, sondern auch seine geliebte Enkeltochter kaum noch beachtete, erklärte er aufgeregt, dass wir mit unserer allzu nachgiebigen Erziehung unsere Tochter nicht auf das wirklich Wichtige im Leben vorbereiten würden, nämlich „Pflicht, Gehorsam, Subordination“.

Diese Worte verletzten mich und sie waren mir damals und sind mir heute noch verhasst, standen sie doch für alles, was ich von ihm in den Jahren meiner Kindheit an strenger Erziehung und Härte erfahren hatte und gegen das ich mich zur Wehr setzte. Ich konnte nicht wissen, dass dies seine letzten Worte an mich waren, die sozusagen sein verbales Vermächtnis werden würden.

Bis zu seinem Lebensende war mein Vater dabei geblieben, von den deutschen Vernichtungslagern, vom Mord an den europäischen Juden erst nach dem Krieg erfahren zu haben. Als Frontsoldat habe er davon nichts sehen und hören können, es habe dafür keine „Zeit“ gegeben und schließlich sei er den ganzen Krieg immer an der Front gewesen. Ich konnte mir dies weder vorstellen noch mochte ich es ihm so recht glauben. Es gelang mir aber nicht, ihm zu seinen Lebzeiten etwas Gegenteiliges zu entlocken. Gleichzeitig kann ich meinem Vater nicht vorwerfen, über seine Zeit nicht gesprochen zu haben. Er brauchte das Erzählen, er brauchte seine Anekdoten und Geschichten wohl auch, um mit seinen Erinnerungen leben zu können. Allerdings blieb bei ihm das Erzählte selektiv, gleichsam unsortiert, so als wollte er vermeiden, genauere Angaben zu anderen Personen, zu Zeit und Ort zu machen. Seit dem Beginn meiner Spurensuche bestand die Aufgabe für mich darin, seinen Erzählungen belastbares Material aus den Archiven gegenüberzustellen und sie auf diese Weise in die Wirklichkeit zurückzuholen. Zur Nachforschung in den Archiven gesellte sich eine nicht enden wollende Lektüre über die SS, über den Nationalsozialismus und den Holocaust. Nach der Veröffentlichung meines Buches über die SS-Division „Prinz Eugen“ stieß ich im Sommer 2003 in Rom auf ein kleines Buch eines ehemaligen Partisanen, Primo de Lazzari, über die „SS Italiane“.[142] Als ich dort den Namen meines Vaters fand, beschloss ich, über seine Lebensgeschichte zu schreiben und weiterzuforschen. Getrieben von einem stetig wachsenden, gleichsam detektivischen Interesse versuchte ich der Vergangenheit auch das zu entlocken, was mein Vater nicht preisgegeben hatte. Wann immer ich durch einen neuen Fund, ein Dokument oder eine Information aus einem Buch dazu neigte, in ihm ausschließlich einen „willigen Vollstrecker Hitlers“ zu erkennen, protestierte ein anderer Teil in mir. Als Reaktion versuchte ich dann automatisch, ihn zu entlasten und ihn nur als armen, fehlgeleiteten jungen Mann zu sehen. Die Verantwortung gegenüber den Opfern und die Erinnerung an die Momente in meiner Kindheit, in denen ich unter seiner Strenge gelitten und ihn gefürchtet habe, ließen mich wieder schwanken. Mir wurde bewusst, dass in mir beides zusammengehörte: mithilfe der Quellen und Dokumente ein möglichst lückenloses Bild seines Lebensweges zu zeichnen und mich dabei einzufühlen, welche Auswirkungen das auf ihn und mich hatte. Dazu gehörte, dass ich immer wieder meine Kindheitserinnerungen heraufbeschwor, um eine Antwort auf die brennende Frage zu finden, wie mein Vater zu einem Teil der nationalsozialistischen Vernichtungsmaschinerie hatte werden können.

Geschichten und Gedanken

Es gab einen seltsamen Kontrast zwischen den Geschichten meines Vaters und den Erzählungen meiner Mutter. Nie erfuhr ich durch ihn Einzelheiten über die Verfolgung der Juden oder über die zivilen Opfer des Krieges. Wenn er einmal über persönlich erfahrenes Leid und Tod sprach, dann waren es die gefallenen Kameraden, dann waren es seine Verwundungen, die im Mittelpunkt standen. Er war ein guter Erzähler, er sprach viel und abwechslungsreich über seine Vergangenheit. So erstanden vor meinem Auge deutliche Bilder seiner Kindheit und Jugend, seiner kranken Mutter, der Erniedrigungen und der Hoffnungen seines frühen Lebens. Er berichtete von den langweiligen Stunden im Kolonialwarenladen Setnikar in Neumarkt und seiner Vorfreude und Spannung, mit denen er die nächtlichen Schulungen unter Anleitung nationalsozialistischer Kader aus dem Deutschen Reich erwartete. Dass ihm als gutem Beobachter, sprühend vor Ideen und redegewandt, kein einziger Hinweis auf fremdes Leid in Erinnerung geblieben war, fiel mir schwer zu glauben.

Meine Mutter hingegen sprach nicht nur viel über ihre Angst und Not während der Bombenangriffe auf Frankfurt, sondern auch über die Spuren der Ausgrenzung und der Verfolgung jüdischer Mitbürger, die ihr nicht verborgen blieben. Sie erzählte vom verhassten Blockwart, von der Gestapostelle in Frankfurt, von der Angst, die in der streng katholischen Familie vor Repressalien herrschte, denn ihr Vater hatte jüdische Mitbürger unterstützt und stellte dies auf Drängen ihrer Mutter ein. Sie beschrieb, wie sie als junge Frau am Morgen nach der „Kristallnacht" ungläubig und wie betäubt vor den Trümmern jüdischer Geschäfte stand. Oder auch später, wie sie als Briefträgerin im Frankfurter Westend immer weniger Briefe zustellen konnte, da die jüdischen Bewohner der Stadt deportiert worden waren. Sie erzählte auch, wie zwei Hitlerjungen eine ältere Jüdin auf der Straße beleidigten und schikanierten und sie in ihrer Angst es nicht wagte, ihrem Gefühl zu folgen und Hilfe zu leisten.

Von meiner Mutter habe ich meine Abneigung gegen Gewalt und mein Misstrauen gegen jede Legitimierung von Krieg, der in den Worten der Kriegstreiber immer nur zur Verteidigung dient und damit für notwendig erklärt und gerechtfertigt wird.

Wer hat die Kraft, sich noch einmal den Bildern zu stellen? Mein Vater sprach von der Schlacht, wie in einen Gottesdienst gegangen zu sein, und machte dabei mit seiner rechten Hand eine Bewegung, wie ich sie erst später von Joseph Goebbels genau zu diesen Worten in einem Film über seine berüchtigte Rede vom totalen Krieg sah. Geblieben war sein Stolz, mutig gewesen zu sein. Ein anderes Mal stellte mein Vater mir unvermittelt die Frage, was denn ein SS-Mann, der nach einer Kriegsverletzung zum Dienst in einem Konzentrationslager abkommandiert war, anderes hätte tun sollen, als sich wieder an die Front zu melden. Bis heute denke ich, dass er von sich sprach, ohne das zuzugeben. Ich brachte damals kein Verständnis für ihn auf und antwortete mit einer verletzenden jugendlichen Radikalität. Immer wieder zeigte mein Vater Seiten, die nicht so recht in das Bild des SS-Kämpfers passten. Als wir einmal zusammen eine Dokumentation über das Duo Simon & Garfunkel sahen, machte er keinen Hehl aus seiner Begeisterung und seiner Bewunderung für die poetischen und nachdenklichen Texte. Ich staunte über ihn: Derselbe Vater, der streng und abweisend sein konnte, zeigte an dieser Stelle ein anderes Gesicht. Als ich als junger Mann den Kriegsdienst verweigerte und mein Vater eine Stellungnahme abgeben musste, bat er darum, meine Entscheidung zu respektieren, weil es keinen Sinn habe, junge Menschen gegen ihren Willen zu etwas zu zwingen, obwohl er als ehemaliger SS-Untersturmführer meine ablehnende Einstellung zum „Wehrgedanken nur partiell" teile. Manchmal zeigte mein Vater selbst Jahrzehnte nach dem Krieg noch Angst, mit seinen Taten als SS-Mann konfrontiert zu werden. Als mich mit sechzehn Jahren mein erster Urlaub ohne meine Eltern nach Jugoslawien führte, wollte mein Vater mich zuerst nicht fahren lassen, weil er während des Krieges dort gewesen war und unser Name leicht wiederzuerkennen wäre. Er fürchtete, ich könnte seinetwegen in Schwierigkeiten geraten, weshalb er es in den 1980er-Jahren auch ablehnte, mit meiner Cousine und ihrem Mann an den Lago d'Iseo zu fahren. Er fürchtete, wegen seiner Narben im Gesicht wiedererkannt zu werden. Die langen, breiten Narben an Oberschenkel und Hals sowie entlang einer Gesichtshälfte waren sichtbare Zeichen seiner Kriegsverletzungen. Ich betrachtete sie mit einer Mischung aus Ehrfurcht und Abneigung, vor allem seine vorübergehende Kriegsblindheit ängstigte mich. Die Narben standen in Kontrast zu seinen sonstigen Erzählungen vom Krieg und den Bildern der SS-Propagandafilme, die ich mir später anschaute und die auch eine gewisse Anziehungskraft auf mich hatten: junge Soldaten, strahlend und selbstbewusst SS-Lieder singend, in den Kampf ziehend, scheinbar unbeschwert und ohne Sorge, nicht nachdenklich und unsicher, sondern heiter, nur das soldatische Ziel des Sieges vor Augen.

Alles, was mein Vater vom Krieg noch hatte, waren einige wenige Fotografien und eine Ausgabe von Adolf Hitlers „Mein Kampf". Auf der ersten Seite standen fein säuberlich sein Name und damaliger Dienstgrad „Otto Casagrande, SS-Unterscharführer", und einige Textpassagen waren rot unterstrichen. Der letzte von ihm hervorgehobene Satz lautete: „Wer leben will, der kämpfe also, und wer nicht streiten will in dieser Welt des ewigen Ringens, verdient das Leben nicht." Bis zu seinem Tod sprach er immer wieder mit

Stolz und großer Befriedigung davon, dass er es am Ende des Krieges bis zum SS-Offizier gebracht und im Kriegsgefangenenlager zu dem als besonders „gefährlich" eingeschätzten inneren Kreis der SS-Offiziere und hohen NS-Funktionäre gehört hatte. Auch seine Zeit beim Geheimdienst wollte er nicht verschweigen. Auch hier vermied er es, Details zu nennen, und sprach so in Andeutungen, dass ich es erst Jahre nach seinem Tod glauben konnte, als ich die Dokumente vom BND in den Händen hielt. Von meiner Mutter erfuhr ich, dass der ehemalige Gauleiter Lauterbacher Anfang der 1950er-Jahre meinen Vater in ihrer gemeinsamen Wohnung besucht hatte. Ein ehemaliger Gauleiter in der Wohnung meiner Eltern!

Auseinandersetzung, Leid und Widerstand

Ich habe recht viel mit meinem Vater über den Zweiten Weltkrieg und die Schoah gestritten. Meistens war er es, der sich zuerst an mich wandte, der von der SS, vom Krieg, von den Kameraden, von seinen Erlebnissen, die ihn nicht loslassen wollten, zu erzählen begann. Je älter ich wurde, desto schärfer wurden meine Reaktionen auf seine Versuche, mich in den Bann seiner Vergangenheit zu ziehen und dabei um Bewunderung oder Verständnis für seine Geschichte zu werben. Als ich ihn einmal bei einer seiner Erzählungen unterbrach und fragte, wie er überhaupt an der SS und dem Zweiten Weltkrieg noch etwas Positives sehen könnte, erklärte er, dass er sich selbst nicht eingestehen könne, dass der Nationalsozialismus ausschließlich Schlechtes hervorgebracht hat. Er habe seine Jugend, seine besten Jahre diesem System verschrieben. Ein vollkommenes Eingeständnis – nicht nur der Verbrechen, sondern auch der Sinnlosigkeit – würde es ihm unmöglich machen, weiterzuleben, uns großzuziehen und einer Arbeit nachzugehen. In einer unserer heftigen Auseinandersetzungen über den Partisanenkrieg, die fast in Handgreiflichkeiten ausartete, brach er weinend zusammen und sagte: „Aber was hätten wir denn machen sollen?" Damals war ich befremdet und verstört, dass mein strenger Vater meinen Vorwürfen und Drohungen nicht standhielt. Heute bin ich froh und dankbar dafür, gehört das doch zu den widersprüchlichen Erinnerungen an ihn.

Wenn ich mich bei meiner Mutter über die Strenge meines Vaters beschwerte, nahm sie ihn in Schutz und verwies auf seine schlimme Kindheit. Die

Geschichten und Bilder seiner Hoffnungen und schrecklichen Enttäuschungen waren allgegenwärtig. Es dauerte Jahre, bis ich als junger Erwachsener in der Lage war, meinem Vater direkt Vorwürfe zu machen, dass er mich als Kind geschlagen hatte. Meine Kritik konnte ihn nicht erreichen und er blieb bis zu seinem Tod dabei, dass Schläge weder ihm noch mir geschadet hätten. Für ihn war die Botschaft seiner Gewalt: Mein Widerstand sollte unbedingt und mit aller Härte gebrochen werden, nur Unterwerfung und Gehorsam konnten mir Rettung bringen. Diese Einstellung vor Augen, scheint es mir außer Frage, dass mein Vater im Krieg mit aller Härte bereit war, seine „soldatische Pflicht" auch auf Kosten Unschuldiger zu erfüllen.

Über die Ermordung der Juden hat mein Vater nur selten gesprochen. In Erinnerung geblieben ist mir seine antisemitische Aussage, dass die Juden eine Mitschuld am Holocaust gehabt hätten: Der Jüdische Weltkongress hätte dem Deutschen Reich den Krieg erklärt, dabei sei klar gewesen, dass alle Juden letztendlich dafür bezahlen mussten. Auf der anderen Seite erschütterte ihn wenig später die Filmserie „Holocaust" zutiefst und er verurteilte danach die Ermordung der Juden scharf.

Die Kriegsverbrechen in Oradour-sur-Glane in der Normandie, wo Hunderte Kinder, Frauen und Männer ermordet wurden, nehmen in der Geschichte der SS-Division „Das Reich" eine besondere Stellung ein. Kurz vor seinem Tod erhielt mein Vater einen Brief von einem SS-Kameraden, in dem stand, dass er kurz nach dem Krieg mit zwölf „Leidensgenossen" wegen der „Oradoursache" vorübergehend verhaftet worden sei. Darin waren nur die Kameraden die Leidtragenden, kein Wort zu den unschuldigen Opfern. Nach dem Tod meines Vaters schrieb dieser Kamerad an meine Mutter und kam dabei noch einmal auf die Härte des Krieges zu sprechen: Unberechtigt grausam waren nur die anderen gegenüber den Deutschen. Der „deutsche Mensch" sei zu solchen Untaten nicht fähig, und wenn von der SS „harte Maßnahmen" durchgeführt wurden, dann nur aus gutem Grund: „Dort, wo nichts geschah, dort gab es auch keine Repressalien." Wenn ich meinen Vater vor mir sehe, als Soldat mit vierundzwanzig Jahren, der viel gesehen und erlebt hat, sogar bei Verhören Alois Thalers von Deserteuren als dessen Adjutant dabei gewesen war, dann kann ich das Ausmaß seiner Abstumpfung gegenüber dem Leid anderer erahnen und es drängen sich mir Parallelen zu meiner Erziehung auf.

Mein Vater zeigte nie Anzeichen von Unsicherheit oder Bedauern, wenn er mich geschlagen hatte. Missfiel ihm mein Verhalten, gab es aus gutem Grund eine „Abreibung". „Spurte" ich seiner Meinung nach, geschah mir nichts. Zum Gehorsam gehörte für ihn auch, dass ich darum bitten musste, dass er mit dem Schlagen aufhörte. Wenn ich versuchte, dem zu widerstehen, griff er zu einem Lederriemen, der meinen Trotz und Widerstand brach. Obwohl ich als Kind selten verstand, worin meine Schuld bestand, war ich derjenige, der sich immer nach der „Züchtigung" bei ihm für sein „Fehlverhalten" entschuldigen musste. Meine Mutter stellte sich nicht schützend vor mich, obwohl sie es nicht ertrug, die Züchtigungen mitanzusehen. Um den Frieden in der Familie zurückzugewinnen, überredete sie mich immer, mich bei meinem Vater anschließend zu entschuldigen.

Einmal entschuldigte sich mein Vater bei dem Vater eines Schulkameraden für mein Verhalten und er fragte mich anschließend, äußerlich ganz ruhig, ob ich wisse, was es bedeuten würde, dass er sich habe entschuldigen müssen. Ich wusste nicht, was ich hätte antworten sollen, und bekam eine meiner schlimmsten Prügeltrachten. Ich verstand: Ein SS-Offizier entschuldigt sich nicht.

Trotz alledem erscheint es mir fast wie Verrat, meinen Vater vor den Anklagen gegen die SS, gegen die Nazis nicht in Schutz zu nehmen und von den Verletzungen meiner Kindheit zu berichten. Dabei waren es diese Gefühle, die mich ermahnten, nicht wegzuschauen. In der Pubertät begann ich mich der Kontrolle meines Vaters mit Alkohol und anderen Drogen zu entziehen, und als er mich in meinem sechzehnten Lebensjahr zum letzten Mal schlug, drohte ich, ab dann zurückzuschlagen. In den folgenden Jahren versuchte mein Vater nicht mehr, über mich zu bestimmen. Er begleitete mit einer Mischung aus Respekt und Staunen meine alternativen Lebensformen in Wohngemeinschaften und meine Teilnahme an Demonstrationen. Auch illegale Aktionen der radikalen Linken verurteilte er nicht und äußerte manchmal gar Verständnis für den bewaffneten Kampf. Im Film „Black Box BRD" von Andres Veiel sagt Werner Grams, der Vater des in Bad Kleinen erschossenen RAF-Mitglieds Wolfgang Grams, dass sein Sohn ein Idealist gewesen sei, der die Welt verbessern wollte. Gerade so wie damals er und seine Kameraden in der Waffen-SS auch.

Verstörende Erinnerungen

Ich bewegte mich in Frankfurt in einer Gruppe von Jugendlichen, die untereinander unterschiedlich enge Freundschaften pflegten. Bei einer unserer abendlichen Touren durch die Innenstadt war der Bruder eines Freundes zu uns gestoßen. Hagen war älter, aus einer anderen Stadt, ein Rocker, der auch schon im Gefängnis gesessen hatte. Er schlug allerlei Mutproben vor, die wir mit großer Begeisterung meisterten. Als aber einer von uns zu viel Angst bekam und weinend seine Teilnahme verweigerte, schickte Hagen ihn unter Beleidigungen und der Androhung von Schlägen davon. Der Freund gehörte an diesem Abend nicht mehr zu uns. Das Bild des Jungen, der weinend alleine davonlief, erfüllt mich heute noch mit Scham. Nicht nur unsere Kälte und mangelnde Solidarität ist mir in Erinnerung geblieben, vor allem auch das Gefühl von Stärke und Erleichterung, das damals wohl nicht nur mich allein durchströmte.

Nach dem Abitur leistete ich meinen Zivildienst in der Psychiatrie auf der geschlossenen Männerstation. Mit meinen langen Haaren und meiner alternativen Kleidung hatte ich bei so manchem Pfleger keinen leichten Stand. Vielleicht gerade deswegen wollte ich beweisen, dass ich ein ganzer Kerl war, der so schnell keine Angst zeigte. So warf ich mich denn öfters als Erster auf gewalttätige Patienten, die es „ruhigzustellen" galt, wie es im psychiatrischen Sprachgebrauch hieß. Im Anschluss genoss ich, dass man mir auf die Schulter klopfte und mir Anerkennung zollte. Ich war zufrieden, gut funktioniert und meine Pflicht getan zu haben. Mein Handeln wurde durch die Klinikvorschriften nicht nur legitimiert, sondern sogar gefordert. Das Wissen hingegen, durchaus einer höheren Gerechtigkeit zuwiderzuhandeln und dabei manchem armen und verzweifelten Menschen Unrecht zuzufügen, änderte wenig an meinem Stolz, Stärke gezeigt zu haben. Körperliche Auseinandersetzungen waren mir nicht unbekannt. Während mich aber bei Handgreiflichkeiten auf der Straße das Gefühl von Unsicherheit und Angst nicht verlassen wollte, war ich davon in der Klinik gänzlich frei. Hier war der weiße Kittel meine Uniform. Das Gefühl, anfällig für die korrumpierende Macht der Zugehörigkeit und die korrumpierende Sicherheit der Vorschrift und des Befehls zu sein, verstörte mich nachhaltig. Es war eine Erfahrung, die mich erzog und mich ahnen ließ, wie schwierig es ist, gerade in Situationen von Diktatur und Krieg Gefühle von Mitmenschlichkeit zu bewahren. So ging mir die Frage nicht mehr aus dem Kopf, ob ich mich in der Psychiatrie nicht auch als der echte Sohn meines Vaters gezeigt hatte.

Nach dem Unfalltod meines besten Freundes 1977 war ich in einem aggressiven und verzweifelten Zustand. Als wir einmal randalierend durch die Straßen zogen und dann in einer Gaststätte Gläser zu werfen begannen, kam ein älterer Mann auf mich zu und versuchte zu beruhigen und die Situation zu befrieden. Ich beschimpfte ihn als Faschist. Daraufhin zog er, völlig außer sich, sein Hosenbein hoch, zeigte aufgeregt seine Beinprothese und erklärte, sein Bein im KZ verloren zu haben und alles, nur kein Faschist zu sein. Kalt und abweisend sagte ich, dass die Opfer von gestern die Faschisten von heute seien. Wenige Tage später waren wir in Berlin und tranken nachts in einer Bar. Als ein Afrikaner eine Freundin ansprach, bat mich ihr Freund, beide waren aus Schweden, den harmlosen Flirt zu unterbinden. Seine Freundin hätte getrunken und wäre womöglich zu einem Abenteuer bereit. Daraufhin warf ich den Afrikaner unter Androhung von Gewalt aus dem Lokal. Bis heute liegen mir die Situationen auf der Seele und ich schäme mich für mein damaliges Verhalten – viel würde ich dafür geben, mich bei beiden Männern entschuldigen zu können.

Andreas-Hofer-Gedenktag

Im Dezember 2004 erfuhr ich, dass Willy Acherer, ein alter „Kampfgefährte" meines Vaters, wie er von meinem Vater gegenüber seinen SS-Kameraden genannte wurde, noch lebte. Ein Brief war schnell geschrieben und gespannt wartete ich auf Antwort. Der Telefonanruf nur wenige Tage später kam für mich trotzdem überraschend. Es war selbst am Telefon deutlich spürbar, wie sehr sich der alte Mann freute, von mir zu hören. Er hinterließ liebe Grüße an meine Mutter und wir vereinbarten, uns zu schreiben und bald auch zu treffen. Nachdem ich dann seinen ersten schriftlichen Gruß aus Südtirol erhalten hatte, beschlichen mich Zweifel. Ich fühlte mich plötzlich zurückversetzt in eine vergangene Zeit; aus seinen Zeilen sprach die von mir längst untergegangen geglaubte Welt meines Vaters. Ich hatte mich zu dieser Welt immer nur in Ablehnung und offener Rebellion befunden, und jetzt schien es mir, als knüpfte ich eine freundschaftliche Beziehung zu einem alten Nazi. Ich hatte Angst, dass er mich für einen von ihnen halten könnte, und schrieb in aller Deutlichkeit zurück, wie ich politisch denke und handele. Umso erstaunter war ich, als Willy mir schrieb, dass er sich trotzdem auf unser Treffen freue, ja meinen Besuch geradezu erwarten würde.

Am 19. Februar 2005 fuhr ich in aller Frühe nach Brixen, um Willy zu besuchen. Wieder war mir bange und ich erinnerte mich an den Tod meines Vaters, an meine Abneigung den alten Herren gegenüber. Um auch letzte Unklarheiten in Bezug auf mein Verhältnis zu SS und Nationalsozialismus auszuräumen, hatte ich als Gastgeschenk ein Exemplar meiner Doktorarbeit in der Tasche. Wir verbrachten den Nachmittag und Abend zusammen und sowohl er als auch sein Zuhause erinnerten mich an meinen Vater. Willys Art zu erzählen war der meines Vaters sehr ähnlich; nie nannte er Namen oder detaillierte Zeit- und Ortsangaben und ich konnte ihm nichts Neues über meinen Vater entlocken. Obwohl er den Holocaust nicht rechtfertigte, sondern von einem Fehler und allzu harten Maßnahmen gegen die Juden sprach, machte er keinen Hehl daraus, dass für ihn das Deutsche Reich der Inbegriff aller Tugenden war und dass er den Begriff einer deutschen Schuld kategorisch ablehnte. Aber was immer wir sprachen, blieb so politisch wie allgemein.

Ich hatte mir für meinen Besuch unwissentlich einen bedeutenden Tag in der Geschichte Südtirols ausgesucht. Am nächsten Tag war Andreas-Hofer-Gedenktag und wir gingen mittags zu einer Kundgebung auf den zentralen Platz der Kleinstadt. Dort stand ich neben Willy, hörte einige langweilige Reden örtlicher Honoratioren und beobachtete die Schützenkompanie beim Salutschießen. Als die recht biedere Veranstaltung vorbei war, teilte mir Willy mit, dass in einem kleinen Ort noch eine weitere Feier stattfinden würde. Nach einer kurzen Autofahrt sah ich wieder dieselbe Schützenkompanie aufmarschieren und verstand schnell den Unterschied: Die nun geführten Reden waren radikaler, völkischer und hier war man unter sich. Nach dem nochmaligen Salut ging die ganze Gesellschaft in ein nahe gelegenes Lokal. Auf dem Weg dorthin wurde ich von Willy einer Reihe von Personen mit den Worten vorgestellt: „Das ist mein Freund Thomas, sein Vater war Führer der illegalen deutschen Hitlerjugend im Unterland und später SS-Offizier." Immer wurde ich mit strammer Haltung und voller Achtung begrüßt.

Ich war verwirrt von den unterschiedlichen Gefühlen und spürte gar Zufriedenheit und Stolz, der Sohn meines Vaters zu sein. Wenig später saßen wir in der Gaststube unter lauter Schützen, und ich fühlte mich sowohl fremd als auch heimisch. Bald darauf fragten drei junge Männer, ob sie sich zu uns setzen könnten. Einer der drei war mir wegen seiner langen roten Haare schon in der Schützenkompanie aufgefallen. Der junge Mann war ohne

Zweifel ein Kader, wie es in der politischen Sprache von links und rechts heißt. Ein Menschenfischer, charismatisch, mit großer Ausstrahlung und einem gewinnenden Wesen ausgestattet, der mich eine Petition für Straffreiheit und Rückkehrrecht für Südtiroler Freiheitskämpfer, nationale Aktivisten aus den 1960er-Jahren, unterschreiben ließ. Auch hier wieder die gleiche Achtung, der gleiche Respekt, nachdem mich Willy vorgestellt hatte.

Später sagte Willy noch, dass mein Vater, wäre er in Südtirol geblieben, nicht hätte so vereinsamen und früh sterben müssen. Hier gelte ein SS-Offizier noch etwas.

Wie konnte es sein, dass ich mich in Gegenwart dieser Menschen nicht wirklich unwohl gefühlt hatte? Ich dachte an Louis Begley, von dem ein kurzer Beitrag in der „Frankfurter Allgemeinen Zeitung" über Günter Grass veröffentlicht wurde, nachdem sich dieser viel zu spät zu seiner SS-Mitgliedschaft bekannt hatte. Dort stand unter anderem, dass Begley es seit Ende des Krieges vermied, Deutschen die Hand zu schütteln, die alt genug waren, damals Soldat gewesen zu sein. Als Jude, der in seiner Kindheit nur mit knapper Not der Ermordung entronnen war, hatte er Angst, unwissentlich die Hand eines Mörders seiner Verwandten, seiner Leute zu berühren. Ich verstand die tiefe Verletzung, die Wut und Verzweiflung und auch den Abscheu, die aus seiner Haltung sprachen, ohne aber als Kind meines Vaters in gleicher Weise konsequent sein zu können. Vielleicht war es das: Vielleicht war ich ihnen, war ich meinem Vater doch ähnlicher, als ich immer glaubte.

Eva, eine jüdische Freundin, deren Eltern, bei katholischen Nonnen versteckt, als Einzige ihrer Verwandtschaft den Holocaust überlebt hatten, widersprach meinen Gedanken. Das Problem oder auch der Unterschied in Willys und meiner gegenseitigen Zuneigung sei der verschiedene Blick, die verschiedene Sichtweise. Er könne mich nur schätzen, weil ich der Sohn meines Vaters bin und er in mir das Eigene sehe. Ich hingegen schätze ihn, weil ich in der Lage sei, das Andere in ihm wahrzunehmen, es zuzulassen und mich dafür zu interessieren.

Das alte Partisanenlied „Bella Ciao" geht mir oft nicht aus dem Kopf. Heute ist es nicht mehr nur ein Lied der politischen Linken. Man hört „Bella Ciao" im Radio und auf der Straße in allen Sprachen der Welt. Es ist zu einem internationalen Lied der Jugend geworden. Immer wenn ich es höre, fühle ich den in mir sitzenden Widerspruch. Es war das Lied der Partisanen in Italien und mein Vater gehörte zu denjenigen, die die Partisanen und die sie unterstützende Zivilbevölkerung jagten und töteten. Wäre er damals von den

Partisanen als SS-Untersturmführer erkannt worden, hätte ihn dasselbe Schicksal wie seine Vorgesetzten ereilt. Ich kann das Lied nicht mit Freude singen, es macht mich traurig. Es erinnert mich schmerzlich daran, dass mein Vater auf der falschen Seite des Krieges gekämpft hat.

Schatten

Meine Gefühle für meinen Vater sind ambivalent. Da ist einerseits eine große Zuneigung und Liebe, andererseits eine große Wut, ein mich manchmal überwältigender Zorn. Zu seinen Lebzeiten war eine gemeinsame Aufarbeitung seiner Vergangenheit nicht möglich, denn unsere Gespräche waren zu sehr von meinen Vorwürfen und seinen Rechtfertigungen geprägt und überschattet durch unsere schwierige Vater-Sohn-Beziehung. So musste ich denn nach seinem Tod meine Auseinandersetzung mit seiner Geschichte ohne ihn weiterführen. Wie gerne würde ich das dabei entstandene Bild mit ihm diskutieren. Ein Wunsch, den ich mit vielen anderen Kindern von Waffen-SS-Mitgliedern im Buch teile.

Ich sehe dabei das Beispiel meines Vaters als durchaus exemplarisch an. Seine Bereitschaft und Fähigkeit, hart und gefühllos anderen gegenüber zu sein, entstand im Laufe eines langen Prozesses. Dieser Prozess begann mit den Kränkungen und Zurücksetzungen seiner Kindheit, speiste sich aus verwehrten Aufstiegsmöglichkeiten der Jugend und berauschte sich an der zunehmenden eigenen Stärke. Er wurde unterstützt von dem Gefühl der Gemeinschaft und der Zugehörigkeit zum Kreis Gleichgesinnter. War der Krieg erst einmal Wirklichkeit, waren Gewalt und Tod real, war der Entmenschlichung und Verrohung nur noch schwer Einhalt zu gebieten. Der eigene Verlust, die eigenen Schmerzen stellten sich vor den anderen und versperrten die Sicht auf dessen Leid. Das eigene Wohl, die eigene Befriedigung erschienen ein angemessener Preis für die Gefahr, in die man sich begab. Die Aussicht auf Erfolg, die Chance, zu den Siegern zu gehören und einen persönlichen Aufstieg zu erfahren, tat ein Übriges. Befreit vom Blick auf das gemeinsam Menschliche galten moralische und ethische Regeln nur noch für das Eigene. Das Fremde und vermeintlich Böse wurden mit Genugtuung, gar mit Freude und Lust bekämpft.

In Bezug auf meinen Vater und die Männer in diesem Buch fand das alles in einer konkreten historischen Situation im Europa der ersten Hälfte des

20. Jahrhunderts statt. Es war deswegen eingebunden in die Möglichkeiten, Chancen und Risiken eines bestimmten Zeitabschnittes. Von den Taten der Generation meines Vaters ist keine zu leugnen. Man muss aus ihnen lernen. Nach dem Krieg fand mein Vater zurück in einen friedlichen, oft angepassten und abwechslungsarmen Alltag. Die Träume seiner Jugend von Abenteuer und Macht, der Stolz auf Pflichterfüllung und Gehorsam haben ihn aber offensichtlich bis zu seinem Tod nie wirklich losgelassen. Gleichzeitig war es ihm mithilfe meiner Mutter gelungen, sich mit seinem Alltag auszusöhnen und die kleinen Freuden des Familienlebens zu genießen. Er kehrte damit dorthin zurück, woher er gekommen war – in die Mitte der Gesellschaft. Nur manchmal zeigte sich in besonderen Situationen, dass er Schreckliches hinter sich gebracht hatte und zu Schrecklichem in der Lage war. Ich hätte meinem Vater damals nicht als ein Fremder oder gar als vermeintlicher oder tatsächlicher Gegner und Feind ausgeliefert sein wollen. Es sind die schmerzlichen Momente meiner Kindheit, die mich stützen, wenn es darum geht zuzulassen, dass mein Vater ein überzeugter SS-Mann gewesen war. Außerhalb dieser Momente war er ein von mir geliebter großzügiger, intelligenter und humorvoller Mann, der sich großer Beliebtheit in unserer weiteren Familie sowie bei Freunden und Bekannten erfreute. Diese Aufteilung erlebte ich in meiner Kindheit in einem für mich undurchschaubaren Wechsel. Als ich dann erwachsen wurde, gehörten seine Ausbrüche bereits zur Vergangenheit und ich konnte mit meinem Vater streiten, ohne ihn fürchten zu müssen. Jahre nach seinem Tod bekam ich dann von einem Freund in Neumarkt erzählt, dass mein Vater in seinem Heimatort immer nur voller Stolz und Bewunderung über meinen jugendlichen Drang nach Unabhängigkeit und Freiheit gesprochen hatte. Was also bleibt, ist ein komplexes, zum Teil auch widersprüchliches Bild meines Vaters in mir und die schmerzliche Erkenntnis, dass Unmenschlichkeit und Verbrechen nicht ausschließlich das Ergebnis eines perversen oder krankhaften Verhaltens Einzelner sind. Sie entfalten ihre ganze Schrecklichkeit erst, wenn sie von vielen von uns als Teil der Normalität angesehen werden.

Die Frauen und Männer in diesem Buch teilen meine Erfahrungen. Sie haben es so oder ähnlich selbst mit ihren Vätern oder Großvätern erlebt. Dieses Buch war für uns alle eine große emotionale Herausforderung: Das Spannungsverhältnis zwischen Liebe und Verantwortung zieht sich durch alle Gespräche. Die Liebe zu den Vätern und Großvätern, denn ohne sie gäbe es uns nicht. Aber auch die Verantwortung, hinzusehen und dem Schatten, den ihre Geschichte auf uns geworfen hat, auf den Grund zu gehen. Dabei ist die Quelle unserer Spurensuche nicht immer leicht zu identifizieren. Manchmal ist es der Wunsch, sich versichern zu können, dass letztendlich doch alles mit dem Vater gut war. Dann wieder ist es das Bedürfnis, die eigenen erinnerten Verletzungen verstehen zu lernen und mit der Geschichte des Vaters in Verbindung zu bringen.

Was auch immer uns auf die Spurensuche geführt hat: Bei uns allen gesellt sich zum Begriffspaar Liebe und Verantwortung die Angst vor Verrat, vor Treulosigkeit hinzu. Dabei nimmt diese Angst ganz unterschiedliche Erscheinungsformen an und führt zu ganz unterschiedlichen Konsequenzen. Da gibt es kritische Bemerkungen in Vorgesprächen, die im späteren Interview nicht wiederholt und auf Nachfragen zurückgewiesen werden. Da gibt es den Wunsch, einzelne Formulierungen aus den Gesprächen nicht ins Buch zu übernehmen, da sie im Nachhinein nicht mehr wahr oder zu hart erscheinen. Da gibt es das verzweifelte Gefühl, die Wahrheit zu sagen und sich doch gleichzeitig schuldig zu machen. Da ist der Wunsch nach einer soldatischen Normalität, die es zu betonen gilt. Da wird eine direkte Beteiligung an den Verbrechen ausgeschlossen, obwohl das nicht zu beweisen ist.

Der letzte Punkt wiegt besonders schwer und beeinflusst die Fähigkeit zu sehen. Fast scheint es, als wenn die Abwehr der Väter sich auch auf die Kinder übertragen hätte. Aus allen Interviews klingt die Erleichterung über mangelnde Beweise an einer Beteiligung an den Mordaktionen der SS. Selbst bei der größten Nähe zum Mordgeschehen bleiben in den vorliegenden Kurzbiografien die konkreten persönlichen Handlungen im Dunkeln. Viele unserer Väter behaupteten, vom Holocaust während des Krieges entweder nichts gewusst oder zumindest nicht aktiv daran teilgenommen zu haben. Und wir Kinder wollen ihnen das gerne glauben, solange die Beweise uns nicht zu etwas anderem zwingen. Ein Eingeständnis, dass der Vater an Verbrechen beteiligt war, ist mit Angst, Schmerzen und Leid verbunden. Das Ausmaß der Konsequenzen ist dabei nicht absehbar und wird in einigen Interviews im Ansatz sichtbar. Vielleicht ist das der entscheidende Unterschied zwischen uns Kindern der Männer der Waffen-SS und den Kindern der Opfer. Für uns ist der Glaube, dass der Vater in erster Linie „nur" ein Soldat der Waffen-SS war, ein Rettungsanker, und wir neigen somit auch dazu, die Kurzbiografien in diesem Sinne zu verstehen. Die Kinder der Opfer müssen sie hingegen anders lesen. Sie können nicht vergessen, dass ohne den erbitterten Kampf der Waffen-SS an der Front der Mord an ihren Vorfahren durch die Waffen-SS in den Lagern und hinter der Front nicht möglich gewesen wäre. Für sie kann der Unterschied nicht bedeutsam sein, der uns so viel bedeutet. Wir können (meistens) hoffen, dass der Vater doch kein überzeugter Täter war, während die Kinder der Opfer am Leid ihrer Väter nicht zweifeln können. Für uns würde ein umfassendes emotionales Eingeständnis der Beteiligung der Väter an den Verbrechen unser Bild von ihnen beschädigen, wenn nicht zerstören, und damit eine Identifikation verunmöglichen. Will man sich nicht selbst zum Täter machen, kann man einen Täter nicht lieben, und diese Liebe zu unseren Vätern führt zu der Ambivalenz, die unsere Haltung ausmacht. Diese Erkenntnis steht schmerzhaft zwischen uns und den Kindern der Opfer und sie erschwert die Verständigung.

„Schatten" ist der Titel dieses Buches. Wo es Schatten gibt, muss es auch Licht geben. Ein autonomes und angstfreies Leben ist das Licht, und es sind unsere Väter, die zwischen diesem Licht und uns stehen und den Schatten werfen. Allein ihre Zugehörigkeit zur Waffen-SS, der Organisation, die den Massenmord an den Juden Europas verübte, begleitete die im Buch porträtierten SS-Männer ein Leben lang auf unterschiedliche Weise, etwa im Kontakt mit ehemaligen Kameraden oder mit der Mitgliedschaft in Veteranenverbänden oder dem Stolz, zu einer „Elite" gehört zu haben. Manche behielten ihren Hass auf die Juden auch nach dem Krieg bei, andere formulierten eine vorsichtige Distanzierung oder schwiegen dazu gänzlich. Frei davon konnte niemand sein. In diesem Zusammenhang sei noch einmal auf die in der Einleitung erwähnte Aussage von Tilmann Moser verwiesen, dass Vorwürfe ein offenes Erinnern, eine echte Auseinandersetzung mit der eigenen Schuld erschweren. Mitglieder der Waffen-SS sahen sich nach dem Krieg sowohl juristisch als auch moralisch heftigen Vorwürfen ausgesetzt, und ihre Aussagen und ihr Schweigen über ihre Vergangenheit müssen in Bezug auf die Wahrheit deswegen grundsätzlich mit Vorsicht gesehen werden. Unser Bewusstsein davon drückt sich in den Gesprächen aus, oft im ängstlichen Nachdenken, ob der Vater oder Großvater direkt an den Verbrechen beteiligt war, manchmal aber auch in der Weigerung, diesem Gedanken überhaupt eine Bedeutung beizumessen.

Wie auch immer die einzelnen Väter mit den Vorwürfen umgingen, so lasteten sie doch schwer auf jedem, und zusammen mit den traumatischen Erfahrungen eines totalen Krieges und der Last der Niederlage führten sie zu ihren schwierigen Charakterzügen in der Nachkriegszeit. Wie sie ohne diese

Erfahrungen geworden wären, lässt sich nicht erahnen. Das Ergebnis setzt sich in uns fort und hat unser Leben geprägt. Die Bilder von uns und unseren Vätern und Großvätern reichen von Stolz und Idealisierung bis hin zu Angst und Zorn. Manche von uns erinnern sich hauptsächlich an einen liebevollen Vater, während andere die Schreckensbilder ihrer Kindheit nicht vergessen können. Manche blicken ohne Schmerz zurück, andere spüren noch heute das erfahrene Leid. Zwischen diesen Extremen liegt die ganze Bandbreite möglicher Erfahrungen, wie sie vergleichbar auch andere Kinder von Waffen-SS-Mitgliedern gemacht haben müssen. Insofern kann man die vorgestellten Fälle als exemplarisch verstehen und vielleicht ermöglichen sie es anderen, sich in den Geschichten und Gesprächen wiederzuerkennen. Für die Töchter und Söhne in diesem Buch ist die innere Auseinandersetzung mit den Vätern ein nicht enden wollender Prozess, ein fester Bestandteil ihres Lebens, sodass in uns William Faulkners Satz wirklich geworden ist: Die Vergangenheit unserer Väter ist nicht tot, sie ist in uns noch nicht einmal vergangen. Oft liegen Risiken und Chancen dicht beieinander. Doch die Schatten der Väter können unser Leben auch in einem positiven Sinn formen. Wie es in einem Gespräch formuliert wird, sind wir Zeitzeugen. Wir wissen, wie es sich anfühlt, mit Menschen aufzuwachsen, die am Siegeszug einer nationalistischen Rechten, am daraus entstehenden Krieg, gar an den Massenmorden teilnahmen und für die es die einschneidendste Erfahrung ihres Lebens war. Wir haben unter den Konsequenzen dieser Erfahrungen unterschiedlich gelitten, aber die Angst vor dem Wiederaufleben der Schrecken findet sich in den meisten Gesprächen. Wir leben in einer Zeit, in der sie selbst im Zentrum Europas wieder wirkmächtig werden. Die Leichtigkeit, mit der von vielen Seiten der Krieg als Mittel der Politik betrachtet wird, ist ebenso verstörend wie die Normalität des Alltags in Anbetracht des weltweiten Sterbens durch Genozide, Ausbeutung und Hunger. Aus den Kurzbiografien und Gesprächen lässt sich herauslesen, dass Krieg nicht mit der ersten Kriegshandlung beginnt und mit der letzten endet. Christa Wolf schreibt in ihrem Buch „Kassandra“ über den Vorkrieg: „Wann Krieg beginnt, das kann man wissen, aber wann beginnt der Vorkrieg. Falls es da Regeln gäbe, müsste man sie weitersagen. In Ton, in Stein eingraben, überliefern. Was stünde da. Da stünde, unter anderen Sätzen: Lasst euch nicht von den Eigenen täuschen.“[143]

Als junger Mann hatte ich irgendwann einmal ein Büchlein „Krieg dem Kriege“ über den Ersten Weltkrieg gefunden. In vier verschiedenen Sprachen kommentierte der Autor Ernst Friedrich seine Bilder gegen den Krieg. Nie wieder fand ich so erschütternde Fotografien von zerschossenen jungen Soldaten. Sie zeigten junge Männer ohne Arme, Augen, Nase, Mund, ohne Gesichtshälfte, ohne Schädeldecke, ohne Kiefer, ohne Geschlecht. Um zu verstehen, was zwischen der ersten und letzten Kriegshandlung geschieht, muss man sich diese Bilder anschauen. Dass der Krieg auch danach nicht beendet ist, haben wir schmerzlich an unseren Vätern und uns selbst erlebt.

Von Beginn an verwoben mit dem „totalen Krieg", der lange vor dem 18. Februar 1943 und der Sportpalastrede des NS-Propagandaministers Joseph Goebbels begonnen hatte, war der Holocaust. Beide sind voneinander nicht zu trennen. Die Ermordung der Juden Europas gilt als Zivilisationsbruch, als das Schrecklichste, das nie hätte geschehen dürfen und doch geschehen ist. So wie der Zweite Weltkrieg bisher alle folgenden Kriege in den Schatten stellt und an Unmenschlichkeit überstrahlt, überragt bisher auch der Holocaust alle folgenden Verbrechen gegen die Menschlichkeit. Aber wie auch nach 1945 die Reihe schrecklicher, unnötiger und mörderischer Kriege bis in die Gegenwart nicht abreißen will, so folgt auch ein Genozid, ein Verbrechen an der Zivilbevölkerung, an Frauen und Kindern auf das andere. So wie Krieg nicht erst mit dem ersten Schuss beginnt, so beginnt auch ein Genozid nicht ohne Vorspiel. Es ist die Gleichgültigkeit gegenüber dem Leid anderer, es sind die Ausgrenzung und der Hass auf das Fremde, es sind die Gewöhnung an bittere, gar tödliche Armut und die gleichzeitige Akzeptanz verschwenderischen und zerstörerischen Reichtums, die Verbrechen gegen die Menschlichkeit vorbereiten wie schleichendes Gift. Der Holocaust wirkt noch immer leidvoll in den Kindern der Opfer. In uns Kindern der Täter ist er bis heute sichtbar: in unserem Sprechen, in unserem Hinsehen, aber auch in unserem Schweigen und unserem Wegsehen, mit dem wir ein Mitleiden verdrängen und unterdrücken. Auch das haben wir an uns selbst erlebt.

Dass beides, Krieg und Genozid, in unserer Gegenwart zwar als beklagenswert, aber scheinbar unvermeidbar, fast als menschliches Schicksal angesehen wird, macht sprachlos. An einigen Stellen der Interviews klingt Misstrauen gegenüber den aktuellen Entwicklungen an. Sorgen um eine endlose Fortsetzung, gar eine Wiederholung von Geschichte haben viele Kinder der Waffen-SS-Männer in diesem Buch. Das ist ein erster Schritt und etwas Positives, den der Schatten unserer Väter noch in unserem Leben hinterlassen hat.

Epilog

Lieber Thomas,

als ich dich im September 2013 in Berlin für meinen Dokumentarfilm „Afterward" interviewte, konnten wir beide noch nicht ahnen, dass wir im Begriff waren, zu einer jahrelangen, parallel verlaufenden Reise aufzubrechen. Einmal unterwegs, sind wir nun gezwungen, unseren persönlichen bösen Geistern und den Wahrheiten der Geschichte ins Auge zu sehen, um uns einen Reim auf die Gegenwart machen zu können. Ebenso wenig hätten wir uns träumen lassen, dass wir elf Jahre später, dieses Mal als Freunde, in New York City gemeinsam zu Abend essen würden.

Du kamst im März 2024 nach New York, um ein abschließendes Interview für dein Buch über die Kinder von Soldaten der Waffen-SS zu führen. Ich lud dich und unsere beiden deutsch-amerikanischen Freundinnen, die uns damals miteinander bekannt gemacht hatten, Kristina Muenzenmaier und Brunhild Kring, zum Essen ein, als Ausdruck meiner Wertschätzung für eure Hilfe und Unterstützung während der Produktionsphase meines Films. Aber die Dinge kommen nicht immer so, wie man denkt, und so entwickelte sich an diesem Abend ganz spontan das wahrscheinlich beste Interviewgespräch, das man sich vorstellen kann, nur dass es diesmal weder gefilmt noch aufgezeichnet wurde.

Dir an jenem Abend fast vier Stunden lang zuzuhören, war für mich eine tiefgehende Erfahrung. Bei allen Unterschieden sah ich auch die Gemeinsamkeiten unserer gewaltigen Herausforderungen. Ich war überrascht zu erkennen, dass wir dasselbe Ziel verfolgten: besser zu verstehen, was im Leben eines Einzelnen oder einer Gruppe falsch laufen kann und wie, unter den richtigen Voraussetzungen, Böses freigelegt, reproduziert und als normal angesehen werden kann. Am nächsten Tag, als ich noch einmal über unser Treffen nachdachte, empfand ich große Dankbarkeit für deine Großzügigkeit, Offenheit, Authentizität und deinen Mut.

Einige Wochen nachdem du wieder nach Deutschland zurückgekehrt warst, erreichte mich deine Bitte, das Nachwort für dieses Buch zu schreiben. Ich sagte zu, ohne lang zu überlegen und aus ganzem Herzen, obwohl es sich kaum bestreiten lässt, wie surreal es sich für mich als US-israelische Jüdin anfühlt, das Nachwort zu einem Buch zu verfassen, dessen Autor der Sohn eines SS-Soldaten ist. Womöglich ist aber gerade das der Grund, warum ich es schreiben sollte. Zudem erreichte mich deine Bitte nicht zu einem beliebigen Zeitpunkt, sondern sechs Monate nach dem schrecklichen Massaker der Hamas vom 7. Oktober 2023, bei dem unzählige Menschen starben und viele israelische Zivilisten entführt wurden, und dem Beginn des immer noch andauernden Krieges in Gaza, bei dem Tausende Palästinenser, darunter viele Frauen und Kinder, ums Leben kamen.

Ich gehöre zur ersten Generation, die im neu gegründeten Staat Israel geboren wurde. Damals auf die Welt zu kommen, bedeutete auch, in einem Umfeld ständigen Krieges aufzuwachsen. Zusätzlich war in unserer Realität der Holocaust allgegenwärtig und wir wurden gelehrt, uns stets an die Identität und das Narrativ des Opferseins zu klammern. Dies abzuschütteln, ist mir nie gelungen. Vielleicht wollte ich es auch nicht. Ich fühlte mich verpflichtet, die Erinnerung jener, die gestorben waren, hochzuhalten und meine Schuld als Überlebende zu tragen wie einen Identitätsnachweis. Primo Levis Buch „Ist das ein Mensch?“ hatte einen festen Platz auf meinem Nachttisch; es verursachte mir Albträume und ließ mir, selbst wenn ich wach war, keine Ruhe.

Im Rahmen meiner Arbeit als Psychotherapeutin und Filmemacherin beschäftigte ich mich viele Jahre lang mit der Weitergabe des Holocaust-Traumas an Überlebende der zweiten und dritten Generation. Erst 2012 entwickelte ich ein Interesse dafür, welche Erfahrungen die Nachkommen der deutschen Täter gemacht hatten. Zu Beginn der Dreharbeiten für „Afterward“ wollte ich einen Film darüber machen, wie Deutsche, deren Eltern oder Großeltern Nazis gewesen waren, mit dem Gefühl der Schuld und Mitverantwortung für den Holocaust umgingen. Ich wollte mich ganz bewusst von dem Hass auf diese Deutschen befreien, die ja selbst kein Unrecht getan hatten, deren Vorfahren jedoch versucht hatten, meinesgleichen auszulöschen. Es schien mir nicht länger akzeptabel, mit dieser Furcht vor Deutschland und seinen Menschen weiter durchs Leben zu gehen. Während meiner beiden Schwangerschaften tauchten in meinen Albträumen wiederholt Deutsche auf, die in die USA einmarschierten und mich zwangen, nach Kanada zu fliehen, um meine ungeborenen Söhne zu schützen. Ich wollte diesen Kreislauf des Hasses und des „Othering"[144] unterbrechen, bevor ich meine eigenen Kinder mit hineinzog, sofern das nicht längst passiert war. Tief in meinem Inneren sehnte sich etwas danach, mich auf Augenhöhe mit Deutschen aus zweiter oder dritter Nachkriegsgeneration zu treffen, in der Hoffnung, dass ich ihnen gegenüber offen bleiben könnte, egal was passierte.

Ich kam also in Deutschland an, um meine Interviews zu führen, fest entschlossen, schonungslos den „Anderen" zuzuhören, um auf diesem Weg jenen Raum für Empathie und Mitleid, der in mir verschüttet war, wieder zugänglich zu machen. Manchmal ist es jedoch schwer, jemandem zuzuhören, der die Wirklichkeit aus „anderen" Augen betrachtet. Das war auch nicht anders, als ich dich traf, Thomas. Ich versuchte erst gar nicht, meine Emotionen zu verdrängen, sondern konzentrierte mich darauf, dir einen sicheren Raum zu bieten, in dem du deine Wahrheit erzählen konntest. Meine Aufgabe war nicht, deine Gefühle zu bewerten, zu vergleichen, zu diskutieren oder zu verurteilen. Was sich jedoch ganz klar herauskristallisierte, war die Tatsache, dass wir beide schon als Kinder mit der Existenz des Bösen konfrontiert wurden, ohne die Chance gehabt zu haben, uns dagegen zu wappnen.

Willst du wissen, wie es war, dir zuzuhören, Thomas?

Es gab Momente, da erstarrte mir das Blut in den Adern, zum Beispiel als du sagtest: „Mein Vater starb 1990 bei einem SS-Treffen." Es schockierte mich, mit welcher Selbstverständlichkeit du darüber sprachst, dass in Deutschland fünfundvierzig Jahre nach dem Ende des Zweiten Weltkrieges immer noch Versammlungen der Waffen-SS abgehalten wurden. Wie konnte das sein?

Dann schildertest du das letzte Mal, dass du deinen Vater sahst:

> „Wir besuchten sie kurz vor dem SS-Treffen. Er war oben in seinem Zimmer und las SS-Bücher. Wir waren mit unserer Tochter da und standen unten, aber er sagte, er habe keine Zeit, keine Zeit, ich muss lesen, ich muss lesen. Dann mussten wir gehen und ich rief: ‚Hey, Vater, deine Enkeltochter und wir, wir gehen jetzt! Verabschiede dich doch, bitte!' Also kam er die Treppe runter und meinte: ‚Du erziehst sie nicht richtig. Deine Erziehung ist falsch.' Tatsächlich sagte er: ‚Du bringst ihr nicht bei, was wichtig ist im Leben.' Und ich fragte: ‚Was ist denn wichtig im Leben?' Er antwortete: ‚Pflicht. Gehorsam. Subordination. Das ist wichtig im Leben.' Dann ging er wieder hinauf."

Es gab jedoch auch Momente, da wollte mir das Herz in tausend Stücke brechen, etwa als du von den schweren körperlichen und psychischen Misshandlungen sprachst, die du als Kind erdulden musstest. In deiner Erinnerung waren aber auch Momente der emotionalen Nähe zu deinem Vater lebendig geblieben, wie er dich auf den Schoß nahm und dir Bilder seines Generals in der Waffen-SS zeigte, den er selbst immer als „Papa Hauser" bezeichnete. Einmal erzähltest du:

> „Er zeigte mir seine Narben und die Wunden, die er im Krieg abbekommen hatte. Er hatte überall auf dem Körper Narben, und er krempelte die Hosenbeine hoch und zog sein Hemd aus, um sie mir zu zeigen. Einerseits ekelte ich mich davor, war aber trotzdem wie gebannt. Es war ein komisches und abstoßendes Gefühl. Ich konnte mir nicht vorstellen, dass das etwas Gutes sein sollte. Aber es war gut. Es war faszinierend. Ich war hin- und hergerissen. Auf der einen Seite dieser Ekel. Andererseits dachte ich: ‚Wow, so sehen also richtige Männer aus. Männer sind stark! Männer haben keine Angst. Männer ziehen in den Kampf. Wow. Ich will auch ein Mann werden.'"

Ich hörte dir zu und konnte erahnen, welche Spuren die Misshandlungen bei dir hinterlassen hatten, als du erzähltest, wie du größer und stärker wurdest als dein Vater und den großen Drang verspürtest, dich gegen ihn zur Wehr zu setzen. Du wusstest nicht mehr, wie es begann, aber jedes Mal, wenn ihr beide etwas zu diskutieren hattet, egal worum es dabei ging, endete es in einem Schreiduell über den Zweiten Weltkrieg:

> „Und ich erinnere mich, wie er sagte: ‚Ja, wir haben gekämpft, und wir waren tapfere Soldaten, die Elite!' Und ich erwiderte: ‚Wenn ich zu dieser Zeit gelebt hätte, wäre ich bei den Partisanen gewesen. Dann hätte ich gegen dich gekämpft.' Und er sagte: ‚Ach ja? Du mich bekämpft? Weißt du was? Wir wären mit dir Schlitten gefahren!' Da baute ich mich vor ihm auf und sah auf ihn hinunter, ich war stark, und er war, was, fast 70? Und ich sagte: ‚Sieh dich doch an! Du wärst mit mir Schlitten gefahren? Von wegen! Ich kann dich einfach nehmen und aus dem Fenster werfen!' Wir waren im vierten Stock und das Fenster stand offen. Er sackte zusammen, und er begann zu weinen. Er weinte und sagte: ‚Was hätten wir denn tun sollen? Wir waren so jung. Was hätten wir denn tun sollen?' Das machte mich

> damals noch wütender. Aber rückblickend muss ich sagen, ich war so dankbar für diesen Moment, weil ich erkannte, dass auch er schwach war, dass auch er weich war, dass er sich vor seinem Sohn nicht mehr aufbauen konnte, jetzt wo der Sohn stark war und ihm drohte."

Während unseres Interviews beobachtete ich, wie zerrissen du warst zwischen dem Zorn auf die „SS-Kameraden", die du für den Tod deines Vaters verantwortlich machtest, und deiner Bewunderung für sie als zähe Kämpfer, zwischen deinem Hass auf Gewalt und deinen Versuchen, eine moralische Maskulinität zu definieren, zwischen dem Zorn auf deinen Vater und deiner Liebe zu ihm.

Zu einem späteren Zeitpunkt in deinem Leben veröffentlichtest du mehrere Bücher über die Waffen-SS: Du versuchtest, die Umstände zu verstehen, die deinen Vater und andere dazu gebracht hatten, diesen Weg einzuschlagen. Du gingst dafür dem politischen Klima nach, das damals in Südtirol herrschte, als er ohne Vater aufwuchs und sich um eine kranke Mutter kümmerte, die starb, als er achtzehn war, und der Nazipropaganda, der er ausgesetzt war und die ihm eine Zukunft versprach. Was mich daran beeindruckte, war, dass dir keiner dieser Punkte je als Rechtfertigung diente. Stattdessen nutztest du dein erarbeitetes Wissen, um zu lernen, mit den widerstrebenden Emotionen in dir umzugehen.

Im Laufe unseres Interviews erzähltest du mir von deiner lebenslangen Angst zu erblinden. Dein Vater war während des Krieges einen Monat lang blind gewesen. Ich merkte an, dass dein Vater auf andere Weise blind gewesen sei, und zwar länger als einen Monat. Und du erwidertest: „Vielleicht besteht mein Erbe darin, zu sehen." Und als ich fragte: „Welches Erbe möchtest du deinen Kindern mitgeben?", wurde das zu einem Schlüsselmoment unseres Gesprächs. Ich hatte nicht erwartet, dass meine Frage so tiefe Wunden aufreißen würde, doch sie erschütterte dich bis ins Mark. Du musstest das Interview unterbrechen und gingst aus dem Zimmer. Ich blieb schweigend mit der Filmcrew sitzen, ausgerechnet in dem Raum, der SS-Gruppenführer Hans Hinkel, im Dritten Reich Leiter der Filmabteilung im Reichsministerium für Volksaufklärung und Propaganda, als Hauptquartier gedient hatte. Wir warteten lange und spürten, wie sich ein emotionaler Sturm in dir zusammenbraute.

Nachdem du zurückgekommen warst, sprachst du mit großer Eindringlichkeit:

> „Früher hatte ich Angst, dieses Erbe – dieses Trauma – auf die nächste Generation zu übertragen. Ich wollte immer Schutzschild sein, alles auf mich nehmen, um die Kinder damit nicht zu belasten. Eigentlich liebe ich das Leben, so insgesamt. Ich genieße es. Ich liebe die Menschen. Aber es war nicht immer leicht, da war diese dunkle Seite, und ich hatte auch schlechte Zeiten. Ich bin dankbar, dass sie vorbei sind. Trotzdem möchte ich nicht, dass meine Kinder etwas Ähnliches durchmachen müssen. Das ist das Allerwichtigste für mich."

Während ich dir so zuhörte, wurde mir eines ganz klar: Wir wollten beide verhindern, dass das Erbe des Bösen von uns auf unsere Kinder übergeht.

Als wir schließlich zum Ende des Interviews kamen, lag in deinen Worten etwas sehr Schmerzvolles, Flehentliches:

Thomas: Wir sind die Generation, die auf die Täter folgte, auf Menschen, die Verbotenes getan haben. Wir sollten nicht vergessen.

Ofra: Wird es mit dir enden oder lebt das Erbe in deinen Kindern weiter?

Thomas: Es lebt weiter, leider. Es wird immer wieder neu geboren, weil es immer neue Ungerechtigkeit geben wird, neue Massenvernichtung, Entfremdung, Ermordung, Vergewaltigung und Zerstörung. Ich hoffe, dass es nie mehr so schlimm wird, wie es einmal war. Aber wir müssen uns immer vor Augen halten, dass auch wir hätten zu Tätern werden können.

Ofra: Wenn du über das Böse sprichst, meinst du also nicht nur das Böse in anderen, sondern auch das Böse in uns.

Als ich nach den Dreharbeiten in Deutschland nach Hause zurückgekehrt war, wurde mir klar, dass ich mich mit den Palästinensern unterhalten musste, jener Gruppe von „Anderen", die man mich seit meiner Kindheit zu fürchten und zu hassen gelehrt hatte, angeblich weil sie mich zerstören wollten und den nächsten, unmittelbar bevorstehenden Holocaust planten.

Wenn ich Deutsche zum Interview traf, konnte ich mich in der klaren Dualität, die zwischen uns herrschte, zurücklehnen. Sie standen für die Täter, ich für die Opfer. Ich durchlebte während ihrer Erzählungen zwar Angst, Zorn und Schmerz, doch ich war nicht diejenige, die auf der Anklagebank saß. Die Deutschen, die ich befragte, hatten sich nicht aussuchen können, wo sie geboren wurden und wer ihre Eltern und Großeltern waren, dennoch mussten sie die Schande und Verantwortung tragen, die ihnen von vergangenen Generationen aufgeladen wurden.

Im Gegensatz dazu forderten die Interviews mit den Palästinensern mein Identitätsempfinden und meinen moralischen Kompass massiv heraus. Ihnen gegenüberzutreten und mir darüber klar zu werden, dass ich diesmal auf der Seite der Täter saß, war für mich eine harte Lektion. Ich kämpfte mit der Scham und der Verantwortung für die immer noch andauernde Besatzung, mit der man mich in Verbindung brachte.

Die Gespräche mit den Deutschen ermöglichten es mir, in meinem Kopf einen Freiraum zu schaffen, der vorher von der Obsession des Holocaust besetzt gewesen war. Vielleicht wollte ich ja die ganze Zeit schon einen Film über die Palästinenser machen, doch mein Weg musste erst von den Begegnungen mit den Deutschen zur Verbindung zwischen dem Holocaust und der Nakba führen, um dann in der Erkenntnis zu münden, wie schwer die Vergangenheit auf dem Konflikt zwischen Israelis und Palästinensern lastet und den Teufelskreis des „Othering" nährt. Mein Dokumentarfilm „Afterward" wirft einen ambivalenten Blick in die Zukunft. Er zeigt weder Lösungen noch einen Weg dorthin auf. Stattdessen ruft er dazu auf, uns in die Situation jener hineinzuversetzen, die wir als „die Anderen" wahrnehmen. Solange wir nicht in der Lage sind, gegensätzliche Meinungen zu tolerieren, mehrere Empfindungen gleichzeitig gelten zu lassen und mit einem Maß an Ungewissheit oder Zurückhaltung zu leben, wird es keinen Platz für Dialog geben.

Am Ende unseres Interviews fragte ich:

Ofra: Und, wie war das heute für dich?

Thomas: Wie es war? Ich weiß nicht. Ich fühle mich ... mein ganzer Körper schmerzt. Als hätte ich unter Drogen gestanden. Ich habe alles völlig frei heraus erzählt. Nach einer Weile habe ich nicht mehr darauf geachtet, was ich sage. Wahrscheinlich werde ich einige meiner Äußerungen noch bereuen ... Ich habe dir mein Innerstes offenbart ... ich vermute, weil ich dir vertraue. Wenn ich es nicht täte, wäre ich nicht hier. Ich war so offen und ehrlich wie nie zuvor, und das liegt an deiner Gabe, die Menschen zu öffnen. Ich lege also mein Herz und meine Seele in deine Hände. Ich weiß, dass du sie nicht missbrauchen wirst, dennoch verzeih, wenn ich dich darum bitte, sie behutsam zu behandeln.

Nach einer kurzen Pause sprachst du weiter:

Thomas: Das war alles sehr tief in mir verborgen. Es war nicht vorgesehen, dass es je nach draußen dringt. Jetzt fühlt es sich an wie Betrug.

Ofra: Betrug an wem? An wem, Thomas?

Thomas: Ich weiß nicht, ob an einer Person, vielleicht auch an mehr als nur einer Person? An einem Gesetz?

Ofra: Dem Gesetz des Gehorsams und …?

Am nächsten Tag erhielt ich eine E-Mail von dir. Ein Ausschnitt daraus lautet:

> „Ich danke dir für dein persönliches, mitfühlendes und professionelles Interesse an meiner Geschichte. Es bedeutet mir sehr viel, dass ich mit jemandem darüber sprechen konnte, der mit so großer Aufmerksamkeit und Leidenschaftlichkeit zuhört, mir Mitgefühl entgegenbringt und die richtigen, wichtigen Fragen stellt. Ich bin seltsam müde, aber ich bin mit gestern im Reinen. Wie ich dir erzählt habe, gibt es da dieses Gefühl, das in mir aufflackert, dieses winzige Hirngespinst – wahrscheinlich ein Teil meines Erbes väterlicherseits –, das mir sagt, ich sei ein Verräter an den Soldaten der SS. Ich empfand es wieder, als ich gestern nach Hause kam. Aber es ist gut, sich diesem Gefühl zu stellen. Es ist ein Teil der Widersprüchlichkeit, mit der ich aufgewachsen bin. Es nicht zu thematisieren, würde einen Betrug an den Opfern bedeuten, an all jenen Menschen, die unter dem Naziregime gelitten haben. Daher gibt es für mich nur diesen einen Weg."

Unsere Freundschaft – daran glaube ich fest – konnte nur deshalb entstehen, weil sie aus unserer schmerzlich erkämpften Überzeugung erwuchs, dass jeder Versöhnung zwischen der Opfer- und Täterseite eine Rücknahme jener Entmenschlichung vorausgehen muss, die das Begehen der Gräueltaten erst möglich machte. Ein Akt der Re-Humanisierung ist der Schlüssel zum emotionalen Gefängnis der Nachkommen der Täter, dazu kann es jedoch nur durch eine tiefgründige Kenntnis der Erfahrungen der Nachkommen der Opfer kommen. Ihre Wirklichkeit darf nicht geleugnet oder ignoriert werden, ohne diese Erkenntnis als Teil des Heilungsprozesses gibt es kein Entrinnen vor den alles erstickenden Schatten der Täter in deinem Buch.

Lieber Thomas, nach allem, was hinter uns liegt, hoffe ich, du weißt, dass ich mich dir sehr verbunden fühle. Durch unser Gespräch habe auch ich etwas so Wesentliches dazugelernt: die Fähigkeit, genau hinzuhören, ohne in deiner Geschichte unterzugehen und ohne je deine Menschlichkeit aus den Augen zu verlieren.

In Freundschaft,
Ofra

Anmerkungen

Prolog

1 Simon Wiesenthal „Die Sonnenblume. Von Schuld und Vergebung“, Hamburg 1970. Siehe auch den Podcast des Vienna Wiesenthal Institute for Holocaust Studies (VWI) https://www.ehri-project.eu/podcast-episode-sunflower-simon (letzter Zugriff 9.8.2024). Eine digitale Edition zum Buch ist ab Herbst 2024 abrufbar unter https://www.ehri-project.eu/ehri-online-editions.

2 Simon Wiesenthal „Recht, nicht Rache. Erinnerungen“, Frankfurt/Berlin 1988, S. 429.

Hauptteil

1 https://www.hsozkult.de/publicationreview/id/reb-24089 (letzter Zugriff 28.11.2023).

2 https://afterwardthefilm.com (letzter Zugriff 6.7.2024).

3 Siehe z. B. Dan Bar-On „Die Last des Schweigens. Gespräche mit Kindern von NS-Tätern“, Hamburg 2003 (bereits 1989 in englischer Sprache erschienen) und Anita Eckstaedt „Nationalsozialismus in der zweiten Generation. Psychoanalyse von Hörigkeitsverhältnissen“, Frankfurt 1989.

4 Internationaler Militärgerichtshof Nürnberg: Der Nürnberger Prozess gegen die Hauptkriegsverbrecher vom 14. November 1945 bis 1. Oktober 1946. Nürnberg 1947. Band VIII. S. 388. Gemeint sind der Führer Adolf Hitler, Reichsmarschall und Chef der Luftwaffe Hermann Göring, Reichsjugendführer und Reichsstatthalter von Wien Baldur von Schirach, Gauleiter und Generalbevollmächtigter für den Arbeitseinsatz Fritz Sauckel, Gauleiter und Herausgeber der antisemitischen Hetzschrift „Der Stürmer“ Julius Streicher, Reichsminister für die besetzten Ostgebiete Alfred Rosenberg, SS-Obergruppenführer und Chef des Reichssicherheitshauptamtes Ernst Kaltenbrunner, Generalgouverneur von Polen Hans Frank, Reichswirtschaftsminister und Reichsbankpräsident Hjalmar Schacht, Rüstungsminister Albert Speer und Reichswirtschaftsminister, Reichsbankpräsident und Generalbevollmächtigter für den Kriegseinsatz Walther Funk.

5 Kurt Meyer „Geweint wird, wenn der Kopf ab ist. Annäherungen an meinen Vater ‚Panzermeyer‘, Generalmajor der Waffen-SS“, Freiburg 1998.

6 Dan Bar-On „Die Last des Schweigens“.

7 Anita Eckstaedt „Nationalsozialismus in der zweiten Generation“, Klappentext.

8 https://www.spiegel.de/geschichte/geschichte-newsletter-warum-die-nazizeit-tiefe-furchen-in-den-familien-zieht-a-4cd4fb1e-fa34-4a94-922b-dac00addab4f (letzter Zugriff 6.7.2024); Matthias Lohre „Deutsche Geister. War Opa doch ein Nazi?“, in: Die Zeit vom 25.4.2024, S. 41.

9 Das Zitat stammt aus seinem 1951 erschienenen Roman „Requiem for a nun“. Auf Deutsch bei Diogenes erschienen unter dem Titel „Requiem für eine Nonne“.

10 Paul Hausser „Soldaten wie andere auch, der Weg der Waffen-SS“, Osnabrück 1966.

11 Die Fragen befinden sich im Anhang.

12 Tilmann Moser „Die Unfähigkeit zu trauern: Hält die Diagnose einer Überprüfung stand?“, in: Psyche 5/92, Stuttgart 1992.

13 Dan Bar-On „Die Last des Schweigens“, S. 21.

14 Katrin Himmler „Die Brüder Himmler. Eine deutsche Familiengeschichte“, Frankfurt 2007, S. 7.

15 Zur Geschichte der Volksdeutschen und Südtirols siehe: Thomas Casagrande „Die volksdeutsche SS-Division ‚Prinz Eugen‘. Die Banater Schwaben und die nationalsozialistischen

Kriegsverbrechen“, Frankfurt 2003, und „Südtiroler in der Waffen-SS. Vorbildliche Haltung, fanatische Überzeugung“, Bozen 2015. Zur jüdischen Geschichte in Südtirol siehe: Joachim Innerhofer, Sabine Mayr „Mörderische Heimat. Verdrängte Lebensgeschichten jüdischer Familien in Bozen und Meran“, Bozen 2015. Zur Waffen-SS siehe: Jan Eric Schulte, Bernd Wegner, Peter Lieb (Hrsg.) „Die Waffen-SS. Neue Forschungen“, Paderborn 2014.

16 Im Weiteren stammen die Angaben zur Biografie Werner Wohlgemuths aus umfangreichem Material, das 1946 und 1947 anlässlich des zu eröffnenden Spruchkammerverfahrens in Darmstadt zusammengestellt wurde. Die amerikanischen Besatzungsbehörden hatten mit dem 1946 verabschiedeten Gesetz zur Befreiung von Nationalsozialismus und Militarismus die Verfahren vor deutschen Spruchkammern initiiert. Weitere Informationen zur militärischen Verwendung, zu Verwundungen und Urlaubsgesuchen stammen von der Deutschen Dienststelle (WASt), Schreiben vom 25.10.1957 und 20.12.2017, und dem Bundesarchiv (BArch).

17 Revalsche Zeitung von März 1933: https://dea.digar.ee/?a=d&d=revalschezeitung19330307.2.4.1&e=-------et-25--1--txt-txIN%7ctxTI%7ctxAU%7ctxTA (letzter Zugriff 27.11.2023).

18 Im Weiteren stammen die Angaben zur SS-Heimwehr „Danzig“ aus Niels Weise „Eicke. Eine SS-Karriere zwischen Nervenklinik, KZ-System und Waffen-SS“, Paderborn 2013, S. 277–282 und aus Charles W. Sydnor, Jr. „Soldaten des Todes. Die 3. SS-Division-Totenkopf. 1933–1945“, Paderborn 2002, S. 36–39. Siehe auch das stark bebilderte Buch von Rolf Michaelis „Die SS-Heimwehr Danzig im Polenfeldzug“, Berlin 2010.

19 Siehe Charles W. Sydnor, Jr. „Soldaten des Todes“, S. 36. Durch die Gebietsabtretungen nach dem Ersten Weltkrieg entstand zwischen Ostpreußen und dem Deutschen Reich ein schmaler, zu Polen gehörender Landstrich, der „Polnischer Korridor“ genannt wurde und in dem der Freistaat Danzig lag.

20 Stanislav Zámečník „Das war Dachau“, Frankfurt 2002, S. 113.

21 Niels Weise „Eicke. Eine SS-Karriere zwischen Nervenklinik, KZ-System und Waffen-SS“, S. 290. Siehe auch Charles W. Sydnor, Jr. „Soldaten des Todes“, S. 91.

22 Zu Beispielen aus dem Vietnam- und Irakkrieg siehe: Stavros Mentzos „Der Krieg und seine psychosozialen Funktionen“, Frankfurt 1993, S. 134 und S. 199.

23 Seit dem 15. Januar 1942 wurde die 6. SS-Division als SS-Gebirgs-Division geführt. Zur 6. SS-Division „Nord“ liegt keine wissenschaftlich fundierte Divisionsgeschichte vor. Für einen Überblick über die Division wurde daher Literatur aus dem Militaria-Bereich herangezogen: Rolf Michaelis „Die Gebirgsdivisionen der Waffen-SS“, Berlin 2020; Roland Kaltenegger „Die Gebirgstruppe der Waffen-SS 1941–1945“, Wölfersheim 1994; Franz Schreiber „Kampf unter dem Nordlicht“, Trier 2008. Publikationen aus dem Militaria-Bereich enthalten zum Teil in apologetischem Ton gehaltene Divisions- und Regimentsgeschichten, in der Regel ohne Quellenangaben, und genügen so nicht wissenschaftlichen Standards.

24 Auch zur 9. SS-Division „Hohenstaufen“ gibt es noch keine wissenschaftlich fundierte Divisionsgeschichte. Einen Überblick bietet eine Publikation aus dem Militaria-Bereich: Herbert Fürbringer „Die 9. SS-Panzer-Division Hohenstaufen 1944: Normandie – Tarnopol – Arnheim“, Paris 1984.

25 https://dfg-vk-darmstadt.de/Lexikon_Auflage_2/InternierungslagerDarmstadt.htm (letzter Zugriff 29.11.2023).

26 „GröFaZ“ ist ein Akronym und steht für „größter Feldherr aller Zeiten“, wie Adolf Hitler spöttisch genannt wurde.

27 Wieslaw Kielar „Anus Mundi: Fünf Jahre Auschwitz“, Frankfurt 1979.

28 Im Weiteren stammen die Angaben zur militärischen Verwendung, zu Verwundungen und Urlaubsgesuchen von Gottfried und der Familie Frizzi, soweit nicht anders ausgewiesen, aus der Deutschen Dienststelle (WASt), Wehrmeldekarten und DUS-Akten (TLAI).

29 Zu den verschiedenen Rekrutierungswellen siehe Thomas Casagrande „Südtiroler in der Waffen-SS“.

30 So fehlt bei ihm auch der oft zu findende Eintrag „Freiwilliger" auf der Wehrmeldekarte und in der DUS-Akte. Auch aus den Briefen seiner Familie aus der Nachkriegszeit geht hervor, dass schon 1943 sein Bruder Rupert von Gottfrieds „Zwangsrekrutierung" erzählt hatte. Im Folgenden wird regelmäßig aus Briefen zitiert, die zwischen 1943 und 1947 zwischen Gottfried Frizzi und seiner Familie gewechselt wurden. Zur besseren Lesbarkeit sind Zitate aus den Briefen wo notwendig hochdeutsch wiedergegeben und grammatikalisch überarbeitet. Typische Südtiroler Redewendungen bleiben aber erhalten, wo es möglich ist. Die über siebzig Briefe befinden sich im Privatbesitz von Siegfried Frizzi.

31 Chef des Stabhauptamtes des Reichskommissars für die Festigung Deutschen Volkstums SS-Gruppenführer Ulrich Greifelt an den Reichsführer-SS vom 24.2.1943: „Bekenntnis der Südtiroler Volksgruppe zur totalen Kräfte-Mobilisierung", in der er die Situation zusammenfasste; NS 19/189 (BArch).

32 Eduard Dietl war ein hochdekorierter Generaloberst und führte im Zweiten Weltkrieg verschiedene Gebirgsjägereinheiten. 1940 zeichnete er sich bei der Besetzung Norwegens durch die Wehrmacht aus und wurde seitdem „Held von Narvik" genannt. Er starb 1944 bei einem Flugzeugabsturz. Nach dem Krieg diente Dietl als Namensgeber u. a. für eine Bundeswehrkaserne. Als in den 1990er-Jahren seine Verstrickung in das NS-System endgültig nicht mehr zu leugnen war, wurde die Namensgebung zurückgenommen.

33 Karelien ist eine Landschaft zwischen Finnland und Russland, die heute zu beiden Staaten gehört.

34 Damals wurden die alliierten Fliegerangriffe auf die deutschen Städte „Terrorangriffe" genannt.

35 Während in den ersten zweiundzwanzig Briefen zwischen April 1943 und April 1944 nur ganze vier Mal die Briefe mit „Heil Hitler" endeten, erschien der Gruß in den folgenden zweiundzwanzig Briefen bis Kriegsende elf Mal und ab August 1944 ersetzte das „Heil und Sieg" das „Heil Hitler".

36 Franz Thaler „Unvergessen. Option, KZ, Kriegsgefangenschaft, Heimkehr. Ein Sarner erzählt", Bozen 1999.

37 DUS-Akte Josef Sieder (TLAI).

38 Siehe Margareth Lun „NS-Herrschaft in Südtirol. Die Operationszone Alpenvorland 1943–45", Innsbruck 2004, S. 176.

39 Material zu dem Karstwehrbataillon und den Karstjägern ist nur splitterhaft vorhanden. Die von Rolf Michaelis verfassten Darstellungen der Einsätze und der Zusammensetzung weisen durch die Erinnerungen von Veteranen und entsprechendes Bildmaterial auf gute Verbindungen zu ehemaligen Mitgliedern der Karstjäger hin, die Publikation ist jedoch dem Militaria-Bereich zuzuordnen. Rolf Michaelis „Die Gebirgsdivisionen der Waffen-SS", Berlin 1998, S. 238; vgl. auch Rolf Michaelis „Die Volksdeutschen in Wehrmacht – Waffen-SS – Ordnungspolizei", Berlin 2011, S. 273, Anmerkung 30.

40 Gesprächsnotiz des Sohnes von Peter Sieder, Martin Sieder, mit einem ehemaligen SS-Karstwehr-Kameraden des Vaters.

41 Siehe Rolf Michaelis „Die Gebirgsdivisionen der Waffen-SS", S. 285–287.

42 https://de.wikipedia.org/wiki/Massaker_von_Lipa (letzter Zugriff 31.12.2023).

43 Zu Globocnik siehe: Johannes Sachslehner „Zwei Millionen ham'ma erledigt: Odilo Globocnik – Hitlers Manager des Todes", Wien 2014.

44 Siehe Johannes Sachslehner „Zwei Millionen ham'ma erledigt", S. 318; Michael Wedekind „Nationalsozialistische Besatzungs- und Annexionspolitik in Norditalien 1943 bis 1945", München 2003, S. 310–311.

45 Peter Lieb „Brutal und inkompetent. Das SS-Karstwehrbataillon 1943–1944", in: „Militärgeschichte – Zeitschrift für historische Bildung", Ausgabe 1/2017, Hrsg.: Zentrum für Sozialwissenschaften der Bundeswehr, S. 18–21.

46 Siehe Rolf Michaelis „Die Gebirgsdivisionen der Waffen-SS", S. 291.

47 https://resistenza.de/tatort-avasinis/ (letzter Zugriff 30.12.2023) sowie https://www.straginazifasciste.it/?page_id=38&id_strage=5349 (letzter Zugriff 31.12.2023).
48 „Der Südtiroler Kamerad". Mitteilungsblatt des Südtiroler Kriegsopfer- und Frontkämpferverbandes, Bozen Juli–August 1985, S. 7–8.
49 Certificate of Discharge vom 7.8.1945 (Privatbesitz).
50 „Holocaust – Die Geschichte der Familie Weiss". Die Serie wurde in den USA produziert und 1978 erstausgestrahlt. Ab 1979 lief sie auch im deutschen und österreichischen Fernsehen und löste eine umfassende Diskussion über die Schoah aus.
51 Aufgrund seines Bekanntheitsgrades ist Karl Nicolussi-Lecks persönliche Geschichte bereits gut recherchiert und Gegenstand einiger Publikationen. Die weiteren Informationen zur Biografie Karl Nicolussi-Lecks entstammen deswegen, soweit nicht anders vermerkt, aus Gerald Steinacher „Nazis auf der Flucht. Wie Kriegsverbrecher über Italien nach Übersee entkamen", Innsbruck 2008, und Gerald Steinacher „Ausgrenzung in die Wirtschaft", in: „Regionale Zivilgesellschaft in Bewegung". Hrsg.: Hannes Obermaier, Bozen 2012, sowie aus Thomas Casagrande „Südtiroler in der Waffen-SS". Siehe zudem: https://de.wikipedia.org/wiki/Karl_Nicolussi-Leck (letzter Zugriff 1.11.2023).
52 Briefwechsel Karl Nicolussi-Leck und Peter Hofer, undatiert. Bestand VKS/AdO Nr. 98, Blatt 6 (SLA).
53 Alle Informationen von Fritz Kieser stammen im Weiteren aus: Fritz Kieser „Kriegserlebnisse 1939–1946", unveröffentlichtes Manuskript. Zum illegalen Grenzübertritt von Otto Casagrande siehe Kurzbiografie in diesem Buch.
54 Wehrmachtsmeldekarte (TLAI).
55 Vortrag „Kamerad Karl Nicolussi, SS-Untersturmführer und Frontkämpfer", Bestand VKS/AdO Nr. 24, Blätter 22–23 (SLA).
56 Stefan Hördler „KZ-System und Waffen-SS", in: Jan Eric Schulte, Bernd Wegner, Peter Lieb (Hrsg.) „Die Waffen-SS. Neuere Forschungen" sowie Thomas Casagrande „Südtiroler in der Waffen-SS". Siehe auch Kurzbiografie Otto Casagrande in diesem Buch.
57 Siehe Wilhelm Eppacher, Karl Ruef „Hohe Tapferkeitsauszeichnungen an Tiroler im Zweiten Weltkrieg", in: Veröffentlichungen des Innsbrucker Stadtarchivs, Neue Folge, Band 6, Innsbruck 1975, S. 41.
58 Zum Lager Glasenbach siehe Kurzbiografie Eduard Ladurner in diesem Buch.
59 Gerald Steinacher „Nazis auf der Flucht", S. 258 ff.
60 https://www.traunsteiner-tagblatt.de/das-traunsteiner-tagblatt/chiemgau-blaetter/chiemgau-blaetter-2022_ausgabe,-glasenbach-hat-mein-leben-veraendert-_chid,1165.html (letzter Zugriff 29.10.2023).
61 Siehe auch Kurzbiografie Otto Casagrande in diesem Buch.
62 SS-Obersturmbannführer Adolf Eichmann war der „Organisator" der Endlösung. SS-Hauptsturmführer Josef Mengele führte als KZ-Lagerarzt in Auschwitz und Groß-Rosen tödliche Menschenversuche durch. SS-Standartenführer Walther Rauff war führend am Einsatz von Gaswagen zur Ermordung von KZ-Insassen beteiligt. SS-Hauptsturmführer Franz Stangl leitete das Vernichtungslager Sobibor.
63 Gerald Steinacher schildert in „Nazis auf der Flucht" die damalige Zeit im Detail, benennt auch einzelne Personen, die von Karl Nicolussi-Leck durch Südtirol geschleust wurden, ohne ihn aber mit den genannten NS-Verbrechern in Verbindung zu bringen.
64 Siehe auch die Kurzbiografien Werner Wohlgemuth und Otto Casagrande in diesem Buch.
65 https://www.sbz.it/de/ueber-uns/geschichte (letzter Zugriff 11.11.2023).
66 https://web.archive.org/web/20071213001902/http://www.folioverlag.com/docs/078_081_Gartenwelten.pdf (letzter Zugriff 11.11.2023).
67 https://trauer.bz/traueranzeige/karl-nicolussi-leck (letzter Zugriff 13.11.2023).
68 Gerald Steinacher „Nazis auf der Flucht".

69 Juan Perón war dreimal Präsident Argentiniens in der Mitte des 20. Jahrhunderts. Er war der Begründer des nach ihm benannten Peronismus, einer populistischen Bewegung mit dem italienischen und spanischen Faschismus verwandten Zügen.

70 Im Weiteren stammen die biografischen Angaben aus im Bundesarchiv Berlin lagerndem Material, das Eduard Ladurner im Rahmen seines Antrags auf eine Heiratserlaubnis am 22.10.1943 einreichte.

71 DUS-Akte Alois Ladurner (TLAI).

72 Im Weiteren stammen die Angaben zur militärischen Verwendung in Prag aus Aktenmaterial vom Militärarchiv in Prag, Bestand SS-WB2. Weitere Informationen zur militärischen Verwendung stammen aus: Wehrmeldekarte (TLAI); Gebührnis-Karte (BArch); der Deutschen Dienststelle (WASt), Schreiben vom 19.10.1979 im Privatbesitz Klaus Ladurner.

73 Nach der mündlichen Überlieferung war die Mutter Paula Ladurner, die vorher durch Unfall und Krankheit bereits zwei ihrer Söhne verloren hatte, nicht über die Trennung von Peter Wilhelm Salvatori hinweggekommen.

74 Mündliche Überlieferung in der Familie Ladurner.

75 Tätigkeitsbericht der Ordnungspolizei an den Höheren SS- und Polizeiführer Prag vom 24.6.1942 sowie Berichte über Standgerichte und Vergeltungsmaßnahmen von der Gestapo Prag, R58/3941 (BArch). Siehe auch Stanislav F. Berton „Das Attentat auf Reinhard Heydrich vom 27.5.1942“: https://www.ifz-muenchen.de/heftarchiv/1985_4_5_berton.pdf (letzter Zugriff 23.10.2023).

76 Im Weiteren stammen die Angaben zur 7. SS-Division aus Thomas Casagrande „Die Volksdeutsche SS-Division ‚Prinz Eugen‘“ und Klaus Schmider „Partisanenkrieg in Jugoslawien 1941–1944“, Hamburg 2002.

77 „Schirrmeister“ ist der Titel eines KFZ-Meisters im Fuhrpark von militärischen Verbänden. Zur Überstellung von den SS-Totenkopfverbänden zur SS-Division „Prinz Eugen“ liegen zwei unterschiedliche Angaben vor. Einmal wird November 1942, ein anderes Mal März 1943 genannt.

78 Siehe die dem Militaria-Bereich zuzuordnende, vom SS-Brigadeführer Otto Kumm verfasste Divisionsgeschichte der 7. SS-Division: Otto Kumm „Vorwärts, Prinz Eugen“, Osnabrück 1978.

79 Reichsgesetzblatt vom 24.10.1939 Nr. 209, S. 2069: https://www.lexikon-der-wehrmacht.de/Orden/kvk.html (letzter Zugriff 31.10.2023).

80 Verleihungsliste 2 für KVK 2. Klasse mit Schwertern SS-Frw. Gebirgs-Division „Prinz Eugen“, RH 7-1797 (BA-MA).

81 Dieter Pohl „Eisernes Kreuz. Orden für Massenmord“: https://www.zeit.de/2008/24/Eisernes-Kreuz (letzter Zugriff 24.10.2023) sowie Dieter Pohl „Die Herrschaft der Wehrmacht. Deutsche Militärbesatzung und einheimische Bevölkerung in der Sowjetunion 1941–1944“, München 2008. 1942 wurde zum Beispiel der SS-Untersturmführer Johann Schwarzenbacher mit dem Kriegsverdienstkreuz für seinen Einsatz bei der Räumung des Lubliner Ghettos und dem Transport der Juden ins Vernichtungslager Belzec ausgezeichnet. Siehe auch Charles W. Sydnor, Jr. „Soldaten des Todes“, S. 296.

82 Im Weiteren stammen die Angaben zur militärischen Verwendung der Flakabteilung 7 und der Flakabteilung 505 aus Hans Stöber „Die Flugabwehrverbände der Waffen-SS“, Coburg 1984, S. 149 ff. und 349 ff. Auch diese Publikation ist dem Militaria-Bereich zuzuordnen.

83 https://www.geschichtewiki.wien.gv.at/KZ-Außenlager_Schönbrunn und https://www.mauthausen-guides.at/aussenlager/kz-aussenlager-st-aegyd (letzter Zugriff 25.10.2023).

84 Entlassungsschein und ärztliche Bescheinigung (Certificate of Discharge and Medical Certificate) vom 2.10.1945 (Privatbesitz). Eduard Ladurner gab hingegen in seinen Schreiben immer an, bis 1948, manchmal gar bis 1949, in Kriegsgefangenschaft gewesen zu sein.

85 Gerald Steinacher „Nazis auf der Flucht“, S. 258 ff. sowie https://www.traunsteiner-tagblatt.de/das-traunsteiner-tagblatt/chiemgau-blaetter/chiemgau-blaetter-2022_ausgabe,-glasenbach-hat-mein-leben-veraendert-_chid,1165.html (letzter Zugriff 29.10.2023).
86 Schreiben Conrad J. Watsons vom 21.8.1950 und Ersatzkarte für das Arbeitsbuch mit entsprechendem Vermerken (Privatbesitz).
87 Urteil des Kreisgerichts Wels vom 28.8.1948 (Privatbesitz).
88 Bescheinigung der Bezirkshauptmannschaft Feldkirch vom 16.5.1950 (Privatbesitz).
89 Sebastian Haffner „Anmerkungen zu Hitler“, München 1978; Joachim Fest „Hitler – Eine Biographie“, Frankfurt 1973.
90 Der Brünner Todesmarsch war Teil der Vertreibung der deutschsprachigen Bevölkerung aus Tschechien, auf dem mehrere Tausend Menschen starben.
91 Marcel Reif, geboren 1949, Sportjournalist.
92 Bestand VKS/AdO Nr. 83, Blatt 36 (SLA). Im Weiteren stammen die Angaben zu Martin Trojer, wenn nicht gesondert ausgewiesen, aus der Deutschen Dienststelle (WASt), Karteikarte, Schreiben vom 15.1.2024; Wehrmeldekarte, Gesundheitsbuch und DUS-Akte Martin Trojer (TLAI); Personalakte Martin Trojer RS G0327 (BArch).
93 Statistische Übersicht über das erste Arbeitsjahr der Amtlichen Deutschen Ein- und Rückwandererstelle (ADERSt) 15.9.1939–15.9.1940, R49/198, Blätter 113–115 (BArch). Die Stadt Winniza liegt in der Ukraine.
94 https://wwii.germandocsinrussia.org/de/nodes/8800-akte-39-unterlagen-des-hsspf-russland-s-d-einsatzstab-f-r-die-durchgangsstra-e-iv-befehle-nr-3-25-des-einsatzstabes-f-r-die-durchgangsstra-e-iv-ukraine-u-a-fragen#page/1/mode/inspect/zoom/8 (letzter Zugriff 13.12.2023).
95 Zitiert nach: Tomasz Kranz „Das KL Lublin – zwischen Planung und Realisierung“, in: Ulrich Herbert, Karin Orth, Christoph Dieckmann (Hrsg.) „Die nationalsozialistischen Konzentrationslager“, Band 1 und 2, Frankfurt 2002, S. 371.
96 Siegfried Wolf „DURCHGANGSSTR. IV“: https://www.via-regia.org/bibliothek/pdf/S.Wolf.Durchg.4.pdf (letzter Zugriff 13.12.2023).
97 Dieter Pohl „Die großen Zwangsarbeitslager der SS- und Polizeiführer für Juden im Generalgouvernement 1942–1945“, in: Ulrich Herbert, Karin Orth, Christoph Dieckmann (Hrsg.) „Die nationalsozialistischen Konzentrationslager“, S. 415–439.
98 Zitiert nach: Siegfried Wolf „DURCHGANGSSTR. IV“.
99 Schreiben Peter Hofers an den Reichsführer-SS, Bestand VKS/AdO Nr. 41, Blätter 91–92 (SLA).
100 Ruth Bettina Birn „Die Höheren SS- und Polizeiführer. Himmlers Vertreter im Reich und in den besetzten Gebieten“, Düsseldorf 1986, S. 75.
101 Thomas Sandkühler „Das Zwangsarbeitslager Lemberg-Janowska 1941–1944“, in: Ulrich Herbert, Karin Orth, Christoph Dieckmann (Hrsg.) „Die nationalsozialistischen Konzentrationslager“, S. 620.
102 Dieter Pohl „Die großen Zwangsarbeitslager“, in: Ulrich Herbert, Karin Orth, Christoph Dieckmann (Hrsg.) „Die nationalsozialistischen Konzentrationslager“, S. 421.
103 Ebenda, S. 430.
104 Im Folgenden wird regelmäßig aus Briefen zitiert, die zwischen 1937 und 1947 zwischen Hans Steiner und seiner Familie gewechselt wurden. Die über hundert Briefe befinden sich im Privatbesitz der Familie Steiner.
105 Im Weiteren stammen die Angaben zur Option und zur militärischen Verwendung, zu Verwundungen und Urlaubsgesuchen Hans Steiners aus der Deutschen Dienststelle (WASt), Schreiben an den Enkel Martin Robatscher vom 20.2.2018; Wehrmeldekarte, Wehrstammbuch und DUS-Akte Hans Steiner (TLAI).
106 Im Weiteren zu Rufach siehe Thomas Casagrande „Südtiroler in der Waffen-SS“, S. 61–62.

107 Werner Mölders war Oberst und einer der erfolgreichsten Jagdflieger der beiden Weltkriege. Er starb bei einem Flugzeugabsturz außerhalb der Kampfeinsätze.

108 Zu den verschiedenen Rekrutierungswellen siehe Thomas Casagrande „Südtiroler in der Waffen-SS".

109 Gottfried Frizzi und Hans Steiner dienten zur gleichen Zeit in der SS-Division „Nord". Ob sie sich persönlich kannten, ist nicht mehr zu klären.

110 Bei den Zitaten aus den Briefen wird an dieser Stelle die chronologische Reihenfolge nur in Bezug auf die Themenkreise eingehalten, damit die Inhalte klarer aufgezeigt werden können.

111 Zur Bedeutung des Spitznamens „Trenker" für den Neumarkter Otto Casagrande siehe die Kurzbiografie in diesem Buch.

112 Franz Schreiber „Kampf unter dem Nordlicht", Leisnig 2007.

113 Gsteigerhof im Naturpark Trudner Horn.

114 In Marzabotto beging die von Reder geführte Aufklärungsabteilung der 16. SS-Division „Reichsführer-SS" Massaker an der Zivilbevölkerung, hauptsächlich Frauen und Kindern. Walter Reder war nach dem Krieg zu „lebenslänglich" verurteilt und dann nach dreiunddreißig Jahren entlassen worden.

115 „Ungeschickt".

116 „Flink wie die Windhunde, zäh wie Leder und hart wie Kruppstahl" ist ein Zitat von Adolf Hitler, der sich so in einer Rede aus dem Jahr 1935 die Hitlerjugend wünschte.

117 Die Nationalpolitische Lehranstalt (Napola) war eine Internatsoberschule für den nationalsozialistischen Führernachwuchs.

118 Eine ausführliche Biografie mit detaillierten Quellenangaben findet sich in Thomas Casagrande „Südtiroler in der Waffen-SS".

119 Im Weiteren stammen die Angaben zu den politischen Aktivitäten Otto Casagrandes in Südtirol aus Bestand VKS/AdO Nr. 83, Blatt 36. Nr. 87. Nr. 183 (SLA).

120 Statistische Übersicht über das erste Arbeitsjahr der Amtlichen Deutschen Ein- und Rückwandererstelle (ADERSt) 15.9.1939–15.9.1940, R49/198, Blätter 113–115 (BArch).

121 Im Weiteren stammen die Angaben zur militärischen Verwendung, zu Verwundungen und Urlaubsgesuchen Otto Casagrandes aus der Deutschen Dienststelle (WASt), Schreiben vom 20.8.2004; Wehrmeldekarte und DUS-Akte Otto Casagrande (TLAI); BDC SSO 126, SS-Führerstammkarte Otto Casagrande (BArch).

122 Zu dieser Aussage passt, dass Otto Casagrande wegen seines lustigen und „schnittigen" Auftretens den Spitznamen „Casanova" bekam. Brief Eugen S. an Hildegard Casagrande vom 8.9.1990 (Privatbesitz).

123 Im Weiteren stammen die Angaben zur Division und dem Regiment „Deutschland" aus: Kriegstagebuch Ib, SS-Verfügungsdivision Division Ib, RS/3/2/9 (BA-MA) und RS/3/2/10 (BA-MA). Zudem aus Otto Weidinger, „Division Das Reich", Band I bis IV, 4. Auflage, Coburg 1994 und Regimentskameradschaft „Deutschland" (Hrsg.) „Das Regiment ‚Deutschland' 1934–1945", Freinsheim 1988. Die genannten Publikationen sind dem Militaria-Bereich zuzuordnen.

124 Vgl. Walter Manoschek, Hans Safarian „Die Vernichtung der Juden in Serbien", in: Ulrich Herbert (Hrsg.) „Nationalsozialistische Vernichtungspolitik 1939–1945: Neue Forschungen und Kontroversen", Frankfurt 1998, S. 212.

125 Auszüge aus der militärischen Korrespondenz zitiert nach Felix Römer „Der Kommissarbefehl. Wehrmacht und NS-Verbrechen an der Ostfront 1941/42", Paderborn 2008, S. 254 und S. 412.

126 Regimentsbefehl Heinz Harmel vom 23.12.1941, RS 4-1289, Blatt 213 (BA-MA).

127 Schreiben Peter Hofers an den Reichsführer-SS, Bestand VKS/AdO Nr. 41, Blätter 91–92 (SLA).

128 Vgl. Wolfgang Benz, Barbara Distel „KZ-Außenlager: Geschichte und Erinnerung", in: Dachauer Hefte, Heft 15, Jahrgang 15, Dachau 1999, S. 340–341.
129 Archivio storico della Resistenza bresciana e dell'Età contemporanea, Università Cattolica del Sacro Cuore - Sede di Brescia, Doc 1 f. ARECBs, busta 22, fascicolo 7; busta 44, fascicolo 2.
130 Vgl. Miretta Rizzi „Martiri di Saiano, Rodengo Saiano 1946", Rodengo Saiano 2008, S. 56–57.
131 Brief von Gertraud Kerber an den Verfasser vom 6.8.2013.
132 IRR Image Files, Otto Casagrande D220830, Arrest Report vom 24.1.1945 (NARA).
133 CIA Release Act Declassified NND39219 Hartmann Lauterbacher (NARA).
134 Vgl. Martin Cüppers „Walther Rauff - In deutschen Diensten. Vom Naziverbrecher zum BND-Spion", Darmstadt 2013.
135 Vgl. Willy Acherer „Mit seinem schweren Leid. Jugendbekenntnis eines Südtirolers", Brixen 1986, S. 230–232. Gespräch des Verfassers mit Willy Acherer am 26.5.2013.
136 In der Tageszeitung „Dolomiten" vom 18.6.1946 findet sich folgender Eintrag: „Aus Rimini, Lager 4, Feld B, sendet Otto Casagrande aus Neumarkt Grüße an seine Landsleute mit der Bitte, beim nächsten Transport nicht übergangen zu werden."
137 Brief Otto Casagrandes an Eugen S. vom 18.10.1989 (Privatbesitz).
138 Schreiben der Präfektur in Bozen an Otto Casagrande vom 16.7.1948 (Archivio dello Stato, Bozen).
139 Des Weiteren stammen alle Angaben zum BND aus: Mikrofiche. V-6301, Otto Casagrande S. 05–06 (BND-Archiv); Personalbogen Hartmann Lauterbacher Akte 103.494 OT. Blatt 114 (BND-Archiv).
140 Mündliche Überlieferung und Erinnerungen von Hildegard Casagrande (1920–1992).
141 SS-Generaloberst Paul Hausser gründete nach dem Krieg die „Hilfsgemeinschaft auf Gegenseitigkeit der Angehörigen der ehemaligen Waffen-SS" (HIAG). Er wurde von den Soldaten der Waffen-SS „Papa Hausser" genannt.
142 Primo de Lazzari „Le SS Italiane", Mailand 2002.
143 Christa Wolf „Kassandra", Berlin 1985, S. 260.
144 „Othering" bezeichnet die Zuschreibung der „Andersartigkeit" oder „Fremdheit" in Bezug auf Menschen mit anderen Merkmalen und eine daraus resultierende Ab- oder auch Ausgrenzung.

Anhang

Interviewfragen

1. Wann hast du das erste Mal erfahren, dass dein Vater in der Waffen-SS war?
2. Welche Gefühle hat das bei dir ausgelöst?
3. Was hat deine Mutter im Zweiten Weltkrieg gemacht?
4. Wie hat deine Mutter über deinen Vater gedacht? Hat sie sich in die Gespräche eingemischt? Eigene Positionen entwickelt?
5. Hast du begonnen, dich über die SS zu informieren? Ja: Wann, wie, warum? Nein: Warum?
6. Hattest du Fantasien/Ängste, dein Vater hätte zum direkten Teil der Mörder der Juden gehört?
7. Wie würdest du deinen Vater beschreiben?
8. Wie war dein Verhältnis zu ihm?
9. Hattet ihr ein spezielles Verhältnis? Wie würdest du das Verhältnis deines Vaters zu deinen Geschwistern beschreiben?
10. Habt ihr/hat dein Vater zu Hause über die SS und den Zweiten Weltkrieg und den Holocaust gesprochen?
11. Hat sich dein Vater antisemitisch geäußert?
12. Wie würdest du seine politische Haltung nach dem Krieg beschreiben?
13. Welche Geschichten deines Vaters, die er erzählt hat, sind dir besonders in Erinnerung geblieben?
14. Welche Geschichten deines Vaters, die du mit ihm erlebt hast, sind dir besonders in Erinnerung geblieben?
15. Würdest du sagen, dass dein Vater unter einem posttraumatischen Stresssyndrom gelitten hat? Und wie hat es sich bemerkbar gemacht?
16. Würdest du sagen, dass es Auswirkungen auf euer Zusammenleben gehabt hat?
17. Hattest du Angst vor deinem Vater? Wie war es, wenn du dich ihm widersetzt, ihm widersprochen hast?

18. Hat dein Vater dich oder deine Geschwister geschlagen?
19. Siehst du heute generell in dir Spuren deines Vaters? Falls ja, welche?
20. Hat die SS-Geschichte deines Vaters in dir Spuren hinterlassen, die du noch heute fühlst?
21. Wie würdest du die Erziehungsideale deines Vaters beschreiben? Wenn du die Begriffe „Pflicht, Gehorsam, Subordination" hörst: Was lösen sie in dir aus?
22. Meinst du, dass seine Erziehungsideale zum Teil in dir erfolgreich waren?
23. Was denkst du, wenn du „Meine Ehre heißt Treue" hörst? Oder „Du bist nichts, dein Volk ist alles"?
24. Wie hat deine Umgebung darauf reagiert, dass dein Vater bei der SS war?
25. Hattest du deswegen Probleme oder wurdest du deswegen besonders beachtet?
26. Hast du Kinder? Hast du mit deinen Kindern über deinen Vater und seine SS-Mitgliedschaft gesprochen? Ja: Wann, wie, warum? Nein: Warum?
27. Machst du deinem Vater Vorwürfe für Dinge, die er getan hat?
28. Wie beurteilst du heute die Handlungen deines Vaters in der damaligen Zeit?
29. Was kann man aus der Geschichte deines Vaters lernen? Was hast du daraus gelernt?

Tabelle der Dienstgrade

Waffen-SS	Heer
Mannschaften	
SS-Schütze	Schütze
SS-Oberschütze	Oberschütze
SS-Sturmmann	Gefreiter
SS-Rottenführer	Obergefreiter (Stabsgefreiter)
Unteroffiziere	
SS-Unterscharführer	Unteroffizier
SS-Scharführer	Unterfeldwebel
SS-Standartenjunker	Fähnrich
SS-Oberscharführer	Feldwebel
SS-Hauptscharführer	Oberfeldwebel
SS-Standartenoberjunker	Oberfähnrich
SS-Stabsscharführer	Hauptfeldwebel
SS-Sturmscharführer	Stabsfeldwebel
Offiziere	
SS-Untersturmführer	Leutnant
SS-Obersturmführer	Oberleutnant
SS-Hauptsturmführer	Hauptmann
SS-Sturmbannführer	Major
SS-Obersturmbannführer	Oberstleutnant
SS-Standartenführer (SS-Oberführer)	Oberst
SS-Brigadeführer (und Generalmajor der Waffen-SS)	Generalmajor
SS-Gruppenführer (und Generalleutnant der Waffen-SS)	Generalleutnant
SS-Obergruppenführer (und General der Waffen-SS)	General
SS-Oberstgruppenführer (und Generaloberst der Waffen-SS)	Generaloberst

Abkürzungsverzeichnis

ADERSt	Amtliche Deutsche Ein- und Rückwandererstelle
AdO	Arbeitsgemeinschaft der Optanten für Deutschland
AR	Arbeitsring
BDC	Berlin Document Center
BND	Bundesnachrichtendienst
CIA	Central Intelligence Agency
CIC	Counter Intelligence Corps
DUS	Dienststelle Umsiedlung Südtirol
E	Ersatz
EK	Eisernes Kreuz
FDJ	Freie Deutsche Jugend
Gestapo	Geheime Staatspolizei
HIAG	Hilfsgemeinschaft auf Gegenseitigkeit der Angehörigen der ehemaligen Waffen-SS
HJ	Hitlerjugend
HKF	Hauptkampffeld
Julag	Judenlager
kv	kriegsverwendungsfähig
KZ	Konzentrationslager
LAH	Leibstandarte Adolf Hitler
Napola	Nationalpolitische Lehranstalt
NSDAP	Nationalsozialistische Deutsche Arbeiterpartei
OKW	Oberkommando der Wehrmacht
P.O.W.	Prisoners of War
RF	Reichsführer
Rgt.	Regiment
SA	Sturmabteilung
SD	Sicherheitsdienst
SKFV	Südtiroler Kriegsopfer- und Frontkämpferverband
SOD	Sicherungs- und Ordnungsdienst, auch Südtiroler Ordnungsdienst
SS	Schutzstaffel
uk	unabkömmlich
VdH	Verband der Heimkehrer, Kriegsgefangenen und Vermisstenangehörigen Deutschlands
VKS	Völkischer Kampfring Südtirols
VT	Verfügungstruppe
WASt	Deutsche Dienststelle für die Benachrichtigung der nächsten Angehörigen von Gefallenen der ehemaligen deutschen Wehrmacht (vormals: Wehrmachtauskunftstelle)
ZAL	zentrales Arbeitslager
z.V.	zur Verfügung

Verzeichnis der Archive

Archivio dello Stato, Bozen
Archivio storico della Resistenza bresciana e dell'Età contemporanea, Università Cattolica del Sacro Cuore, Brescia
BND-Archiv, Pullach
Bundesarchiv, Berlin (BArch)
Bundesarchiv, Abteilung Militärarchiv, Freiburg (BA-MA)
Deutschen Dienststelle (WASt), Berlin
Militärarchiv Prag
National Archives and Records Administration, Washington, DC (NARA)
Südtiroler Landesarchiv, Bozen (SLA)
Tiroler Landesarchiv, Innsbruck (TLAI)

Bildnachweis

Quellen sowie Rechtsinhaber der abgedruckten Bilder sind untenstehend aufgelistet. Gemeinfreie Quellen und Bilder aus dem Internet werden nicht benannt.

Willy Acherer: 201.
Thomas Casagrande: 198, 199, 205, 208, 209, 210.
Siegfried Frizzi: 49, 51, 53, 54, 56, 57, 58.
Klaus Ladurner: 120, 122, 125, 127, 128.
Daniel Meraner: 203 (Fotoalbum Fritz Kieser).
Martin Robatscher: 164, 165, 167, 169, 170, 171, 173, 175, 176, 177, 178.
Peter Senoner: 97, 98.
Martin Sieder: 71, 72, 73, 75, 76, 77, 78.
Giulia Trojer: 142, 143, 144, 145, 146, 147, 149, 150, 151, 152.
Herbert Walther „Divisionen der Waffen-SS im Einsatz. 1940–1945. Fotos der Kriegsberichter", Eggolsheim-Bammersdorf 2007: 93.
Astrid Wohlgemuth: 29, 35, 36.

Danksagung

Die Idee für dieses Buch stammt von Thomas Kager von der Edition Raetia. Er sprach mit mir bereits vor einigen Jahren darüber, aber es dauerte bis Anfang 2023, bis aus der Idee das konkrete Buchprojekt wurde.

Die einleitenden und abschließenden Worte von Jochen Böhler und Ofra Bloch geben dem Buch einen für mich wichtigen Rahmen, stehen sie doch exemplarisch für meine Auseinandersetzung mit der Geschichte meines Vaters. Ich lernte Jochen Böhler auf einer von ihm organisierten Historikertagung in Toruń/Polen kennen. Ofra Bloch interviewte mich als Sohn eines SS-Offiziers vor einigen Jahren für ihren Film „Afterward“. Seitdem sind Ofra und ich in einem regen gedanklichen Austausch, der auch für das vorliegende Buch von großer Bedeutung war.

Die Offenheit und Stärke der Kinder und Enkelkinder der im Buch porträtierten SS-Männer, mit ihren echten Namen aufzutreten, verdient Dank und Anerkennung.

Auch für mich war dieses Buch eine emotionale Herausforderung. Ohne die kritische und liebevolle Begleitung durch meine Frau Gudrun wäre es mir nicht gelungen, das Buch zu schreiben. Ihr Mitlesen hat mir an vielen Stellen erst ermöglicht, das Licht am Ende des Tunnels zu sehen.

Abschließend geht mein Dank auch an meinen Freund Winfried Vaassen, der mich wieder mit seinen profunden Technikkenntnissen bei der Aufzeichnung der Gespräche unterstützt hat.

Mörderische Heimat

Joachim Innerhofer | Sabine Mayr
Mörderische Heimat
Verdrängte Lebensgeschichten jüdischer Familien
in Bozen und Meran

Südtirols Opfer der Schoah wurden von Faschisten observiert und ausgewiesen, großteils von einheimischen Nationalsozialisten verfolgt und deportiert. Nach 1945 weigerte man sich, Überlebende für ihre materiellen Verluste zu entschädigen. Die Erinnerung an die Opfer wurde verdrängt. „Mörderische Heimat" dokumentiert die vielseitigen Äußerungsformen des in Südtirol tief verwurzelten Antisemitismus. Südtirols NS-Opfer hatten ihre Heimat geliebt und wichtige Beiträge in der Medizin, Wirtschaft und im Tourismus geleistet. Das Aufzeigen der Spuren jüdischen Lebens in der Geschichte Südtirols lässt ihnen eine späte Anerkennung zuteilwerden.

Ich habe das Buch gelesen und bin zutiefst berührt. Es ist unglaublich, welches Fotomaterial die Autoren aufgetrieben haben, und ich denke, sie haben etwas geleistet, das tief ins Bewusstsein der Menschen in Südtirol eindringen wird (und auch darüber hinaus).
Peter Turrini, österreichischer Schriftsteller

Euro 24,90 [I]; 27,50 [D/A]
franz. Broschur | 472 Seiten
ISBN 978-88-7283-503-6